KB120062

나는 약국에서
경영을 배웠다

나는 약국에서 경영을 배웠다

강남성 지음

미다스북스

나는 약국에서 사람과 세상 경영의
모든 것을 배웠다

스물아홉의 나이에 시작한 40평 대형약국 경영

마지막 약국을 폐업하고 나서 나는 지금까지 했던 약국을 하나씩 헤아려봤다. 하나씩 헤아려보니 어느덧 아홉 개째다. 아홉 개의 약국을 지나는 동안 치열하고 아팠던 실패의 경험들 덕에 지금의 나는 언제든지 원하는 약국을 개국할 수 있는 경험과 내공을 가지고 있다.

나는 스물아홉의 나이에 병원 하나 없는 곳에서 40평이 넘는 대형약국으로 첫 약국을 시작했다. 그리고 이어서 개업한 약국들 중 어떤 곳은 망하기 직전까지 가기도 했고 어떤 곳은 큰 수익을 냈다. 또 사기사건으로 문도 열어보지 못한 아픈 약국도 있었고 8년 동안 꾸준히 운영한 정든 약국도 있었다. 17년간의 다사다난했던 경험 덕분에 지금 나는 경제적 자유와 시간적 자유를 함께 누릴 수 있는 여유가 생겼다.

나는 지금 아침이면 벤츠와 BMW 중 어느 차를 탈까 고민하고, 오르고 있는 부동산 소식을 체크하면서 감사한 하루를 시작한다. 또 우주 최고의 선물인 사랑하는 아들과 딸에게 내가 필요할 때면 항상 곁에 있어줄 수 있다. 이 정도면 괜찮은 삶이다.

사업의 성패는 준비단계에서 90% 이상 결정된다

그런데 어느 날부터 약국을 열고 싶은데 어떻게 시작해야 할지 모르겠다는 약사들의 하소연(?)이 나에게 들리기 시작했다. 또 약국 약사의 삶에서 자존감을 지키기가 참 힘들다는 이야기도 종종 들려왔다. 처음에는 남모르는 사람들의 이야기라고 생각하며 크게 관심을 두지 않았다. 하지만 이야기를 들으면 들을수록 왠지 안타까운 마음이 생기기 시작했다. 약국의 조건들을 들어보면 리스크 요인들이 빤히 보였다. 하면 안 되는 약국을 계약하고 왔다는 약사들의 이야기를 듣고 나면 잘 알지도 못하는 그 약사가 걱정이 돼서 종일 머릿속에 남아 있기도 했다. 자신이 무엇을 모르는지도 잘 모르는 경우가 태반이다. 리스크 요인이라는 것도 모르고 사업을 시작했다가 나중에 땅을 치고 후회하는 경우도 다반사다.

신중하게 모든 리스크를 꼼꼼히 따져봐도 늘 리스크가 남는 것이 입지와 관련된 사항이다. 대안을 마련하고 대비책을 세워야 하지만 준비가 제대로 안 되어 있다면 대안이 무엇인지도 모른다. 또 방문 손님층에 맞는 적절한 마케팅과 전략이 없으면 약국의 매출을 증가시키기는 힘들다. 이것들에 대해 제대로 알고 개국을 알아보는 약사는 거의 없었다. 그저 무작정 시작하려는 열정과 무모한 용기가 전부인 약사들이 대부분이었다.

나는 나의 경험을 통해 배워온 약국 경영의 지식과 비법들이 지금 고민하는 누군가에게는 단비 같은 존재가 될 수 있지 않을까 싶은 마음이 조금씩 생기기 시작했다. 나 역시 '맨 땅에 헤딩하기'로 배워왔던 약국 경영 지식이었다. 내가 그렇게 절실하게 필요했던 그 시기에 지금 알고 있는 것들을 알았더라면 하지 않아도 될 고생은 피할 수 있었을 것이다.

막연히 도움을 주고 싶다는 생각으로 나는 네이버에 '약사들의 개국'과 '약국 약사 상담비법'에 대한 정보를 전하는 '팜멘토'라는 카페를 만들었다. 지금은 '부자약사 코칭협회'라는 이름으로 운영되고 있다.

내가 약국에서 배운 '사람 공부'와 성공한 '사업 경영'

처음에는 그냥 스터디로 시작했다. 스터디에 참여하는 약사는 처음엔 6명에서 점점 늘어갔다. 스터디가 진행되면 될수록 나는 생각보다 많은 약사들이 약국 개국에 대해 너무 아무것도 모르고 있다는 것을 알게 되었다.

약국 개국뿐 아니었다. 약국 경영이나 고객 상담법에 대해서도 모르기는 마찬가지였다. 이미 약국을 경영하고 있는 약사들도 마인드의 변화가 절실했다. 팜멘토 카페 과정을 궁금해하면서 모여드는 약사들은 계속 늘어났다.

약국 개국을 포함한 약국 경영에 대한 현실적인 지식에 목말라 있던 사람들은 마치 스폰지처럼 내 지식을 흡수했다. 열정적이고 절실한 사람들은 약국을 준비하고 계획하는 한 단계, 한 단계 과정을 나와 함께 상의하면서 성공적인 개국으로 달려갔다. 약사들이 성공적으로 개국하고 억대 연봉의 안정적인 수입에 접어드는 모습을 보면 내 마음이 그렇게 좋을 수가 없었다.

어떤 사람들은 하던 일 그냥 열심히 하면 먹고사는 걱정은 없을 텐데 왜 이런 일을 하려 하냐고 질문한다. 굳이 십수 년간 배워온 산지식을 애써 나눠주느라 에너지를 쏟느냐고 묻는다. 그런 사람에게 나는 언제나 자신 있게 이것은 '내가 꼭 해야 할 일'이라고 말한다. 사람이 먹고사는 것만으로 보람을 느끼는 것은 아니다. 자신의 삶의 궤적이 다른 사람에게 도움이 된다는 것은 차원이 다른 기쁨이다.

놀랍게도 6번 진행되었던 '성공약국 개국과정'을 들은 약사님들 중 25

명이 넘는 분들이 개국에 성공했다. 대부분은 개국과정 수료 후 평균 4개월 안에 약국 개국에 성공했다. 하지만 약국 개국은 약국 경영의 시작일 뿐이다.

개국에 성공한 약사님들은 경영의 필요성을 깨닫기 시작했다. 개국한 약사님들의 요청으로 나는 약국의 매출 증진을 위한 세미나도 시작했다. 이 세미나가 끝나고 약국의 평균 매출이 늘어났다거나 개별 상담의 최대 매출이 갱신되었다는 감사의 문자들도 많이 받을 수 있었다. 그 순간순간들은 지금까지도 잊을 수 없는 기쁜 느낌이었다. 약국에서 고객과 만날 때 느끼던 뿌듯함과는 그 종류가 달랐다.

실패를 극복하면 장애물은 디딤돌이 된다

나는 나의 아팠던 경험들이 누군가에게는 도움이 될 수 있다는 사실이 고마웠다. 사실 실패의 경험을 공유하는 것은 꽤나 창피한 일이다. 사기를 당했던 경험도 전에는 숨기기 급급했다. 하지만 그 경험들이 다른 사람들에게는 일어나지 않도록 해야겠다는 마음으로 경험을 나누고자 했더니 모든 것이 달라졌다.

누군가의 성공에 도움이 되었다는 것으로 나의 아픈 마음들이 오히려 치유가 되는 느낌이었다. 다른 사람에게 도움을 전하면서 정작 치료가 되고 있었던 것은 나였다.

사람들은 내가 걱정했던 것처럼 나를 '실패자'로 보지 않았다. 사람들은 나의 경험을 통해서 자신들이 실패하지 않기 위해 준비해야 할 것들을 체크하고 본인들의 성공을 위한 '디딤돌'로 삼았다. 나의 장애물이 그들에게는 디딤돌이 되었다. 이보다 더 의미 있는 실패는 없을 것이다.

그런 의미에서 이 책은 행복한 약국 생활을 하고 싶은 모든 약사들에게 작지만 든든한 힘이 될 수 있으리라 확신한다. 약국을 개국하기 전부터 제대로 된 올바른 방향으로 사업을 준비해야 한다. 준비된 사업은 실패의 확률과 과정의 스트레스를 줄여주고 앞으로의 삶을 위한 창조적인 활동에 시간과 자원을 쓸 수 있도록 도와준다. 대한민국 약국의 모든 약사가 행복한 약사로 거듭나는 데 이 책이 조금이나마 도움이 되기를 진심으로 바라고 희망한다.

2018년 가을

강남성

약국 창업 진단 평가 체크리스트

체크사항	예	아니오
1. 약국의 입지를 분석할 때 체크해야 할 사항들을 알고 있는가?		
2. 상가 임대차 계약을 할 때 유의할 점에 대해 알고 있는가?		
3. 약국 개설 허가를 위한 요건들은 알고 있는가?(ex. 담합여부)		
4. 분쟁이 생길 경우 대비책은 생각해보았는가?		
5. 약국 관련 세무, 노무 상식은 알고 있는가?		
6. 효율적인 직원 관리를 위한 원칙은 있는가?		
7. 구체적인 자금조달 계획은 있는가?		
8. 예상수익에 대한 사전 점검은 제대로 이루어졌는가?		
9. 매출 대비 수익에 대해 분석, 체크해보았는가?		
10. 재고 관리 전략은 있는가?		
11. 경쟁약국들과 차별화가 가능한가?		
12. 인테리어와 시설에 대한 경쟁력은 있는가?		
13. 나는 경쟁력이 있는 사장인가?		
14. 연령별 고객 상담 전략을 가지고 있는가?		
15. 질환별 고객 상담 전략을 가지고 있는가?		
16. 내 약국에 대한 맞춤 마케팅 전략이 있는가?		
17. 최소 1년 단위, 3년 단위의 경영 목표가 있는가?		

약국 창업 진단 평가 체크리스트 결과 분석

만약 '예'에 해당하는 항목의 개수가

4개 이하 : 당신은 아직 약국을 오픈할 준비가 전혀 되어 있지 않다! 꼭 사장이 되고 싶다면 이 책을 처음부터 다시 한 번 정독하길 바란다. 이대로 용감하게 개국한다면 무모한 대가가 어떤 것인지 알게 될 것이다.

5 ~ 9개 사이 : 오! 당신은 개국에 대해 나름 준비를 해온 듯하다. 목표를 위해 노력해온 당신은 아름답다! 하지만 어설픈 지식은 없느니만 못하다. 지금까지 어깨 너머로 주워들은 '이야기'들이 있다면, 당장 구체적인 '수치'로 확인하고 분석하라!

10 ~ 13개 사이 : 당신은 어느 정도 준비된 사장이다. 하지만 여전히 걱정되는 면이 남아 있다. 현재 나에게 부족한 부분이 어떤 부분인지 이 책을 통해 다시 한 번 철저히 확인하기를 바란다.

14개 이상 : 와우~! 당신은 준비된 경쟁력을 가진 사장이라고 해도 좋다. 이제 문제가 될 부분이 무엇인지 확실히 체크하고 대비책을 세워두자. 돌다리도 두드려보고 건너라고 했다! 안전이 첫 번째 성공이다!

CONTENTS

1장 – 선택

성공하는 약국과 망하는 약국은 무엇이 다른가?

피가 되고 살이 되는 5분 경영 상담

1. 올어라운드 플레이어가 되라! / 2. 목표는 반드시 수치화하라! / 3. 사업을 시작했다면 경영에 미쳐라! / 4. 언제나 가장 적당한 때는 지금이다 / 5. 약국 경영도 당연히 사업이다! / 6. 필요할 땐 진심을 다해 도움을 구하라! / 7. 당신 안의 무한한 가능성을 믿어라!

4장 – 퍼즐

10분 만에 확실한 단골을 만드는 10마디

5장 – 생존

반짝 성공하지 말고 오래오래 성공하라

에필로그

| 1장 |

성공하는 약국과 망하는 약국은
무엇이 다른가?

선택

강 약사의 약국 경영 비법 5

1. 선택 – 선택과 책임이 바로 '경영'이다

성공하는 약국과 망하는 약국의 차이는 사소하다. 비즈니스의 현장에서 수
도 없이 만나게 되는 결정의 순간에 해야만 하는 '선택'의 차이다. 두려움과
게으름 속에서 타협하는 선택을 하는 경우와 적극적이고 능동적으로 극복
하려는 선택을 하는 경우는 엄청나게 다른 결과를 가져온다.

01 공부 : 눈으로 보고 발로 뛰어라

약자의 앞길에 장애물이었던 바윗돌은 강자가 가는 길에는 디딤돌이 된다.
— 토마스 칼라일(영국의 비평가, 역사가)

모든 것이 새로웠고 모르는 것은 너무나 많았다

"약사 선생, 내가 배 여기가 아픈데. 며칠 동안 아팠다 안 아팠다 하거든요. 왜 그런 거요?"

빨리 해답을 달라는 눈빛으로 40대 후반의 아저씨는 나를 뚫어지게 쳐다보았다. 다짜고짜 배가 아픈 이유를 물어보면서 '어디 아나 모르나 보자!' 하는 눈빛으로 나를 노려보는 바람에 나는 적지 않게 당황했다. 뒤에서 보고 계시던 약국장님은 당황해하는 내 뒤로 다가서더니 자연스럽게 상담을 이어가시기 시작했다.

처음 약국 약사가 되었을 때 나는 경험 없는 20대 약사였다. 손님들은 너무 어려 보이는 약사를 '과연 믿어도 될지' 끊임없이 판단하려고 했다. 몇 년간 같은 질환에 시달리는 사람들은 자기 병에 대해서는 '반(半)의사'다. 하루에도 몇 번씩 쏟아지는 질문들 때문에 나는 자연스럽게 약국에 필요한 공부에 빠져들었다.

언젠가부터 나에게 무언가를 공부한다는 것은 하나의 일상이 되었다. 석사학위를 받기 위해서 약대 대학원에 다닐 때는 빡빡한 실험 스케줄 속에서 새벽 2~3시까지 원서와 외국 논문을 읽어가며 공부했다. 돈을 벌어야 했기 때문에 학위를 하면서도 선배의 소개로 병원의 야간 약사 아르바이트도 해야만 했다. 야간 약사 일을 하면서 일주일에 이틀은 밤잠을 거의 자지 못했다. 아무도 없는 병원 약국에서 야간 근무를 하는 날에는 야속하리만큼 환한 불빛 아래에서 병원 약에 대한 공부를 하느라 꼬박 밤을 새곤 했다.

하지만 약국에서 요구되는 약사의 자질은 이전의 공부들과는 완전히 다른 신세계의 영역이었다. 모든 것이 새로웠고 모르는 것은 너무나 많았다. 그 당시 나에게 약국이 무엇인지 가르쳐주셨던 약국장님들은 언제나 열심히 공부하셨다. 그 시절 나는 약국 약사로서 제대로 실력을 갖추기 위해 치열하게 공부했다.

하루 12시간씩 근무약사로 일하던 힘든 시절에도 유명한 임상 강의들에는 반드시 참석했다. 강의 시간이 새벽에 끝나더라도 예외는 없었다. 고된 근무와 늦은 강의를 마치고 새벽 2시가 넘은 시간에 집에 돌아와서도 그날 배운 내용은 반드시 복습하고 잤다. 성실은 모든 실력의 기본이다. 무언가를 선택했으면 몰입하고 실천하는 것이 습관이 되어야 한다. 그래야만 배움이 나의 머리와 몸에 스며들어 비로소 진정한 나의 실력이 될 수 있다.

새벽 강의를 듣고 온 다음날 오후가 되면 피곤함이 온몸으로 밀려왔다. 손가락 하나 까딱하기도 싫은 순간들이 종종 찾아왔다. 그 순간에도 나는 전날 배운 임상 사례를 하나라도 놓치지 않으려고 있는 힘껏 두 눈을 부릅뜨고 손님들이 무엇을 호소하는지 집중해서 듣고 보았다.

잠을 설쳐서 피곤이 밀려와야 할 상황에서도 어제 배운 임상 사례가 보이면 '심봤다!' 하는 마음이었다. 나는 성심성의껏 손님과 상담하고 조언했다. 판매가 많아져서 매출이 늘어나는 즐거움보다 내가 알고 있는 정보가 누군가의 건강에 도움이 된다는 기쁨에 하루하루를 즐겁게 보낼 수 있었다.

만성질환으로 고생하시던 환자분들이 내가 조언한 영양요법 덕분에 건강해졌다며 고맙다고 인사하러 오시는 일도 점점 늘어났다. 약국 근무를 시작하고 시간이 어느 정도 흐르자 때때로 김밥이나 과일 같은 간식

거리를 '지나가다 들렀다며' 일부러 사다주시는 분들도 생겼다. 맛있게 먹으라며 쑥스럽게 웃어주고 가시는 분들의 뒷모습에 밤 10시가 다 되어가는 늦은 시간에도 피곤한 줄 몰랐다. 이제 '나의 고객'이 된 분들의 고맙다는 한마디는 책상 앞에서는 결코 느껴볼 수 없는 보람이었다.

'벤츠'를 구경하는 사람이 될 것인가, 운전하는 사람이 될 것인가?

내가 약국 약사가 되어야겠다고 결심하게 된 것은 물론 '고객과의 소통을 통한 보람' 때문만은 아니었다. 나는 어릴 때부터 언젠가는 엄마에게 '벤츠'를 태워주겠다는 일종의 사명감 같은 것이 있었다. 처음 약대에 진학했을 때는 공부로 성공하고 싶었다. 그러나 나는 유학을 떠나서 박사학위를 받고 다시 금의환향하는 일이 얼마나 힘들고 확률이 낮은 일인지를 대학원을 다니면서 알게 되었다.

흔히 말해 우리 집은 돈도 없고 빽도 없는 그렇고 그런 집이다. 이런 집출신인 내가 공부로 성공하기는 낙타가 바늘구멍을 통과하는 것보다 어려워 보였다. 게다가 최소한 5년 이상은 걸릴 유학생활은 지지리도 가난하고 힘들 것임이 틀림없었다. 세상을 알아갈수록 공부하는 길은 '벤츠'에서 멀어 보였다.

그래서 나는 '벤츠'와 가까운 길을 선택했다.

누가 뭐래도 약국은 약사가 가장 먼저 '돈'에 대해 '제대로' 배울 수 있는 길이다. 처음에 나는 약국은 물건만 가져다 놓으면 저절로 팔리는 그런 곳으로 알았다. '진짜' 약국 경영에 대해서는 '1도 몰랐다'. 나는 막연하게 경영을 공부해야겠다는 생각에 방송통신대학교 경영학과에 입학하기도 했다. 그러나 책으로 배우는 경영학이 별 도움이 안 된다는 것을 알고 포기했다. 돌이켜 보면 약국 경영을 어디서, 어떻게 배워야 하는지 전혀 감을 잡지 못한 셈이다.

나는 예전부터 약국을 크게 하거나 여러 개를 공동으로 경영할 수 있을 거라는 생각을 해왔다. 그래서 조직이 어떻게 돌아가는지 그리고 어떻게 관리하는지 꼭 알고 싶었다. 하지만 조직 관리를 글로 배울 수는 없는 노릇이었다. 나는 시행착오를 조금이라도 줄이기 위해 캐나다에 어학연수를 다녀와서 원하던 제약회사에 들어갔다.

회사에 다니는 동안에도 나는 '좋은 약국'에 대한 나의 꿈을 이루기 위해 나와 뜻이 맞는 사람들을 모았다. 우리는 주말마다 대학로에 모여 임상 스터디를 하며 서로가 꿈꾸는 약국과 사업 아이템에 대해서 토론하곤 했다. 지금도 그 근처를 지날 때면 그때가 생각난다. 2~3시간의 긴 스터디를 마치고 나서 마시던 맥주 한 잔에 조금씩 거나해져서 '좋은 약국'에 대한 희망을 나누던 그 시절. 들뜬 마음으로 지하철역까지 함께 걸어가곤 했던 그때의 순간들이 새록새록 생각난다.

나에게 약국 개국은 한마디로 '맨땅에 헤딩하기'였다

그때나 지금이나 내가 정말 필요했던 약국 경영에 대해 현실감 있게 배울 수 있는 곳은 별로 없어 보인다. 약사들은 보통 취업한 약국에서 어깨 너머로 약국장님의 업무를 짐작하고 궁금한 것을 물어본다. 나는 약국 경영의 '비법'이 너무 궁금해서, 월말에 제약사들 결제라도 하는 날이면 장부 근처를 괜히 어슬렁거리면서 약국장님들께 짬짬이 질문 세례를 퍼붓곤 했다.

대부분의 약국장님들은 "강 약사님은 나중에 더 잘할 거예요. 지금은 들어도 잘 몰라."라고 하면서 그냥 웃으시곤 했다. 나는 어떻게든 제약회사 영업사원과 약국장님의 이야기를 들어보려고 했다. 하지만 귀동냥으로 전해 들은 말들은 잘 이해가 되지 않았다. 그렇지만 대놓고 물어보기도 그래서 그저 어림짐작만 해볼 뿐이었다. 깔끔한 하얀 가운을 입고 많은 거래처와 유연하게 협상하는 모습, 다양한 질환을 호소하는 고객들과 여유롭게 상담하는 약국장의 모습은 내겐 참 멋있어 보였다.

약국을 내 길로 결정한 뒤에는 나의 발과 눈은 항상 바빴다. 겉으로 보기에는 다 비슷해 보이는 약국은 속을 들여다보면 다 달랐다. 환자 사례들은 물론이고 약국마다 방문하는 고객층도 달랐다. 나는 왜 그런 차이가 나는지 궁금했다. 궁금한 것투성이었다.

뭔가를 물어볼 때마다 약국장님들의 말은 다 조금씩 달랐다. 지금 생각해보면 약국마다 처한 상황이 모두 다르기 때문에 당연한 것이었다. 정답은 없었지만 나에게는 모범답안이라도 절실히 필요했다. 하지만 우리 부모님은 약사도 아니었고 주변에 약국을 하는 분도 없었다. 나는 그렇고 그런 일개 약사였다.

그랬다. 나에게 약국 개국은 말 그대로 '맨 땅에 헤딩하기'였다.

눈으로 보고 발로 뛰었던 2년의 현장 공부

나는 목표를 이루기 위해 두 눈으로 직접 보고, 이거다 싶으면 전력질주로 뛰어갔다. 가다가 돌부리에 채이면 넘어지고 구르면서 피가 터져가며 온몸으로 배웠다. 내가 겪고 준비한 시간들은 달력에서는 단 2년이었지만, 체감 시간으로는 최소한 5년이 넘을 것이다. 2년간의 준비를 마치고 나는 약국 자리를 알아보러 돌아다니기 시작했다. 운동화 밑창이 다 닳도록 매일매일 돌아다녔다. 당시는 의약분업이 막 되기 시작한 때였다. 변화의 흐름을 잘 파악한 약사들은 이미 병·의원 근처의 자리를 선점한 상태였다. 모든 약사들이 막연하게 약국의 입지 선택에 있어서 많은 것을 고려해야 하는 시기라는 것을 어렴풋이 배워가던 시기였다.

이런 시대의 흐름에도 불구하고 우리가 정한 '좋은 약국'은 고객과 소통하는 보람찬 곳이어야 했다. 눈으로 그리고 발로 뛰며 배운 것들을 기반으로 나와 나의 동료 약사들은 용감하게도 주변에 병원이 하나도 없는 대형약국을 인수했다.

　세 명이 의기투합하고 인수한 약국은 빚만 3억 원이 넘었다. 고생길의 시작이었다.

1. 올어라운드 플레이어가 되라!

Q. "저는 약대에서 충분히 공부했다고 생각했는데, 약국에 오니 공부할 게 더 많아요. 나름 열심히 공부하지만 약국에 오는 손님들의 질문이 두려워요! 제가 이상한 걸까요?"

A. 나도 그랬다. 아마 대부분의 약사들의 처음 몇 년은 다 마찬가지일 것이다. 약국 약사의 전문성이 요구되는 곳은 참으로 다양하다. 동네 병·의원에서부터 대학병원까지 쏟아지는 전문의약품들과 처방 없이 구매가 가능한 일반의약품, 전 세계의 셀 수 없을 만큼 많은 건강 관련 회사에서 쏟아지는 건강기능식품들, 그리고 기타 소소하게 구매할 수 있는 각종 생활용품, 그뿐만 아니라 민간요법이나 영양요법까지! 정말 끊임없이 많은 질문들이 쏟아진다. "젠장! 끝이 없네!"라고 말하고 있을지도 모른다. 하지만 좋은 소식이 있다. 약학을 공부한 당신이 자세히만 들여다보면 충분히 따라잡을 수 있다. 완벽하려 애쓰지 말고 충분하려고 애쓰길 바란다. 꼭 알아야 할 것들을 배우고 익히는 데 아낌없이 투자하라! 약국의 약사로 남은 인생을 살아가고 싶다면 말이다.

02 수익 : 돈을 체계적으로 관리하라

승자는 구름 위의 태양을 보고 패자는 구름 속의 비를 본다.
– 에이브러햄 링컨(미국 제 16대 대통령)

다음 달은 누구에게 돈을 빌려야 하나…

"언니, 전데요. 잘 지내시죠?"

"강 약사구나! 별일 없지? 요즘 대형약국하면서 잘나간다며? 축하한다. 그런데 웬일이야?"

"잘나가긴요. 호호호… 그런데 언니, 죄송한데 천만 원만 좀 빌려주시면 안 될까요? 다음 달 말일쯤에 드릴 수 있을 것 같은데요…."

빚이 3억이었던 약국을 오픈하고 6개월이 지나가면서 나는 점점 더 초

조해졌다. 나는 성공적으로 첫 약국을 개업하려고 2년간 내가 할 수 있는 모든 공부를 정말 뼈 빠지게 했다. 하지만 가진 돈이 너무 없었다. 졸업과 동시에 시작한 아르바이트를 그만둔 적도 없었고 먹고사는 지출 외에는 최대한 아껴 썼다. 하지만 당시에는 생활비를 충당하기도 빠듯했다.

회사를 다니면서도 아침은 지하철역 노점상에서 파는 토스트 한 조각으로 때우곤 했다. 꼭 필요한 생필품을 빼고는 아무것도 사지 않고 아무것도 쓰지 않았다. 그렇지만 좋은 약국을 하겠다는 꿈이 있었기에 그 모든 순간들은 힘든 줄도 모르고 지나갔다. 나는 그렇게 월급의 70% 가까운 금액을 저축해서 모았다. 하지만 1년 뒤에 내 통장에 찍힌 돈은 고작 천만 원 남짓이었다. 결국 나의 첫 약국 개국의 투자금은 엄마의 아는 분에게 빌려온 '빚'으로 시작되었다. 게다가 그 약국은 인수받았을 때 제약회사의 외상 채무만 3억에 이르렀다.

2년간 나름의 임상공부와 경영공부를 했다고 생각한 나는 자신감을 갖고 약국 운영을 시작했다. 그러나 현실은 많이 달랐고 나의 막연했던 꿈은 산산조각이 났다. 나의 자신감은 무지에서 나오는 자만감이었다. 경영을 책으로만 배운 나는 책에 없는 문제가 생길 때마다 무엇을 어떻게 해야 할지 막막했다. 다른 약국장들에게 조언을 받는 것도 도움이 되지 않았다. 약국마다 상황이 천차만별로 달랐기 때문이다.

하루 12시간씩 일을 하는데도 약국의 적자는 점점 더 늘어났다. 월급을 가져가지 못하는 달도 많았고 갚아야만 하는 빚은 아무리 애를 써도 쉽게 줄지 않았다. 통장에 마이너스가 꽉 차도 월세와 직원들 월급은 나가야 한다. 제약회사에서 사온 약값도 줘야만 했다. 마지막 1원까지 마이너스 통장이 꽉 차고 나서 나는 아는 선배한테 전화를 걸었다. 천만 원만 빌려달라고. 그렇게 시간이 흘렀다.

'다음 달은 누구한테 전화해야 할까.'
언제나 이런 고민을 하면서….

이렇게 살아서 뭐하나

당시의 나는 살아도 사는 게 아니었다. 각자의 약국 경험이 다른 동료들은 약국 경영 방식에 대한 의견 충돌이 잦았다. 처음 동업이라는 걸 해보는 우리 모두는 많은 것에서 서툴렀다. 대학로의 카페에서 즐겁게 스터디를 하면서 생각했던 약국과 진짜 현실의 약국은 완전히 달랐다.

매월 15일은 월세를 내는 날이었다. 그리고 사장이 가장 가난해지는 직원들의 월급날이기도 했다. 처음 몇 번은 내 월급만 못 가져가는 상황이었다. 조금 지나자 마이너스 통장의 마이너스 잔액이 자꾸만 늘어갔다. 15일이 얼마나 빨리 오던지…. 분명히 한 달이 지나려면 30일은 걸릴 텐데…. 그때 나는 닥치는 일들을 정신없이 처리하고 이제 좀 정신을 차려보려고 하면 또 15일이 코앞이었다.

내일 모레가 15일 월급날이었던 어느 날이었다. 힘들고 고된 몸을 이끌고 조제실 안의 의자에 기대어 있던 나는 몸도 마음도 지칠 대로 지쳐 있었다. 의자 윗부분에 머리를 기대고 몸을 뒤로 끝까지 젖히자 약국의 천장이 보였다. 천장의 형광등은 무심하게도 나를 환히 비추고 있었다. 몇 개월 동안 마이너스를 때우면서 하루하루를 버텨왔던 시간들이 생각나면서 갑자기 문득 '이렇게 살아서 뭐하나.' 하는 생각이 들었다.

처음에 생각했던 '약사의 자긍심'은 온데간데없었다. 빚에 찌들어서 또 한 번의 15일을 버텨낼 생각을 하니 '그동안 나는 대체 무엇을 준비하고 살아온 건가.' 하는 생각에 분노가 치밀었다. 그때 누군가 나를 툭 건드렸다면 약국 안이고 뭐고 가리지 않고 울음이 터져버렸을지도 모르겠다. 나는 그저 의자에 기대어 눈을 감고 있는 척하면서 꾸역꾸역 삐져나오는 눈물을 몰래 닦으며 하염없이 천장만 바라보았다.

그 당시 나와 동료들은 모두 약국의 경영 상황이 힘들다는 것을 알고는 있었다. 하지만 약국의 빚과 나의 마이너스 통장을 온전히 책임져야 할 사람은 나였다. 빚을 독촉하는 제약회사의 영업사원들과 협상해야 하는 것도 온전히 나의 몫이었고, 15일이 되어서 이리저리 돈을 막아야 하는 것도 나의 몫이었다. 약국의 채무로 받은 빚의 상환 기간이 촉박해지면서 핏대를 높여 소리 지르며 화를 내는 제약회사 직원들도 점점 많아지기 시작했다.

모든 것이 귀찮고 힘들기만 했다. 급여와 월세가 나가야 하는 15일과 제약사 결제 대금을 갚아야 하는 월말이 될 때마다, 나는 도망가고 싶었다. 살고 싶지 않았다. 경제적으로도 심리적으로도 나는 그때 완전히 바닥이었다.

'좋은 사람'과 '좋은 사장'의 차이

"어디서부터 잘못된 걸까?"

"도대체 뭘 어떻게 해야 할까?"

지금 생각해보면 그때의 나는 '열정'은 넘쳤지만 사업을 만들어나가는 진짜 '기술'은 한없이 서툴렀다. 누구나 처음 시작하는 일에는 서툴다. 사업을 시작하면 누구나 처음으로 사장이 된다. 그러나 사장이라는 타이틀이 생긴다고 해서 바로 사장의 역량을 갖게 되는 것은 아니다. 사장은 '좋은 사람'이 되려고 노력해서는 안 된다. 좋은 사람이 아니라 '좋은 사장'이 되어야 한다.

좋은 사장은 사업에 있어서 수익을 만들어내야 하고, 그 수익이 지속되고 커질 수 있도록 제대로 관리할 줄 알아야 한다. 투자를 하고 점포를 내고 명함을 찍었다고 해서 이런 능력이 바로 생기지는 않는다. 많은 사람들이 명함을 들고 마냥 "내가 사장이야~." 하면서 거드름만 피울 때 진짜 성공하는 사람들은 그 다음을 준비한다. 그들에게는 빅 픽처가 있기 때문이다. 성공한 사람들은 어디로 그리고 무엇을 위해 가는지 끊임없이 고민한다.

'좋은 사람'이 좋은 사장이 되지 못한 경우는 수도 없이 많이 들어보았을 것이다. 수익을 만들 수 없는 사업에서는 함께 오래 행복할 수가 없다. 몇 개월 정도야 버티겠지만 오래가지 못한다. 이 문제를 '닭이 먼저냐, 달걀이 먼저냐?'쯤으로 생각한 것이 나의 결정적인 실수였다. 좋은 사장과 좋은 사람은 순환적인 관계가 아니다. 철저한 인과관계이다.

좋은 사람이고자 했던 나는 제약회사 관계자분들께 툭하면 휘둘렸다. 받지 말아야 할 제품도 받아줘야 하는 수십 가지 이유들을 거절하지 못해서 받기 일쑤였다. 또 인정에 이끌려 나중에 결제해야 하는 곳도 먼저 해주곤 했다. 닥친 일에 적절하지 못했던 인사로 문제가 발생해도 시끄러운 게 싫어 눈을 감았다. 또 동료들의 마음이 상할까봐 업무 분담에도 전문성을 가지고 나누거나 토론해서 사업의 원칙을 정하지 못했다. 작은 분쟁들이 싫어서 진짜 큰 문제를 만들어내고 있었던 것이다.

나는 오만했고, 나는 미숙했다. 2년 동안 정말로 열심히 준비해왔으니 그냥 잘될 거라고만 생각했다. 적절한 인사와 그것을 관리하는 일이 얼마나 중요한지 전혀 인식하지 못했다. 그리고 나는 흔들렸다. 사업의 목적이나 방향에 대한 확고한 목표의식을 정하지 못했고 동료들과 제대로 공유하지 못했다. 이 모든 것들이 절벽 위에 서 있던 나를 낭떠러지 끝까지 밀어낸 것이다.

모든 문제는 100% 사장의 잘못이다

나는 좋은 사람이고자 했지만 결과적으로는 좋은 사람도 되지 못했고 좋은 사장도 되지 못했다. 사업에 있어서 모든 문제는 100% 사장의 잘못이다. 잘못을 인정할 때 비로소 변화가 가능하다. 일이 틀어지면 내가 뭘 잘못하고 있는지부터 살펴봐야 한다. 그럴 수밖에 없었던 이유들을 스스로에게 증명하느라 보내는 시간들은 당장 버려야 한다.

물론, 사업을 하다 보면 정말로 내가 어쩔 수 없는 외부적인 이유들로 어려움에 처하는 경우들도 많다. 그렇지만 사업을 하는 사장은 그 안에서 살아남아야만 한다. 살아남아야 그 다음에 비로소 즐길 수 있다. 실패한 이유가 자신으로서는 어떻게 할 수 없는 천재지변인 비바람과 태풍 때문이었노라고, 살아남을 수 없었던 피치 못할 수많은 이유를 열거해봤자 나의 성장에는 전혀 도움이 안 된다.

높은 절벽의 낭떠러지 끝까지 떠밀려서 곧 떨어질 것 같은 느낌을 받던 그때부터, 나는 '그냥 좋은 약국'이 아닌 '진짜 되는 약국'이 무엇인지를 배우기 시작했다. 이대로 망할 수는 없었다. 나에겐 가야 할 목표가 있었다. 이루어야 할 일들이 있었다.

2. 목표는 반드시 수치화하라!

Q. "동기들 보니까 쉽게 약국 개국하던데요. 약국 개국에 대해서 물어보면, 하면서 배우면 된다고 다들 그러던데…. 그냥 약국 개국해보면서 배우면 되는 거 아닌가요?"

A. 하면서 배우는 것도 방법이다. 거액의 대출을 받으면서 시작하는 첫 사업이 실패해도 괜찮다면 말이다. 당신의 첫 시도가 반드시 성공할 거라는 믿음은 도대체 어디서 오는 것인가?

사업의 달인이라는 사람들도 새롭게 시도하는 일에서 몇 번이고 실패하는 것이 사업의 길이다. 하물며 첫 사업을 시작하는 당신은 그들보다 몇백 배는 더 노력해야 실패의 확률을 줄일 수 있다! 약국 개국은 철저히 준비하고 신중하고 또 신중하게 결정해야 한다.

약국 입지, 기대 수익, 예상 투자금액, 고정비용월세, 인건비, 세금 포함, 예상되는 재고 로스율, 자금 조달 계획, 매장 내부 구조에 따른 마케팅 전략, 타겟층에 따른 질환별 접근 전략 등을 충분히 배우고 제대로 알아봐야 한다! 반드시! 아니면 나처럼 한두 번씩 망해가며 배우는 것도 방법이 될 수 있다. 정말 권하고 싶지는 않지만.

03 경쟁력 : 옆집과 1%라도 다르게 하라

당신이 더 이상 잃을 것이 없다면 인생은 살아가기가 그리 어렵지 않다.
– 어니스트 헤밍웨이(미국의 소설가)

생각을 바꾸지 않고 다른 결과만 기대한다면 바보다

약국이 망할 것 같은 그 순간에도 우리들은 틈만 나면 약국 임상사례에 대해 공부하고 토론했다. 서로 고객들을 어떻게 대하는지 그리고 이전에 한 경험 중 어떤 것들이 도움이 되었는지도 끊임없이 연구했다. 공동의 목표를 가진 동업 약사들 사이의 토론은 그 어떤 강의보다도 현실적이고 절실했다.

그러던 어느 순간이었다. 우리만의 토론으로는 한계가 있다는 결론에

도달했다. 뭔가 더 잘하는 분을 찾아서 노하우를 전수받는 과정이 필요하다고 생각했다. 일단 배워야 했다. 되는 약국을 만들려면 어떻게 해야 하는지 반드시 공부해야 했다. 새로운 도전은 언제나 새로운 숙제를 준다. 도저히 풀 수 없을 것 같던 수학문제가 어느 순간 우습게 풀리는 것처럼, 시간과 공을 들이면 없었던 방법이 생기곤 한다. 비전이 확실하고 이 길이 맞다는 확신이 든다면 안 된다고 포기할 것이 아니라 될 수 있는 다른 방법을 찾아내야 한다.

아인슈타인이 말했다.

"똑같은 일을 되풀이하면서, 다른 결과가 나오기를 바라는 것은 미친 짓이다."

문제에 직면한 모든 사람들이 마음속 깊이 새겨볼 말이다.

지금 나에게 닥친 문제들은 지금까지 내가 생각해왔던 것의 결과물인데, 생각을 바꾸지 않으면서 다른 결과를 기대하는 것은 바보짓이라는 뜻이다. 멋진 말로 하면 '패러다임의 전환'이 필요하다는 말이다.

그때의 우리는 그런 멋진 말은 몰랐지만 같은 결론에 도달했던 것 같다. 우리는 수소문 끝에 약국 경영을 잘하는 분을 소개받게 되었다. 잊을 수 없는 첫 멘토의 첫인상은 너무 수더분하고 솔직히 좀 시골스럽기까지 해서 정말 약국 경영을 잘하시는 분이신지 의심이 들 정도였다.

"저희 약국에 문제가 조금 있는 것 같습니다. 도와주세요."

"그래요. 강 약사님, 약국도 이제 시대가 변했죠. 열심히만 해서 되는 시대는 지났습니다."

그 말을 들은 순간 나는 뒤통수를 한 대 맞은 느낌이었다. 열심히 하는 것이 답이 아니라고? 초등학교, 중학교, 고등학교, 심지어 대학교에서도 나는 뭐든 열심히 하는 것이 삶의 미덕이라고 배웠다. 부모님의 삶의 모습도 그랬고 열심히 최선을 다하고 사는 것이 정답이라고 배워왔다.

나 역시 지금까지 정말 열심히 살아왔다. 그런데 그런 시대는 지났다니…. 그럼 이제는 어떻게 살아야 하는 걸까? 돌아오는 내내 머릿속으로 '열심히가 답이 아니라면 어디로 가야 하나?' 하는 생각을 하면서 갈 곳을 잃은 새처럼 허망하게 거리를 쳐다보며 집으로 돌아왔다.

남과 1%라도 달라야 하고, 특별해야 한다

멘토와의 만남은 나에게 약국 경영에 대한 마인드를 완전히 바꿔주었다. 우리 약국은 학술 지식의 강연장에서 고객들이 만족하는 약국으로 탈바꿈했다. 모든 약의 디스플레이와 고객 응대법은 달라졌다. 심지어 의자의 위치와 거스름돈을 전달하는 방법까지 하나하나 모두 바뀌었다. 고객에게 인사하는 방법조차 바뀌었고 학술 중심의 상담에서 고객 중심의 상담으로 변해갔다.

약국이 점차 변할수록 매출도 늘어났다. 무엇보다도 수익구조가 좋아지면서 매달 15일과 월말에 찾아오던 주기적인 스트레스가 어느새 조금씩 줄어들고 있었다. 멘토와의 만남 이후 나는 '열심히'가 아니라면 도대체 어떤 가치에 중점을 둬야 하는지 고민하곤 했다. 그런데 어느 날 차를 타고 지나가는데 커다란 빌딩 현수막에 "Be Different! Be Special!"이라고 쓰여 있었다. 나도 모르게 "그래, 저거야!"라고 말했다. 그날 이후 우리 약국의 비전과 사명 액자에는 "Be Different! Be Special!"이라는 문구가 담기게 되었다.

달라야 했고, 특별해야 했다. 나이가 어린 젊은 여자 약사들이 운영하는 대형약국은 더욱 그랬다. 우리 약국에는 흔히 말하는 전문 판매원도 없었고 몇몇 유명 품목을 유인품목으로 정해 가격을 인하하는 정책도 쓰지 않았다. 나름 '정도'를 지향하는 우리 약국에서 고객에게 어필할 수 있는 우리만의 경쟁력은 선택이 아니라 필수였다. 다른 많은 소매업들이 하는 많은 호객 행위들이 약국에는 일체 금지되어 있다. 약국은 영리만을 추구하는 업종이 아니기 때문이다. 이런 환경 속에서 우리가 집중할 수 있는 것은 손님들의 접근성을 높일 수 있는 매장 내부 구조 변화와 효과적인 디스플레이 그리고 성의 있는 고객 상담과 지속적인 관리였다.

성공하는 약국과 망하는 약국의 차이

지금도 여러 약국들을 관찰해보면 성공하는 약국들과 망하는 약국들은 기본에서 큰 차이가 있다. 고객 서비스를 끊임없이 고민하고 진화하는 약국은 들어섰을 때 느껴지는 기운부터 다르다. 조금씩이라도 디스플레이에 언제나 변화가 있고 고객이 움직이는 방향에 따라 제품 진열에도 미세한 변화들이 있다. 고객이 무엇을 원하는지 파악하려는 세심한 응대뿐 아니라 나중에라도 생각이 날 수 있도록 잔상을 남길 수 있는 마무리에서도 알게 모르게 차이가 난다.

낭떠러지에서 떨어질 것 같던 나는 그 절박함 속에서 귀중한 가르침을 스펀지처럼 흡수했다. 때때로 평생 해보지 못했던 시도도 해야 했지만 간절했기에 행동할 수 있었다. 무언가 깨달았다고 해도 패러다임만 변해서는 달라지는 것이 없다. 부끄럽고 어색하더라도 실천해야 한다. 그래야 비로소 내 것이 될 수 있다.

마이너스의 바닥에 깔려 있었던 나는 선택해야 했다. 그대로 깔려서 포기할지, 넘어져서 흙탕물로 진창이 된 몸을 일으켜 세우고 다시 걸어갈 것인지. 하지만 나를 무조건 지지해주던 엄마와 동료 약사들을 생각하면 그것은 더 이상 선택의 문제가 아니었다.

그 뒤로 나는 지나가는 모든 약국들을 관찰하는 버릇이 생겼다. 인테리어를 보는 눈도 달라졌다. 처음 약국을 열 때 우리는 인테리어 비용만 3천5백만 원 가까이 들었다. 인테리어 전체를 바꾸지도 않았다. 다만 예쁜 인테리어 그리고 그동안 꿈꾸던 약국을 하고 싶어서 간판과 조제실의 위치를 바꾸고 바닥도 다시 깔았다.

그러나 결국 예쁘기는 한 약국 간판이 멀리서는 보이지 않는다는 손님들의 불평이 쏟아졌다. 결국 나중에 적지 않은 비용을 들여서 정말 멀리서도 잘 보이도록 다시 만들어야 했다. 현실이 바탕이 되지 못한 꿈의 약국을 하느라 도대체 얼마를 손해를 본 건가? 지금도 나는 어느 약국에 가더라도 약국의 형태에 따라 매출과 직결되는 인테리어인지, 고객 입장에서의 동선과 약사의 동선 방향이 조화롭게 잘 반영된 인테리어인지를 살펴본다. 고객을 응대하는 과정도 면밀히 살펴본다. 의미 없이 웃기만 하는 상투적인 응대는 매출과 연결될 수 없다. 어떤 약국이던 성공하는 곳에는 항상 배울 점이 있다. 지금도 많은 약국에서 많은 것을 배운다. 망하는 약국에서는 '하지 말아야 할 것들'을 배우고 되는 약국에서는 '해야 할 것들'을 배운다.

잘되는 약국이 되기 위해서는 '무엇'을 고민할 것인가?

약국은 제대로 경영에 대해 알아야 하는 '사업'이고 나와 매일 대면하는 사람들의 건강에 도움을 주는 '사회에 꼭 필요한 사업'이다. 나는 대한민국의 약국 약사들을 무척 자랑스럽게 생각한다. 대한민국에서 모든 병·의원에서 처방되는 전문약, 영양제를 포함한 다양한 일반약, 셀 수 없이 쏟아져 나오는 건강기능식품, 뚜렷한 메이저가 없는 다양한 대체의학, 화장품, 의료기기 등은 물론이고 심지어 환자의 마음상담까지 제대로 전문적인 이해를 가지고 조언해줄 수 있는 직업이 '대한민국 약국 약사' 말고 또 누가 있다는 말인가?

앞으로 지식은 모든 것이 통합되는 방향으로 나아간다고 한다. 통섭이라는 단어로도 지칭되곤 하는 요즘 지식의 트렌드는 '서로 다른 분야들을 넘나들며 아우르는' 지식이다. 세밀하게 분석하는 서양식 사고방식이 옳다고 생각되던 세상에서 모든 것은 하나로 연결되어 있다는 동양식 사고방식으로 무게중심이 점점 옮겨가고 있다. 이런 점에서 대한민국의 약국 약사는 통합된 건강 지식의 정수를 가지고 통섭을 실천하고 있는 자랑스러운 존재들이다.

이제 약국 약사로서 진정한 통섭을 완성하기 위해서 정말 고민하고 노력해야 할 것은 '나의 고객'에게 내 정제된 지식을 '제대로 전달하는 방법'을 고민하는 것이다. 나의 약국이 망하는 약국에서 '되는 약국'으로 바뀐 것은 바로 이런 관점의 전환이었고 셀 수 없을 만큼 크고 작은 용기 있는 도전들의 결과였다.

| 나는 약국에서 경영을 배웠다

3. 사업을 시작했다면 경영에 미쳐라!

Q. "저는 나름 훌륭한 약사라고 자부합니다. 학술강의에는 빠짐없이 참석하고 있어요. 그리고 돈을 따지면서 고객을 대하지 않습니다. 제대로된 지식을 전하려고 최선을 다하고 있어요……. 수입이요? 그런 건 그렇게 중요하다고 생각하지 않습니다."

A. 정말? 중요하지 않다고? 양심에 손을 얹고 생각해보라. 열심히 일하는 당신의 수입이 많지 않다면 심각한 일이다. 당신이 쏟아붓는 수많은 시간과 노력이 실은 고객과 당신, 누구에게도 크게 도움이 되지 않는다는 뜻이니까.

어떤 약국이 성공한 약국인가? 간단하다. 잘되는 약국이 성공한 약국이다. 약국은 약사가 학술 공부만 한다고 잘되는 곳이 절대로 아니다! 내 말을 오해하지 않길 바란다. 약업藥業이라는 본질에 충실한 약사는 분명히 훌륭한 약사이다. 존경받아 마땅하다. 하지만 당신이 약국에 종사하는 약국 약사라면, 약국藥局의 본질을 제대로 이해해야 한다. 약국은 사업이다. 사업은 수익이 나야 살아남을 수 있다. 그것이 약국의 첫 번째 본질인 것은 너무나 당연하지 않은가?

04 열정 : 적극적으로 달려들어라

변해야 할 상황이 오기 전에 먼저 스스로 변화하라.
– 잭 웰치(미국의 기업가, 전 GE CEO)

돈이 없어서, 재능이 없어서 그리고 여자라서

"저는 공부하는 게 좋아요. 당분간은 약국을 열 계획이 없어요."

"네? 그럼 약국 개국 컨설팅은 왜 받으세요?"

"혹시 언제든 하게 될지도 모르고…. 아직 개국이 무서워요. 돈도 없고, 주변 얘기 들어보면 개국했다가 잘 안 된 경우도 많아요. 잘못 개국했다 그만두지 못해서 계속하는 동기들도 있고…. 그래도 약사니까 언젠가는 약국을 할 것 같아서…. 그래서 왔어요."

나는 약국 개국 컨설팅 과정을 진행하면서 여러 약사님들을 많이 만나

| 나는 약국에서 경영을 배웠다

보았다. 많은 약사가 돈이 없어서, 재능이 없어서 그리고 여자라서 개국을 망설인다고들 말한다. 가진 돈을 모두 투자했거나 큰돈을 대출받았는데 약국이 망할까봐 걱정한다. 특히 여자 약사들은 책임져야 할 가족이 있거나 혹은 책임져야 할 가족이 생길 수 있는 상황 때문에 새로운 시도를 하는 것이 지금은 무모하게 느껴진다고 말한다. 또 어떤 분들은 너무 늦었다고 한다. 진작 개국을 해야 했는데 하루하루 미루다 이제는 근무 약사 생활이 더 편하다고 하시는 분들도 있다. 이제 와서 새로운 시도를 하는 것은 너무 위험하고 두렵게 느껴진다고 말하기도 한다.

내가 처음 약국을 시작할 때 나는 돈이 없었고, 나이는 너무 어렸고, 게다가 여자였다. 경험도 재능도 없었다. 책상과 실험실에서 내내 공부와 연구만 하던 내가 고객을 만족시키고 자금을 원활하게 회전해야 하는 경영에 대해서 무슨 재능이 있었겠는가? 약국 입지를 보는 눈도 없었고 고객서비스에 대한 것도 지금 생각하면 '하나'도 몰랐다.

하지만 그때 나는 내가 가지지 못한 것에 집중하지 않았다. 나에게 없는 것에 집중하면 좌절에 빠지고 자꾸만 세상 탓을 하게 된다. 할 수 없는 이유가 자꾸만 정당화되고 하려고 하는 이유는 모두 무모해 보인다. 나는 될 수 없는 일의 가능성을 점치면서 그 자리에 멈추어 있고 싶지 않았다. 대신 나는 내가 지금 가지고 있는 것과 하고 싶은 것에 집중했다.

될 수 있는 일의 가능성과 될 수 없는 일의 가능성은 언제나 50대 50이다. 해보지 않고서는 아무도 모르는 일이다.

적극적이고 열정적인 사람은 무언가 다르다

"너무 오래 쉬었는데, 다시 약국을 하려니 겁이 나네요."

개국에 대한 조언을 듣기 위해 약국까지 찾아온 A약사님의 말이었다. 개국 특강을 진행했는데 약국까지 찾아오셔서 조언을 받고자 하시는 분들이 의외로 많았다. 나는 약국에서 보통 하루에 5시간만 근무하고 그나마 일주일에 3~4회만 근무한다. 그래서 최소한 1시간 이상이 걸리는 개별 미팅을 위한 약속을 잡기가 쉽지 않지만, 적극적인 분들께는 마음의 문이 열리기 마련이다.

A약사님은 살고 계신 곳과 꽤 먼 거리에 있는 우리 약국까지 와주셔서 더 미안한 마음이 들었다. 최선을 다해 아는 것을 최대한 조언해드려야겠다고 생각했다. 50대 중반의 여성인 약사님은 남편 분께서 정년퇴임을 앞둔 상황이었다. A약사님은 언젠가는 약국을 하긴 해야겠다고 생각했는데 때가 온 것 같다고 하셨다. 약국은 20년 전쯤에 해봤고 지금은 상황이 많이 바뀌어서 대체 어디서부터 준비를 해야 할지 잘 모르겠다고 걱정하셨다.

A약사님은 20년 전이었지만 약국 개국의 경험이 있으셨기 때문에 약

국의 입지나 실내 인테리어를 할 때의 원칙 같은 것을 쉽게 이해하셨다. 한 번 약국을 해보셔서 경영에 대한 기억이 몸에 새겨져 있기 때문이다. 20년 전 약국은 의약분업 이전의 약국이었다. 약사가 처방전 없이 마음대로 조제할 수 있는 임의조제가 가능한 시절이었기에 고객 상담은 그 시대에는 필수 항목이었다. 약국 고객을 대하시는 나름의 철학도 훌륭하셨고 다양한 영양요법에 대한 지식도 많으셨다.

나는 의약분업 이후의 약국의 경영 상황이 어떻게 변해왔는지 그리고 어떻게 변해야 하는지를 좀 더 구체적으로 설명해드리고 조언해드렸다. 1시간 정도 상담을 마치자 약사님은 이제 어디부터 출발해야 할지 아시겠다고 환한 웃음을 지으며 돌아가셨다. 우리 약국도 덕분에 A약사님께서 사오신 커피와 샌드위치로 즐겁게 점심식사를 한 기억이 있다.

이후 A약사님은 내과 문전 자리에 약국 자리를 결정하신 후 한 번 더 상담을 받으셨다. 내과 문전에 맞게 어떤 내부 구조가 매출에 직접적으로 영향을 줄 수 있는 인테리어인지 상의했다. 그리고 어디에 포커스를 맞추어 고객 상담을 진행할지 한 번 더 컨설팅을 받으시고 약국을 오픈하셨다. 이후에도 중간중간 거래처와 문제가 생길 때에도 연락을 주셔서 문제가 없도록 조율해드렸다. 지금도 A약사님의 약국은 성업 중이라 들었다. 앞으로도 쭉 더더욱 잘 되시기를 진심으로 빈다.

아무것도 시도하지 않으면 아무것도 얻을 수 없다

나는 개국에 대한 나의 다양한 경험이 새로 개국하려는 약사님들께 도움이 되리라는 확신을 가지고 수 년 전부터 약국 개국과 경영을 위한 컨설팅을 해왔다. 막 약대를 졸업하고 6개월 수습 기간만 거친 어린 여자 약사님도 계셨고, 3년 이상 임상경험을 쌓고 차근차근 약국을 준비해가던 남자 약사님도 계셨다. 연령층도 20대에서 50대까지 다양했다. 컨설팅을 받으신 분들이 약국을 개국하고 훌륭한 약국장이 되어 가시는 모습을 보면 그렇게 흐뭇할 수가 없었다. 부딪히고 깨진 내 15년의 경험을 나눈 것만으로 누군가의 인생은 10년이 앞당겨진다.

많은 분이 약국 개국에 대해 걱정하는 이야기들은 모두 사실이다. 어떤 약국은 망하고 어떤 약국은 잘된다. 모든 사업이 그렇다. 성공이 담보되는 세상일은 없다. 그렇지만 아무것도 시도하지 않으면 아무것도 얻을 수 없다.

소설 『해리포터』 시리즈로 전 세계적인 성공과 부를 이뤄낸 작가 조앤 K.롤링은 2008년 하버드대학교 졸업 축하 연설에서 이런 말을 했다.

"살다 보면 반드시 실패를 하게 됩니다. 단 예외가 있다면, 사람이 너무나도 조심스럽게 살아서 차라리 살지 않았던 편이 더 나은 경우가 있는데 그런 삶은 그 자체로 실패입니다."

| 나는 약국에서 경영을 배웠다

숨만 쉬며 사는 인생은 안전하다. 그러나 무의미하다. 자전거를 타기 위해서는 몇 번씩 넘어져서 무릎에서 피가 흘러봐야 하고, 수영을 하려면 최소한 몇 번은 물을 먹게 된다. 그렇지만 그런 상처와 고통의 순간이 잠시라는 것을 우리는 안다. 시간이 지나면 멋진 자전거 위에 앉아서 길 위로 비상하는 느낌을 알게 되고, 물속에서 나비처럼 멋지게 유영할 수 있다는 것을 알고 있으니까.

'돈이 없어서', '나이가 어려서' 혹은 '나이가 많아서', '경험이 없어서', '여자라서'라는 수많은 질문에 기죽지 말자. 뭔가가 이루어질 확률도, 실패할 확률도 50대 50이다. 해보지 않고서는 그 누구도 모른다. 사실 모든 실패는 과정이다. 끝까지 해내면 실패는 과정이 되고, 중간에 포기하면 그저 실패가 된다. 내 경우처럼 운이 좋아 '사업의 멘토'를 만날 수 있다면 그 과정이 좀 더 수월해지기도 한다. 아직도 나는 나의 멘토들에게 감사한다. 그때 세운 많은 원칙이 내 약국 경영의 기본 원칙들이 되었다. 세월이 갈수록 그 원칙들은 더 굳건해지거나 발전했다. 물론 배움에는 적지 않은 비용과 노력들이 들었지만, 그 훌륭한 투자 덕분에 나는 항상 적게 손해보고 훨씬 더 많이 번다.

4. 언제나 가장 적당한 때는 지금이다

Q. "저는 공부하는 게 좋아요. 언젠가는 약국을 해야겠지만… 개국이 두렵기도 하고 아직은 준비가 덜 된 것 같아요. 조금 더 준비가 되면 그때 개국하려구요. 모든 것이 준비된 후에 일을 저지르는 것이 현명한 게 아닐까요?"

A. 도대체 언제쯤 그 준비가 끝날까? 돈이 없어서 못 했던 것은 막상 돈이 생기면 돈을 잃을까 무서워서 시작하지 못한다. 나이가 많아서 못 한다는 사람은 돌아보면 젊었을 때도 하지 못했다. 여자라서 못 했던 사람은 세월이 흐르면 엄마라서 못 한다고 한다.

이유가 무엇이든 하지 말아야 할 이유에 귀를 기울이기 시작하면 새로운 시도는 평생 할 수 없다. 평생 준비만 하다가 끝낼 건가? 너무 무모하게 시작하는 것도 문제지만 너무 신중하게 재기만 하는 것은 더 큰 문제다. 언제까지 남의 약국 개국에 훈수만 두고 앉아 있을 건가?

언젠가 약국을 하게 될 거라고? 바로 지금이 그때다!

05 비전 : 간절하게 꿈꿔라

불분명한 목표와 방향이 없는 노력과 용기는 낭비일 뿐이다.
– 존 F. 케네디(미국의 35대 대통령)

'엄마'로부터 출발한 내 약국의 비전

나에게 약국은 그저 편하게 돈을 벌 수 있는 생계의 수단만은 아니었다. 첫 개국을 준비하던 시절에도 나는 주변 사람들에게 끊임없이 나의 '약국에 대한 비전'을 이야기했다. 다들 "어, 그래. 좋은 얘기다." 혹은 "무슨 약국에 그런 거창한 게 필요하냐?" 등의 반응을 보였다. 그냥 돈만 벌면 될 텐데, 무슨 비전을 갖고 좋은 약국을 하려고 하는지 이해하지 못했다. 겉으로는 응원하는 것 같았지만 속으로는 '그게 되겠나. 어차피 돈 벌려고 하는 거 아닌가.' 하는 시선으로 비웃는 사람들도 적지 않았다.

약국에 대한 나의 비전은 어머니로부터 출발했다고 하는 것이 맞을 것 같다. 나는 어릴 때부터 엄마의 아픈 몸을 건강하게 해주고 싶다는 원대한(?) 목표가 있었다. 엄마는 생활력이 강한 분이셨다. 게다가 수완이 좋고 유머러스해서 따르는 사람도 많았다. 또한 자식들의 교육이라면 물불을 안 가리셔서 주변에서 자식 교육에 뭘 그렇게까지 하냐는 소리도 많이 들으셨다. 하지만 너희들 세상에서는 여자가 많이 배워야 편히 산다고 하시면서 어려운 살림 속에서도 우리들 교육은 언제나 최우선으로 여기셨다.

엄마는 자식들 교육을 위해서라면 몸이 부서지도록 일을 하셨다. 당연히 엄마는 자주, 많이 아프셨다. 그런 엄마를 보면서 나는 언젠가부터 나의 진로를 의약계로 정했다. 재수 끝에 나는 약대에 진학했다. 엄마의 건강만 따지고 보면 약대 진학은 내 인생의 신의 한 수였다.

돌이켜 보면 나의 약사로서의 꿈은 엄마로부터 출발한 셈이다. 엄마를 고쳐주겠다는 간절한 꿈이 '좋은 약국'을 해야겠다는 꿈으로 이어졌다. 삶은 우리가 진정으로 원하는 것만 우리에게 준다고 한다. 간절함과 믿음 그리고 꾸준한 노력은 항상 그 끝이 있다. 엄마는 40대부터 디스크, 위장병, 심근비후증 등의 질환을 달고 사셨다. 하지만 70대가 되신 지금은 누구보다 건강하시다.

엄마는 작은아이가 약사였기에 건강할 수 있었다고 항상 말씀하신다.

다양한 약과 적절한 영양제, 한방약, 건강기능식품 등으로 지속적으로 관리해왔기에 가능한 일이었다. '건강한 엄마 만들기.'라는 꿈은 지금도 이루어지고 있다. 그리고 다른 나의 간절했던 꿈들도 하나씩 이루어지고 있다.

아메리카 인디언들은 어떤 말을 '1만 번' 이상 하면 그 일은 반드시 이루어진다고 믿는다. 내가 생각하던 '좋은 약국'도 내 머릿속에서는 이미 몇 만 번은 되새겨졌을 것이다. 약국을 해야겠다는 생각이 시작된 이래로 나는 좋은 약국에 대한 나만의 정의부터 내렸다. 나와 나의 약국을 방문하는 고객 모두에게 좋은 약국은 무엇인가에 대해 고민했다. 다양한 의약 정보를 공부하고 통합해서 가족의 건강을 지켜줄 수 있는 약국이 되기 위해서 무엇을 해야 하는가에 대해 열심히 고민하고 공부했다.

목표가 생기면 인생이 바뀐다. 정말로 간절히 원하는 그 무엇이 생기면 그것을 이루기 위해 무엇을 해야 하는지 고민하게 된다. 큰 목표를 위해 세분 목표를 어떻게 세워야 하는지 고민하고, 그 세분 목표를 이루기 위해서는 다음에 무엇을 해야 하는지 생각해보게 된다. 등산을 갈 때도 정상 중간 어디쯤에서 쉬어갈지를 정하게 된다. 그리고 몇 시간이 걸릴지를 체크해보고 중간이나 정상까지 몇 시간이 걸려야 하는지도 계획하고 가지 않는가. 삶의 목표도 그렇다. 그렇게 정상에서 출발선을 바라보면 생각이 구체화된다.

생각이 구체화되면 당장 내일부터 무엇을 해야 하는지 정해진다. 정해지면 그냥 하면 된다!

인생에서 가장 힘들지만 보람 있는 선택지는 자기 자신을 바꾸는 것

약국으로 내 길을 정한 후부터 나의 플래너에는 나의 계획과 목표가 빼곡히 정리되어 있었다. 한창 자기계발 붐이 일어나고 스티븐 코비의 『성공하는 사람들의 7가지 습관』이 베스트셀러일 때였다. 나는 당장 플래너를 구입해서 나의 꿈과 사명을 적었다. 연도별 계획은 물론이고 월간, 주간 계획들을 빼곡하게 채워 넣었다. 계획을 제대로 실천하기 위해 매일 저녁 하나의 의식처럼 플래너와 마주 앉아 하루를 다시 생각해보는 시간을 가졌다. 6개월쯤 지나자 나는 90% 가까이 나의 계획들을 실행하고 실천할 수 있었다. 지금까지도 플래너를 쓰는 습관은 중요한 목표가 생길 때마다 출발선이 되어주는 훌륭한 습관으로 자리 잡았다.

내가 나의 목표를 이루기 위해 행동으로 나서면 세상도 반응한다. 믿겨지지 않지만 사실이다. 많은 사람이 우리에게 찾아오는 불행의 원인을 바깥 환경에서 찾곤 한다. 이 모든 불행의 원인은 나 아닌 다른 누구 때문이고 어떤 무엇 때문이라고 생각해버리곤 한다. 그렇게 원인을 밖에서 찾으면 나는 착한 사람이고 피해자라는 생각이 든다. 이런 결론에 이르면 잠시 내 마음이 편해지기는 하지만 그것이 내 인생을 행복하게 만들 수는 없다는 것을 어느 순간에는 결국 알게 된다.

우리는 외부 환경을 바꾸든지, 자기 자신을 바꾸든지 둘 중 하나를 선택할 수 있다. 불행히도 외부 환경은 나의 힘으로 바뀌지 않는다. 그러니 인생에서 내가 선택할 수 있는 사실상 유일한 선택지는 자기 자신을 바꾸는 것이다. 생각이 바뀌면 삶이 달라진다. 당장 내일 할 일이 생긴다. 지금 당장 다가오는 한 시간을 대하는 마음가짐 자체가 달라진다.

이런 사실을 내가 처음부터 알았던 것은 아니다. 약국 개업과 관련한 사기를 당하면서 경찰청, 검찰청, 법원을 내 집 드나들듯이 다녀본 해에는 인생 자체가 마냥 힘들기만 했다. 검사 앞에서 피해를 호소하고 있는 내가 너무 찌질했다. 임대료 한 번 밀리지 않고 약국을 하다가 갑자기 집주인에게 쫓겨나게 되었을 때도 억울하기만 했다.

왜 내 인생에 자꾸만 이런 일들이 생기는지 이해가 되지 않았다. 나는 좋은 약국을 하고 싶었고 나름 착하게 살아온 것 같은데 왜 그런 경험을 해야 하는지를 생각하며 화가 났다. '이대로 실패인가?' 하는 마음이 들고 '더는 어쩔 수 없는 걸까?' 하는 생각들이 온종일 나의 머릿속에 북처럼 둥둥 울리던 시절도 있었다.

간절한 꿈이 있다면 목표는 흔들리지 않는다

나에게는 언제나 목표가 있었다. 간절한 꿈이 있으면 쉽게 흔들리지 않는다. 사방에서 태풍이 불어닥쳐 가는 길을 잠시 멈추게 할 수는 있을 것이다. 그렇지만 포기하지 않고 계속 그것을 향해 나아간다면 그 꿈은 언젠가 이루어진다. 물론 이루어지는 과정 속에서 항상 기분 좋은 일만 일어나는 것은 아니다. 등산을 하다 보면 내리막길도 있고 오르막길도 있지 않은가. 정상을 잊지 않고, 가는 것을 포기하지만 않으면 언젠가는 정상에 오르게 된다. 정상에서 바라보는 세상은 분명 다르다.

모든 도전에는 출발점이 있다. 100m 달리기에서도, 42.195km를 뛰는 마라톤에서도 마찬가지이다. 그러나 모든 스포츠에서 1등의 기량을 가진 사람이 언제나 승리하는 것은 아니다. 얼마나 투지를 갖고 그 도전에서 1등을 하길 원하는지에 따라 예상된 승패는 얼마든지 반전이 가능하다. 반전의 승리야말로 스포츠의 가장 짜릿한 순간이다. 인생에서도 그렇다. 자신이 얼마나 좋은 스펙을 가졌든 혹은 좋은 IQ를 지녔든 그것이 성공의 결정적인 이유가 될 수 없다. 사람이 무언가를 간절히 원할 때 잠재의식 속에서 일어나는 그 거대한 의지를 이길 수 있는 것은 없다.

내가 생각해왔던 좋은 약국은 잘되는 약국으로 더 진화해왔다. 나는 단 한순간도 그 목적을 잊은 적이 없고 지금도 더 진화한 꿈을 이루기 위해 노력 중이다. 길을 막는 장애물이었던 바윗돌이 어느 순간 그 무엇보다 든든한 디딤돌이 된다.

5. 약국 경영도 당연히 사업이다!

Q. "저는 그냥 점수 맞춰서 약대에 왔어요. 부모님이 원하셨죠. 원래 의대를 가려고 했는데 성적이 안 돼서 차선책으로 선택한 곳이 약대였어요. 하지만 뭐, 그렇게 나쁘지는 않아요. 학교생활도 열심히 했고 특별히 부족한 건 없어요. 꿈이요? 글쎄…. 딱히 그런 생각은 안 해봤는데요."

A. 당신은 이미 10대와 20대의 꿈을 이루었다. 약대에 진학했고, 약사가 되었다. 그렇다면 당신의 30대와 40대에 대한 꿈은 있는가? 설마 '약사'가 되는 것에서 당신의 꿈은 멈춘 건가?

내 주변을 보면 공부를 많이 하는 약사들이 정말 많다. 당장이라도 약학대학원 강의를 해도 부족하지 않을 정도다. 하지만 나는 그런 놀라운 약사들을 볼 때마다 그들의 화려한 이력에 놀라고 방향성 없는 지적 노력들에 다시 한 번 놀란다. 사실 '약사'로 가질 수 있는 직업은 정말 다양하다. 많은 약사들이 약국 약사를 모든 꿈이 끝나는 은퇴의 종착역쯤으로 여기곤 한다. 정말 그런가? 약국 약사로서의 삶을 제대로 알고는 있는가? 당신은 어떤 약사가 되고 싶은가? 당신은 무엇을 위해 약국을 하는가? 무엇보다 당신은 어떤 삶을 살고 싶은가?

06 배움 : 성공한 사람에게 답이 있다

우리는 항상 시간이 모자란다고 불평을 하면서
마치 시간이 무한정 있는 것처럼 행동한다.
– 스티븐 코비(미국의 기업인)

지금까지 하던 방식은 다 버리세요

"자, 강 약사님. 지금까지 하던 방식은 다 버리세요. 자꾸 하던 대로 하려고 하면 못 바꿉니다. 못 바꾸면 달라지지 않아요!"

약국이 망해간다고 느끼던 무렵, 가르침을 주시던 멘토의 일갈이었다.

"약사님이 생각하는 좋은 약국은 철학입니다. 꼭 필요해요. 그렇지만 지금부터 익혀야 할 것은 '기술'입니다. 약국을 잘 운영할 '기술'을 익혀야 해요."

나이가 어리고 경험이 적었던 나에게 철학과 비전은 넘쳐났지만 정작 수익을 낼 수 있는 약국 운영의 기술은 형편없었다. 아니, 경영의 기술 습득과 연마에 대해서는 거의 고민하지 않았다. 사실 몰랐다.

사람이 살아가면서 끊임없이 해야 하는 공부가 두 가지가 있다고 한다. 살면서 절대로 변하지 말아야 할 '가치'가 그 첫 번째이고, 끊임없이 발전하고 업데이트해야 하는 '기술'이 그 두 번째이다. 내 경우에는 '좋은 약국'에 대한 철학이 '가치'였다. 그러나 그 약국을 어떻게 경영하고 운영할지에 대한 '기술'에 대한 연구는 전혀 없었던 셈이다. 바퀴로 따지면 한 쪽 바퀴만 있었던 것이다. 수레가 굴러가려면 양쪽 바퀴가 모두 건재해야 한다. 그래야 가고자 하는 곳으로 수월하게 굴러갈 수 있다.

나는 그때 절실했고 기술을 익혀야 한다는 필요성을 온몸으로 느꼈다. 하지만 몸과 마음이 금방 바뀔 리 만무하다. 낯선 생각들을 받아들여야 한다는 생각에 온몸에 어색함과 반감이 일어났다.

'저게 맞는 건가?'
'그럼 지금까지가 틀린 건가?'
'내가 그동안 바보짓을 한 건가?'

수많은 생각들이 머릿속에 일어나며 변화의 시점에서 나는 나와 싸우고 있었다. 나의 과거와 피 터지게 싸우고 있었다. 약국이 망할지도 모른다는 생각이 들 정도로 위기가 찾아왔을 때가 아니라면 나는 그렇게 빨리 변화하지 못했을 것이다. 그때는 정말 '왜 이러고 사나?' 하는 생각을 하며 바닥으로 곤두박질치고 있던 시절이었다.

절박했다. 절박함은 무엇이든 하게 만든다. 특히 간절히 하고 싶은 게 있다면. 간절히 지키고 싶은 게 있다면.

나 자신과의 싸움을 눈치챘듯 멘토는 나에게 적극적인 변화를 요구했다. 멘토의 일갈에 나는 이런 생각을 했다. '이 상황을 달라지게 하고 싶으면 나 스스로 변해야 한다!' 변화는 스스로의 과거를 부정하는 게 아니라 새로운 모습으로 진화하는 과정이라고.

성공한 사람들은 언제나 자신만의 해답을 가지고 있다

2달간의 경영수업으로 나는 완전히 다른 약사가 되었다고 해도 과언이 아니다. 한 분야에 있어 경지에 이른 사람들은 언제나 자신만의 답을 가지고 있다. 그 답을 얻기까지 그 사람은 그 분야에 엄청난 노력과 셀 수 없는 시간 그리고 뜨거운 땀을 생각해보라. 단 몇 개월 만에 그 노하우를 배울 수 있다면 그것은 엄청난 행운인 셈이다.

지금 상황이 완전히 만족스럽지 않다면 혹은 뭔가가 더 필요하다는 생각이 간절해지면 만나는 사람들을 바꿔봐야 한다. 가능하면 내가 이루고 싶은 무언가에 도움이 될 수 있을 만한 사람을 적극적으로 찾아보는 것이 좋다. 누군가의 인생에서 농축된 어느 한마디가 나의 절실함과 만나면 예상치 못했던 아름다운 꽃이 피어나기도 한다. 그 꽃은 세상에서 가장 뜨겁고 보람 있는 꽃이 될 것이다.

지금도 나는 새로운 약국을 개국하려고 하면 그 지역이나 분야에서 성공한 약국들을 찾아다니며 관찰하고 면밀히 분석한다. 그리고 내 약국만을 위한 전략을 세우는 데 참고한다. 어떤 일을 시작하기에 앞서 만반의 준비를 하는 것만큼 실패 확률을 줄이는 방법은 없다. 이렇게 경쟁 업체의 경영 방식을 면밀히 분석하고, 전략이나 교훈을 얻어내는 기법을 경영에서는 '벤치마킹'이라고 한다.

잘되는 약국에는 각자의 해답이 있다

약국은 겉으로 보기에는 다 비슷해 보이지만 안을 들여다보면 천차만별이다. 잘되는 약국들은 각자의 답이 있다. 약국의 상황에 맞게 고객과의 상담을 위해 최고의 매장 내부 배치를 가진 곳도 있다. 또 눈에 띄는 디스플레이로 대면 상담을 유도할 수 있는 최적의 구조도 있다. 물론 좋아 보이는 시스템을 모두 내 약국에 적용할 수는 없다. 또 그래서도 안 된다.

벤치마킹하려는 포인트가 일단 내 약국의 특성과 맞아야 한다. 그 위에 적절한 시스템들을 하나씩 얹어야 한다. 그래야만 진정한 벤치마킹이 된다. 아니면 이도 저도 아닌 그저 따라 하기로 끝난다. 단순하게 모방하는 시스템은 오래가지 못한다. 금방 방치되고 만다.

우리가 흔히 '대도'라고 부르는 진짜 큰 도둑은 많은 물건을 훔치지 않는다. 훔칠 만한 가치가 있는 것만 골라서 훔친다. 작은 도둑이 휩쓸고 간 집은 온 집안이 난장판이고 물건들이 엉망진창이 되어 있다. 그래도 가져간 것은 몇 푼 안 되는 현금이나 금팔찌 나부랭이이다. 그런데 큰 도둑은 다르다. 도둑이 왔다 갔나 싶을 정도로 집안이 깨끗하다. 뭔가 느낌이 이상해서 금고 안을 확인해보면 금고 안에 있던 최고가의 물건 몇 가지만 사라졌을 뿐이다.

똑같은 집에 도둑이 들어도 무엇을 어떻게 훔쳐갈지는 도둑마다 다르다. 그래서 부자를 터는 도둑은 일은 적게 하고 소득은 많다. 심지어 훔친 장물은 이미 팔 곳이 정해져 있다. 만약 도둑질을 시작하고 싶다면 대도에게 배워야 한다. 비유는 좀 이상할지 모르지만 나는 이것이 벤치마킹의 정수라고 생각한다. 벤치마킹이 성공하려면 필요한 부분만 정확히 파악해서 효율적으로 내 것에 적용해야 한다.

어느 한 분야에서 진심으로 성공하고 싶다면, 누군가에게서 '좋아 보이는 것'을 그저 따라 하는 것으로는 힘들다. 물론 단순히 배우는 즐거움이 좋아서 혹은 새로운 취미생활로써 뭔가를 배우는 것이라면 상관없다. 그러나 그런 것이 아니고 내 인생의 목표나 지향점을 위한 배움이라면 관점을 달리 봐야 한다. 내 삶의 목표를 향해 가기 위해 거쳐야만 할 진화라면 배움을 대하는 자세 역시 달라져야 한다.

성공한 사람들은 각자의 답이 있다. 성공한 사람들은 시간을 계획하는 것도 다르고, 사물을 바라보는 시각도 다르다. 큰 차이가 아니라 겨우 2% 남짓의 차이인데도 그것이 그들을 그토록 다르게 만든다.

영국의 유명한 극작가 조지 버나드 쇼는 이렇게 말했다.

"사람은 경험 때문에 현명해지는 것이 아니라 경험을 받아들일 수 있는 능력에 따라 현명해진다."

단순히 무엇을 경험하는 것만으로는 현명해질 수는 없다. 그 경험을 받아들이고 승화시켜서 무언가 새로운 것으로 만들어내야 비로소 현명해질 수 있다. 나이가 많다고 해서 모두가 현명한 것은 아니라는 사실이 새삼스러운 진실은 아니다.

시간을 아끼는 것이 결국 돈을 아끼는 일이다

나에게는 눈과 발로 뛴 2년간의 세월보다 멘토들에게 배운 몇 개월간의 배움이 진짜 큰 도움이 되었다. 발이 부르트도록 뛰어다닌 나의 노력은 눈물겹고 처절했다. 하지만 한 사람의 인생에서 농축되고 정제되어 나오는 경험을 전수받는 것에 비하면 질적인 측면에서는 많은 차이가 났다. 물론 그런 눈물겨운 과정이 있었기에 질적 차이를 더 통감하는지도 모른다.

지금도 나는 새로운 시도를 할 때면 새로운 나의 멘토들을 찾아다닌다. 책에서 만나기도 하고 때로는 직접 찾아가기도 한다. 거리가 아무리 멀어도, 생각하지 못했던 비용이 들어도 망설이지 않는다. 시간을 아끼는 것이 결국 돈을 아끼는 일이라는 것을 너무 잘 알기 때문이다. 돈을 아껴줄 수 있는 사람이 아니라 시간을 아껴줄 수 있는 사람을 찾아야 한다. 아껴진 시간은 항상 더 많은 것을 가져다준다.

피가 되고 살이 되는
5분 경영 상담

6. 필요할 땐 진심을 다해 도움을 구하라!

Q. "전 면식도 없는 사람에게 제 인생에 대해 조언해달라고 말하기가 두려워요. 그 사람이 저에 대해서 무례하고 이상한 사람이라고 생각하면 어쩌죠? 자기가 힘들게 알게 된 것을 알려달라고 하면 너무 염치없는 일 아닌가요?"

A. 혹시 당신이 지금 문제에 빠져서 조언이 필요한 상황에 있다면, 저런 걱정은 정말 배부른 소리다! 당장의 부끄러움 때문에 무엇을 포기하고 있는지 생각해보라.

나를 이상한 사람이라고 생각할까봐 걱정된다고? 내 경험상 진심으로 절실한 마음으로 인생의 조언을 구하는데, 뿌리치고 나가라고 했던 사람은 단 한 사람도 없었다. 사람은 자신의 성공의 경험을 나눌 때 즐거운 마음을 느낀다. 누군가에게 도움이 되고 있다는 마음이 들면 대부분은 스스로 뿌듯한 마음이 들게 마련이다. 정당한 뿌듯함이다! 그리고 또 좀 미안하면 어떤가? 성공으로 갚아라. 비용이 든다면 기꺼이 지불하라! 당신은 부자가 되기 위한 비용마저 아끼고 있는지도 모른다.

중요한 건 당신의 마음가짐이다. 얼마나 절실한가?

07 의식 : 사업가로 다시 태어나라

오늘의 나는 어제의 내가 한 선택의 결과이다.
내일의 나는 오늘의 내가 한 선택의 결과이다.
– 스티븐 코비(미국의 기업인)

세상에 공짜는 없다

"스톱! 스톱! 멈추라구!"

엄마는 다급하게 소리쳤다. 나는 급하게 브레이크를 잡는 바람에 몸이 앞쪽으로 확 쏠렸다. 거의 머리가 핸들에 닿을 정도였다. 순간 눈앞이 하얘지면서 이마에 삐질삐질 땀을 흘리고 있었다. 내가 운전면허를 따고 처음으로 도로 연수에 나갔을 때의 일이었다. 나는 차선 변경을 하려고 오른쪽 깜빡이를 켜고 진입을 시도했다. 너무 긴장해서 옆 차와의 간격

66
| 나는 약국에서 경영을 배웠다

만 보느라고 그만 앞차와 부딪칠 뻔한 것이었다.

 그 시절 나는 운전대를 잡으면 정중앙으로 가지 못하고 오른쪽으로 치우쳐서 가서 옆자리에 앉은 사람이 손에 땀을 쥐게 했다. 절대로 부딪칠 수 없는 곳에서 부딪치는 건 일상이었고, 주차하다가 수시로 차에 상처를 내기 일쑤였다.

 하루는 또 혼자 운전하다가 자동차 범퍼 왼쪽을 긁어 놓고 속이 상해서 자주 가던 카페 언니에게 하소연을 했다. 카페 사장이었던 언니는 호탕하게 웃으면서 말했다.

 "남성 씨, 운전 처음 배울 때, 박는 걸 두려워하면 안 돼. 그럼 운전 못 배워. 무서우면 금방 포기하게 되거든. 그때 포기하면 그냥 장롱 면허 되는 거야. 운전은 원래 그런 거야. 그러다 보면 늘어."

 나는 왠지 쉽게 말한다는 느낌이 들어서 약간은 따지듯이 물었다.
 "그래도 언니, 속상하잖아요. 돈도 많이 들어가고요…."

 언니는 그러자 다시 또 시원하게 웃으며 대답했다.
 "그래서 지금 내가 베스트 드라이버잖아! 세상에 공짜는 없어!"

 그 말을 듣는 순간 나는 운전하면서 가졌던 모든 속상함이 녹는 듯한 기분을 느꼈다. 초보 운전자 때 내가 느꼈던 모든 놀람과 당황함 그리고 비용에 대한 억울함은 베스트 드라이버로 가는 과정이었다는 것을 깨달았다고 할까!

누구나 처음 자동차 운전을 배울 때나 자전거를 배울 때 비슷한 경험들이 있을 것이다. 약국을 개국하기로 한 순간 우리는 새로 태어나는 것과 같다. 사실 모든 사업이 그렇다. 사업이라는 것이 시작되면 밖에서 보던 모습과는 달리 해결해야 할 수많은 문제에 직면하게 된다. 매출과 상관없이 사업을 유지하기 위해 해결해야 할 문제들이 불쑥 불쑥 튀어나온다.

누구나 처음부터 베스트 드라이버가 될 수는 없다. 내가 초보 운전자 시절에 여기저기 차를 긁어 놓고 해결하던 시절처럼, 약국 개국이나 경영에서도 그와 비슷한 수많은 실수들을 해왔다. 차는 긁으면 바로 그 잘못을 알 수 있는데 약국 경영은 그렇지가 않았다. 어떤 것은 시간이 지나야 잘못을 알게 되고, 어떤 실수는 약국을 정리하고 나서야 알게 되는 것들도 있었다. 어떤 실수는 지금에서야 실수였다는 것을 깨닫기도 한다.

내가 자수성가하는 유일한 방법은 끊임없는 공부와 경험뿐이었다

나는 스물아홉의 경험 없는 나이 어린 여자 약사였다. 처음 약국을 개국할 때만해도 공부만 하던 나는 당연히 사업가로서의 자질과는 거리가 멀었다. 물론 타고난 사업가도 있을 것이다. 어떤 분야든 거기에 유리한 기질을 가지고 있는 사람이 있다. 그러나 유리하다는 것은 남들보다 조금 쉽게 그 능력을 갖는다는 것이지 노력하지 않아도 된다는 것은 아니다. 어떤 아이는 9개월 만에 걷고 또 어떤 아이들은 14개월이 되서 걷기를 시작하기도 한다. 조금 빠르고 조금 늦을 뿐 걸음마를 해내기까지의 노력은 비슷하다.

아기가 세상에 첫 걸음을 떼기까지 얼마나 많은 노력을 하는지 며칠만이라도 자세히 관찰해본다면 놀랄 것이다. 아기들은 의자든 소파든 붙잡고 일어나서 옆으로 걷기 위해 혼신의 힘을 다한다. 밥 먹고 일어나서 매달리고 움직여본다. 다시 낮잠을 자고 일어나서 매달리고 한 걸음 한 걸음 움직이고 다시 또…, 다시 또…. 그러다 어느 날 흔들흔들 하면서 기적처럼 걸음마의 첫 발을 뗀다.

나는 사업가가 된 이후로 배움을 게을리한 적이 없다. 약국에 필요한 모든 학술적인 공부는 물론이고 경영을 위한 배움에도 최선을 다해왔다. 그것이 내가 살아남는 방법이었다. 특별히 물려받을 아버지의 유산 같은 것이 없는 한 우리는 자수성가해야 한다. 말 그대로 나 스스로 성공해야 한다. 그것을 이뤄주는 것은 오직 배움과 경험이다. 그것뿐이다.

나는 실수임을 알았으면 반드시 패인을 분석했다. 뭐가 문제였는지 다음에 이런 문제가 생기면 어떻게 해결할지에 대해 곰곰이 생각해봤다. 실수 때문에 생긴 손실에 분개하더라도 그 시간이 길어지지 않도록 했다. 내가 할 수 없는 일에 대해서 너무 오래 화를 내는 것은 나의 정신건강에 악영향을 준다. 건전한 정신 상태를 유지하는 것은 사업가로서 가져야 할 또 하나의 덕목이다. 올바른 의사결정을 해야 할 일이 하루에도 몇 번씩 다가오기 때문이다.

약국의 경쟁력은 첫째도 약사, 둘째도 약사

처음에는 약국 임대차 계약서를 쓸 때에도 어떤 부분을 확인해야 하는지 몰라서 그저 이름을 쓰고 사인만 했다. 계약 당시에 그냥 넘어갔던 여러 가지 문제들은 약국을 운영하는 내내 불리한 조건을 감수해야 하는 조항들이 되어 나를 괴롭혔다.

거래처와의 관계에도 서툴렀다. 거래처마다 거래 유형이 달라야 하는데 그것을 파악하는 데 오래 걸렸다. 약국은 대형 제약회사뿐 아니라 중소형 도매업체, 위탁거래를 주로 하는 위탁업체 등 다양한 거래 형태를 가진 여러 거래처들과 관계를 맺는다. 각각 거래처의 특성을 파악하고 약국과 거래처 간 서로 상생하는 거래 방법에 대해서 배우는 데도 꽤 긴 시간이 걸렸다.

매장 운영을 위한 법적인 문제 말고도 사업가가 준비해야 할 사항은 많다. 프랜차이즈 업체들이 모든 것을 해주는 것처럼 말해도 실상은 그렇지 않다. 전체적인 가이드라인을 줄 수야 있겠지만 개별 매장에서 부딪치는 현실적인 문제들은 언제나 사장이 해결해야 한다.

다양한 외적인 문제해결능력을 가져야 하는 것과 동시에 약국의 내실을 기하는 것도 중요한 요소이다. 고객을 관리하고 매출을 증가시킬 수 있는 것이 이 내실에 달려 있기 때문이다. 약국의 경쟁력은 첫째가 약사이다. 가장 중요한 것은 인적자원이고 매장관리나 재고관리는 그 다음이다.

약국의 경쟁력을 높이기 위해, 나는 새로 우리 약국 공동체에 편입되는 모든 신입약사들을 철저히 교육시켰다. 내가 그동안 배우고 익혀왔던 정수를 가르쳤다. 이론이 어느 정도 완성되면 실전에서의 교육까지 병행되었다. 구체적인 고객 상담법에 대해서도 상세히 가르쳤다. 무엇보다도 고객의 마음을 파악하는 것에 가장 중점을 뒀다. 마음이 통해야 말이 통하는 법이다. 약국의 경우 학술 지식과 고객 상담은 경영의 가장 중요한 맥이다. 자신감과 자긍심 없는 상담은 금방 들통나기 마련이다.

뿐만 아니라 우리는 시장의 트렌드에 맞는 지식을 업데이트하기 위해 일주일에 1회는 반드시 모든 약사가 모이는 야간교육을 진행했다. 약국 문이 닫히고 나서도 매주 수요일은 밤 10시부터 새벽까지 우리 약국의 닫힌 셔터 너머에서는 불빛이 새어나왔다. 이론과 상담 사례를 공유하고 치험사례도 함께 연구했다. 약사가 실력이 있어야 경쟁력 있는 약국이 되는 것은 당연한 것이다. 근무약사라면 경쟁력을 갖춘 좋은 약사가 되는 것이 먼저다.

처음부터 사업가로 태어나는 사람은 없다

마찬가지로 약국장이라면 사업가로 태어나기 위한 경쟁력을 갖추는 데 온 힘을 쏟아야 한다. 처음부터 사업가로 태어나는 사람은 없다. 그러니 제대로 된 사전준비 없이 사업을 시작해서는 안 된다. 나는 다른 사람의 말만 듣고, 아니면 남이 하는 것이 쉬워 보여서 쉽게 사업을 시작했다가 낭패를 보는 경우들을 적지 않게 보았다. 사전 준비에 많은 정성과 노력을 기울이면 실패할 확률은 그만큼 줄어든다는 것을 기억하자.

정말 중요한 것은 약국장이 된 후에 사업가로서의 자질을 키우기 위한 자기계발이다. 약국장이 되고 나면 주변에서 잔소리하는 사람이 거의 없다. 자기계발을 위해 특별히 노력하지 않아도 밀려드는 압박감은 없다. 하지만 세상은 변하고 있다. 소비자의 트렌드도 변하고 시장의 방향도 변하고 있다. 여기서 뒤처지지 않기 위해서는 끊임없는 노력이 필요하다. 지금 약국 운영에 별 문제가 없다고 안심하고 있다면 '우물 안 개구리'였다고 후회할 날이 반드시 온다.

7. 당신 안의 무한한 가능성을 믿어라!

Q. "그분은 타고나셨던데요. 약국이 딱 체질이세요. 저는 그런 성향이 아니라…. 그런 건 배워서 되는 게 아닌 것 같던데요?"

A. 배워서 되는 게 아니라구? 세상에 배우지 않고 되는 것이 있었던가? 심지어 걷고 뛰는 것도 모두 배워서 이루어낸 일이다. 비록 당신이 지금은 기억하지 못할지라도.

타고난 재능이야 물론 있다. 하지만 그것도 남들보다 조금 쉽게 배운다는 의미지, 아예 배우지 않고도 가능한 일이라는 뜻은 결코 아니다.

아이큐 테스트나 별자리 성격에 대한 기억은 당장 버려라! 어떤 분야에서 재능이 결여되어 있어도, 넘을 수 없는 벽으로 생각할지 아니면 훌쩍 뛰어넘을 것인지를 결정하는 것은 바로 당신이다!

당신이 사업가인지 아닌지, 부자가 될 가능성이 높은지 낮은지 아직 제대로 배워보지 못한 것은 아닐까?

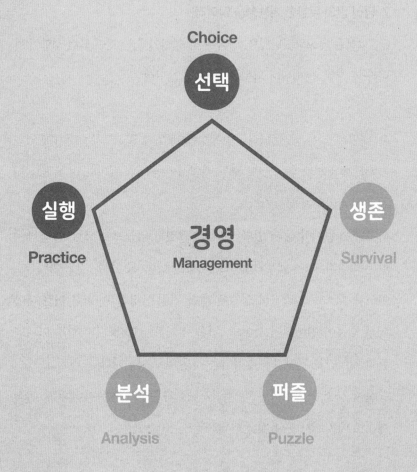

| 2장 |

매일 처음처럼 도전하라

실행

2. 실행 - 매일 처음처럼 도전하라

바닥까지 가봐야 알게 되는 것들이 있다. 다름 아닌 실행의 중요성이다. 오늘이 너무 힘든 하루였다고 해도, 숨 한 번 크게 내쉬고 다음 걸음을 향해 나아가라. 목표를 향해 열심히 가다 보면 어느덧 나의 바닥은 저 아래 골짜기가 된다.

정상에서 만나자!

01 일단 시장에 뛰어들어라

사소한 반대를 두려워하지 마라.
– 나폴레온 힐(미국의 성공학 작가)

처음의 무모한 시도가 없었다면 그 모든 것은 불가능했다

스물아홉의 젊은 나이에 내가 다른 약사들과 같이 대형약국을 오픈한다고 했을 때 사람들은 무모하다고 했다. 나이도 어리고 경력도 짧은데 괜찮겠냐고, 좀 더 경험이 필요한 것 아니냐며 걱정했다. 어떤 사람들은 너희들이 할 수 있는 약국이 아니라며 대놓고 무시했다. 사람들의 우려는 반은 맞았고 반은 틀렸다.

우리는 그 약국을 8년간 경영했고, 그동안 7개의 다른 약국들을 공동 경영했다. 처음의 어려웠던 시기를 함께 이겨낸 뒤에는 매년 해외로 전

직원 워크샵을 떠났다. 우리는 해외의 5성급 호텔에서 모두가 모여서 한 해를 결산하고 축하했다. 그리고 매년 초에는 국내 5성급 호텔에서 신년회를 가졌다. 모두가 함께 새로운 한 해를 계획하고 점검했다. 처음의 무모한 시도가 없었다면 그 모든 것은 불가능했다.

무모했을지 모르는 바로 그 시작이 지금의 나를 만들었다. 사람들의 걱정과 무시를 받아들였다면, 혹시 망할지도 모른다는 가능성을 무시하지 않았다면 지금의 나는 없었을 것이다. 그때나 지금이나 나는 새로운 도전을 해야 할 때라는 생각이 들면 일단 부딪혀본다. 공부가 필요하다면 최대한 집중해서 필요한 지식을 얻는다. 관련 도서들을 최소 30권 이상 읽어보고 내가 꼭 알아야 할 정수를 뽑아낸다. 2~3주간은 잠자는 시간과 밥 먹는 시간을 제외하고 완전히 집중해서 지식을 농축시킨다. 지식이 어느 정도 생겼다는 확신이 들면 실전에 임해야 한다. 이게 진짜다.

실전에 임하면 책이나 정보로 얻은 정보의 수많은 오류를 접하게 된다. 100% 준비했다고 생각해도 막상 현장에서는 모든 것이 달라진다. 50% 정도의 이론이 준비되었다면 나머지 50%는 경험하며 채워가는 것이 훨씬 빠르고 효율적이다.

책에서 가르쳐준 '그들의 현장'에서의 진실과 나의 현장에서의 진실은 차이가 날 때가 많다. 삶의 철학이 다르고 살아온 삶의 궤적이 모두 다르니 당연한 일이다. 어느 것이 진실인지를 가릴 필요는 없다. 그들의 말에서 어디가 틀렸다고 따질 필요도 없다. 나의 삶에서는 나의 진실이 언제나 옳다. 나의 경험은 그래서 '살아 있는 진짜 경험'이 된다. '지식'과 '살아 있는 경험'이 만날 때 배움이 비로소 돈으로 돌아올 수 있는 법이다.

누구는 생각만 하고, 누구는 실천까지 한다

이해하는 것과 경험한다는 것은 완전히 다른 문제다.

"아, 그거 내가 생각했던 건데!"

아직도 나의 친구 한 명은 이런 말을 자주 한다. 신문이나 매체에서 성공한 사람들의 사업 아이템에 대해 소개하는 방송이나 뉴스를 보면서 마치 본인의 성공을 그가 가로챈 것처럼 안타까워한다. 그러면서도 자신이 세상의 방향을 제대로 예측했기에 남들보다 좀 더 나은 사람이라고 생각한다. 그는 그 느낌에 만족한다.

매체에서 보도되는 성공한 '그'와 내 친구 사이의 유일한 차이점은 실천이다. 누구는 생각만 하고, 누구는 실천까지 했다. 누구는 그만둔 것을 누군가는 계속했다. 어쩌면 아이디어는 성공의 요인 중 가장 작은 부분일지 모른다. 성공은 언제나 실천하는 자와 함께한다. 생각하는 사람과 함께하는 것은 무궁무진하지만 존재하지는 않는 '가능성'일 뿐이다. 뭔가를 해보려고 하면 할 수 없는 수많은 이유들이 떠오르게 된다. 실패할 수많은 가능성에 대해 갑자기 논리적으로 꼼꼼히 따져보기 시작한다.

하지만 내 경험상 그때가 바로 일단 시작해야 할 때다. 시작과 동시에 내 뼈에 새겨질 산 경험이 필요한 때이다. 산 경험을 쌓기 위해서 그 분야에서 일을 경험하는 것은 아주 좋은 방법 중 하나다. 또 다른 좋은 방법 중 하나는 그 분야에서 성공한 사람들 주변을 가능한 가까이 맴도는 것이다. 그들이 어떤 사고방식을 가졌는지, 어떤 책을 읽는지, 그리고 여가 시간에는 무엇을 하는지 보고 배워야 한다. 나 혼자 분석하고 조사하고 생각하는 데에 너무 많은 시간을 보내지 말아야 한다.

인간에게 신이 주신 가장 큰 감정은 사랑과 두려움이라고 한다. 새로운 시도를 결심할 때마다 가장 먼저 찾아오는 감정은 언제나 두려움이다. 두려움은 롤러코스터가 위에서 아래를 향해 떨어질 때 오는 커다란 공포의 감정일 때도 있다. 그러나 대부분의 두려움은 하루 종일 귓가에 계속 속삭여지는 걱정과 한탄의 모습으로 자주 온다. 그래서 알게 모르게 우리는 두려움에 잠식당하곤 한다.

가장 적당한 때는 언제나 '바로 지금'이다

나 역시 한쪽 어깨에는 두려움의 앵무새가 앉아 있다. 여전히 새로운 뭔가를 하려고 하면 앵무새가 속삭이기 시작한다.

"그게 될까?"

"그렇게 쉬우면 왜 다른 사람들이 못 했지?"

"현실적으로 봐야 해."

"지난번처럼 바보같이 또 당하는 거 아니야?"

"내가 과연 할 수 있을까?"

실패에 대한 두려움을 내옆에서 끊임없이 속삭이곤 한다. 또 "지금도 괜찮은데, 꼭 해야 하나?", "그런 거 피곤하지 않을까?" 하면서 힘들고 고달플 수 있다는 암시. 혹은 방법이 있다는 걸 알겠지만 대가를 치르기 싫은 나 자신의 나태함이 나를 끊임없이 끌어내린다. 우리들은 매일 무언가를 결심한다. 그리고 그 결심들은 매일 미뤄진다. 때론 나의 컨디션이 좋지 않아서. 그리고 때로는 오늘은 너무 바빠서. 가끔은 그냥 하기 싫어서.

앞장에 언급되었던 조지 버나드 쇼는 타고난 익살과 재치로 유명했다. 그가 남긴 재치 있는 묘비명은 아직도 여러 사람에게서 회자되고 있다.

"우물쭈물하다가 내 이렇게 될 줄 알았다!"

94세까지 왕성하게 집필, 강연, 사회운동에 참여하며 살았던 그의 묘비명이 이렇다. 지금 우리가 우물쭈물하고 있는 것은 아닐까? 결단을 내리기까지는 시간이 오래 걸려도 상관없다. 그만큼 신중하고 흔들리지 않을 결단이 나올 테니까. 그러나 결단을 내린 뒤에 실행을 망설여서는 안 된다. 제일 적당한 때는 항상 지금이다. 변화를 원한다면 긍정적이고 적극적으로 사고해야 한다. 새로운 생각의 길을 내야 한다. 아직 있지도 않은 미래 때문에 미리 걱정하지 말자. 걱정과 근심은 새로운 도전을 막을 뿐이다.

시도하지 않으면 결코 성공하지 못한다

나 역시 첫 시도가 없었다면 지금 전혀 다른 모습의 삶을 살고 있었을 것이다. 어쩌다 안정적인 약국 하나를 오픈하고 다음이 두려워 그곳을 떠나지 못하는 모습일 수도 있다. 약국은 골치 아프니 그냥 편안하게 근무 약사로 지내고 있을 수도 있다. 누가 약국을 개국하다가 사기를 당해서 고생하고 있다는 소식을 들으면 내 선택이 옳았다고 생각하면서 지금의 삶에 안주할 수도 있다. 더 이상의 모험은 용납되지 않는 안정적인 삶에 만족하며 살고 있었을 것이다.

나는 무모한 첫 시도가 나름 성공적으로 마무리된 후에도 많은 도전을 하면서 살아왔다. 약국 경영과 연결된 사상체질 이론 공부에 십수 년을 보내기도 했고, 30대 후반의 늦은 나이에 면역학 약학 박사학위에도 도전했다. 대학 강단에서 학생들을 가르치는 일도 해보았고, 약학 전문 변호사를 꿈꾸며 로스쿨에 도전해보기도 했다. 또 건강기능식품을 기반으로 한 온라인 쇼핑몰 운영도 시도해보았다. 그뿐만 아니다. 얼마 전부터는 약국 경영에 대한 현실적인 대안을 컨설팅하는 '팜멘토' 네이버 카페도 운영하기 시작했다.

어떤 도전은 성공했고 어떤 도전은 실패했다. 새로운 시도들은 언제나 녹록치 않다. 새로운 도전을 할 때마다 나는 나만의 '사업을 할 때 기억해야 할 다섯 가지 원칙'을 항상 가슴에 새겼다.

1. 언제나 성공적일 수는 없다
2. 세상에 영원한 것은 없다
3. 긍정적이고 적극적으로 삶을 봐야 한다
4. 실패라는 직감이 들면 빨리 정리하라
5. 왜 실패했는지 철저하고 면밀하게 분석하라

새로운 시작들이 늘어갈수록 나의 이 다섯 가지 원칙들은 더욱 정교해지고 단단해져서 실패를 최소화할 수 있는 방패들이 되어준다.

아직도 나의 도전은 끝나지 않았다. 우리 모두 마찬가지이다. 성공에 대한 두려움은 잠시 접어두자. 어떤 시도가 성공할지는 아무도 모른다. 하지만 시도하지 않으면 결코 성공하지 못한다. 우물쭈물하는 것을 이제 그만 멈추고 일단 시작하자. 시작이 반이다.

8. 지금 가능한 것부터 시작하라

Q. "어제 세미나에 다녀왔는데 그 아이디어 정말 괜찮은 것 같더라고요. 저도 해보면 좋을 것 같아요. 저한테 충분한 시간이나 체력이 있다면 당장 해볼 텐데요. 아마도 다음 달쯤 해볼 수 있을 것 같아요."

A. 세미나에 다녀왔다고? 그중에서 딱 하나만, 해보고 싶은 무엇인가가 보이면 당장 따라 해보자! 인생은 커다란 사건들로 이루어지지 않는다. 작은 시도들이 항상 새로운 기회를 만들어준다.

당신이 세미나 같은 곳에서 보는 멋진 장면이나 아이디어들은 누군가가 길고 긴 시간동안 엄청나게 연구하고 시도해본 결과이다. 한 번 시도하는 것으로 완벽한 결과를 기대했다면 당신은 인생을 헛살았다!

새로운 것이 어려운 이유는 낯설기 때문이다. 완벽히 따라 하려고 하지 말자. 익숙해지는 만큼 더 좋아진다. 그러니 할 수 있는 것을 찾아서 시작하자. 언제까지 내일 할 일을 계획만 할 것인가?

오늘을 뜨겁게 살아가는 것이 인생을 뜨겁게 살아가는 것이다.

02 완벽하지 않아도 시작하라

10분 후와 10년 후의 자신의 모습을 동시에 생각하라.
– 피터 드러커(미국의 경영학자)

용기란 무서움을 꾹 참고 다시 또 도전하는 것

"저 좀 살려주세요!"

놀이터 벤치에 앉아서 컨설팅 자료를 읽어보고 있던 나는 깜짝 놀라서 소리가 나는 곳을 쳐다보았다. 놀이터 한가운데의 철봉 구름다리 위였다. 덩치가 커 보이는 아이가 한쪽 구름다리 위에서 내려오지 못하고 바들바들 떨고 있었다. 나는 얼른 달려가서 그 아이를 안아서 내려주었다.

"이 뚱보가 지금 5번이나 올라가서 울고 있어요. 나는 울지도 않고 한 번에 잘 올라갔다 내려오는데."

"바본가 봐요. 맨날 울어요."

하면서 주변 친구들이 울먹이고 있는 친구를 놀리고 있었다.

나는 울먹이고 있는 친구를 빤히 쳐다보았다. 울먹이던 친구는 이제 울음이 막 터지기 직전이었다. 그래서 내가 물었다.

"5번이나 여기 올라갔어?"

울먹이던 아이는 눈물범벅이 되어서 제대로 말도 못 하면서 고개를 끄덕였다. 주변의 친구들은 더 놀리기 시작했다.

"진짜 무서웠을 텐데 5번이나 올라가본 거야?"

나는 또 물었다. 아이는 울먹이기를 멈추고 대답했다.

"네…."

"야! 너 정말 대단하구나. 진짜 많이 무서웠을 텐데. 그걸 꾹 참고 용기를 내서 5번이나 여길 올라갔다구?"

순간 주변에 놀려대던 친구들은 갑자기 조용해졌다. 나는 주변 친구들을 쳐다보면서 물어보았다.

"애들아. 하나 물어보자. 진짜 용기 있는 사람은 무서울까, 안 무서울까?"

어떤 아이들은 "안 무서워요. 용기 있고 힘이 센 사람들은 무섭지 않다구요."라고 대답했고 어떤 아이들은 "그래도 조금은 무서울 것 같아요."라고 대답했다. 나는 아이들의 두 눈을 한 명씩 한 명씩 마주 본 다음에 이렇게 말했다.

"애들아, 잘 들어봐. 진짜 용기 있는 사람도 무서워. 엄청 무서워. 근데 꾹 참는 거야. 꾹 참고 그것을 해내니까 용기 있는 사람이 되는 거거든. 여기 너희들 친구를 봐. 처음에 힘들게 시도했는데 실패했잖아. 얼마나 무서웠겠어. 근데 그거 참고 또 해본 거잖아. 두 번째는 더 무서웠을걸? 근데 이 친구는 무서운 걸 꾹 참고 다섯 번이나 도전했잖아. 이게 진짜 용기 있는 게 아닐까? 오늘 너희들 중에 제일 용기 있는 친구는 이 친구다. 박수 한 번 쳐주자."

아이들은 얼떨결에 나를 따라 박수를 쳤다. 어느새 울보에서 가장 용기 있는 친구가 된 아이의 얼굴에 눈물은 온데간데없었다. 얼굴에는 쑥스러운 웃음과 더불어 더욱 용기 있는 사람이 되려는 비장감마저 보였다. 나는 속으로 그 모습을 바라보면서 속으로 생각했다.

'너는 내일도 시도할 거고 모레도 시도할 테지. 그러다 결국에는 멋지게 구름다리 위에서 원하는 놀이를 해내겠구나!'

과연 그랬다. 1달쯤 지난 후 우연히 놀이터에서 마주친 그 아이는 구름다리 위에서 멋지게 놀고 있었다. 그의 용기가 꽃으로 피어나는 순간이었다.

모든 약국은 새로웠고, 모든 도전은 두려웠다

힘들어서, 무서워서, 귀찮아서, 다칠까봐, 어려울 것 같아서. 우리는 많은 것을 쉽게 놓아버린다. 나이가 들수록 더 쉽게 자신을 합리화한다. 젊어서부터 너무 열심히 살아와서 이제는 쉬고 싶을 수도 있다. 안정을 추구해야 할 나이에 도전은 너무 위험하다고 생각하기도 한다. 한편으로는 맞는 말이다. 하지만 도전을 거창한 것으로만 생각할 필요는 없다.

무언가에 일단 도전하는 것은 어쩌면 하나의 습관이다. 처음부터 너무 큰 것을 두려워하면서 지레 포기하는 것도 마음의 습관이다. 작은 것부터 도전하기 시작하면 된다. 작게라도 일단 시작해야 크게 될 가능성을 놓치지 않는 것이다.

나는 새로운 약국을 오픈할 때마다 첫 약국을 개국하던 스물아홉 나이의 그때와 똑같이 무섭고 사실 그 이상 걱정된다. 과정을 너무나 잘 알기에 무엇이 힘들지 너무나 잘 알고, 사소하지만 반드시 챙겨야 할 많은 것들이 무척이나 귀찮다. 그렇지만 그 무서웠던 그 순간들을 이겨내고 새로운 시도를 했을 때 얻을 수 있는 수많은 열매의 가능성에 대해서 누구보다 더 잘 안다.

처음 겁 없이 대형약국을 열 때도 그랬다. 두 번째, 세 번째 병원 문전 약국을 할 때도 그랬고, 다섯 번째 마트 안의 약국을 할 때도 그랬다(네 번째 약국은 사기를 당해서 문조차 열어보지 못했다). 유동인구가 많았던 중심거리에서 여섯 번째 약국을 오픈할 때도 그랬고, 그 약국을 이전해서 일곱 번째 약국을 열 때도 그랬다. 그리고 여덟 번째 문전층 약국을 열 때도 그랬다. 이후에도 두어 번 새로운 약국을 개설했는데 역시 모든 약국은 새로웠고 모든 도전은 두려웠다.

그 모든 도전들은 나에게 다양한 경험을 하도록 만들었다. 그리고 그 경험들은 앞으로도 계속될 나의 사업을 위한 중요한 노하우들을 가르쳐 주었다. 몇 번의 실패로 주저앉아 안정만을 추구했다면 결코 가질 수 없는 것들이었다.

시도하지 않으면 언제나 0%이다

실패와 도전의 가장 큰 의미는 단순히 힘들고 괴로웠던 시간들을 지나 왔다는 것이 아니다. 세상의 나락에 떨어진 것 같은 아픈 감정을 지나왔다는 한탄은 더욱 아니다. 성공하는 사람들은 여러 번의 실패를 도전으로 바꿔낸다.

성공을 이루는 사람들의 머릿속에는 전략적 사고가 습관화되어 있다. 전략적 사고란 다름 아니라 '낙관적인 생각과 비관적인 생각을 동시에 한다는 것'이다. 즉 최고와 최악을 항상 함께 검토한다는 것이다.

목표를 이루는 과정에서 얻을 수 있는 최대의 성과를 생각해보고, 반대로 최악의 상황도 생각해놓는다. 그리고 최악의 상황에 대비한 플랜 B를 항상 생각해둔다. 필요하다면 플랜 C와 D까지도. 실패를 통해 배워온 손실을 최소화하기 위해서 대비책을 철저하게 세우게 된다. 대비책을 만들어두면 돌발 상황이 두렵지 않으니까. 실패한 경험이 있기에 알 수 있는 일이다.

나 역시 약국을 개국하려고 하면 가능한 모든 상황에 대한 시나리오를 가지고 간다. 개국하기 전에 고려해야 할 시나리오와 개국 후에 세워야 하는 전략을 확실히 구분하고 시작한다. 개국 이전에는 약국 입지마다 다른 분석 포인트에 대해 정확히 이해하고 그 안에서 내가 할 수 있는 일이 어떤 것인지 확인한다. 만약 내가 대비할 수 없는 외적인 상황이 발생한다면 어떤 것일지 면밀히 생각해보고 최대한의 안전장치를 생각해둔다. 또 약국 진입 시 들어가는 권리금을 회수할 수 있는 가능성에 대해서도 철저히 분석해본다. 이 부분이 가장 손실을 크게 가져올 수 있기 때문이다.

약국 개국을 예상할 때는 항상 최상의 경우와 최악의 경우를 생각해야 한다. 최상의 경우, 나의 최대 수익은 얼마쯤 되는지 생각하고 그 경우에 어떤 마케팅을 할지와 어떻게 인적관리를 할지도 생각해야 한다. 반면에 최악의 경우에는 구체적으로 얼마만큼의 손실이 예상되는지 생각해보고 그것을 최소화할 수 있는 방법에 대해서도 철저히 따져봐야 한다. 실제로 이런 전략들은 실전에서 정말 큰 힘을 발휘한다.

약국 자리를 찾으면서 100% 안전한 자리를 찾는 분들을 많이 봐왔다. 하지만 현실에서 100% 안전한 자리란 없다. 그러나 최상의 상황과 최악의 상황에 대한 제대로 된 시나리오를 갖는다면 70%에서 200%의 성공 확률 사이에서 사업을 진행할 수 있게 된다. 도전하되 실패에 대한 만반의 준비를 하게 되면 손실은 최소화하고 수익은 극대화할 수 있게 된다. 하지만 100% 안전하지 않기 때문에 도전하지 않는다면 나에게 남는 것은 언제나 0%일 뿐이다.

이긴 사람들은 언제나 "다시 한번 해보자."고 말하지만 지는 사람들은 항상 "해봐야 별 수 없다."라고 말한다. 가장 큰 실패는 사실 도전하지 않는 것이다.

9. 아무것도 안 할 바엔 실패라도 하라!

Q. "전 실패가 두려워요. 성장을 위한 것이라고는 하지만, 나중에 성공했으니까 실패가 아름다워 보이는 거 아닐까요? 계속 실패하느니 그냥 시도하지 않는 게 더 안전한 것 같아요."

A. 일리 있는 말이다. 예상치 못한 험난한 여정의 모험을 누구나 좋아하는 것은 아니다! 하지만 숨만 쉬고 사는 것도 바람직하진 않다. 숨만 쉬면서 살아도 재수가 없으면 감기에 걸린다. 반대로 준비만 잘할 수 있다면 히말라야를 올라가도 감기에 걸리지 않을 수 있다. 무슨 차이일까?

내 경험에 따르면 확신을 가지고 꿋꿋하게 살아가는 것이, 혹시나 잘못될까 싶은 조바심에 아무것도 하지 않는 것보다 결과적으로 더 좋았다. 망하든 잘되든 그건 일의 결과이다. 인생의 결과가 아니다. 일의 성패를 자신의 인생에 대한 시험 성적으로 생각할 필요는 없다. 일이 성공하는 것은 노력도 중요하지만, 운도 크게 작용한다. 하는 데까지 했다면 마음을 비우고 다음을 준비하면 될 일이다.

일은 운명을 만드는 도구일 뿐, 일이 곧 당신 자신은 아니다.

03 작은 시도가 새로운 가능성이 된다

규칙을 배우는 건 규칙을 넘어서기 위해서다.
– 달라이 라마(티베트의 정신적 지도자)

블라인드 자리에 POP 광고를 설치하다

"약사님, 약이 또 바랬어요!"

"또?"

"저기 창에 햇빛이 종일 비춰서요. 약 진열을 안 할 수도 없고 어쩌죠?"

직원이 가져온 약 포장지는 진열한 지 일주일밖에 되지 않았는데 주황색이 거의 노랗게 바래 있었다.

첫 약국으로 개국한 대형약국은 사통팔달의 위치였다. 작지만 오거리의 중심 위치에 있었고, 오거리 어느 위치에서도 우리 약국의 모습이 보였다. 오거리의 중심에 전면이 넓은 형태의 매장이었다. 약국으로 들어오고 나가는 여닫이문만 4쌍이었다. 문이 없는 유리 전면까지 합치면 총 6면의 전면이 오거리 어느 쪽에서도 훤히 보였다.

그중 오거리의 가장 중심 코너에 위치한 전면은 여닫이문이 없는 커다란 유리창이었다. 문이 없었던 유리창은 자연스럽게 다양한 약의 진열대를 놓게 되는 위치였다. 그런데 사통팔달한 위치와 더불어 햇빛이 유독 잘 드는 자리였던 전면 유리창 쪽은 진열된 약의 포장지의 색이 바래기 일쑤였다.

블라인드나 커튼을 제작해서 뒤쪽으로 달아야 하나, 어떻게 할까 생각하면서 답답한 마음으로 나는 약국 밖으로 나갔다. 바깥에서 약국을 쳐다보니 문제가 되는 코너의 전면 유리창은 약국을 지나가는 사람들의 눈에 가장 잘 보이는 장소였다. 지하철에서 집으로 걸어서 올라가는 사람들도 반드시 지나가는 길이었다. 약국 앞 신호등에 서서는 말할 것도 없고 지나가는 버스도 신호 때문에 대기하게 되면 반드시 보게 되는 위치였다.

'저기다가 뭔가를 붙이면 사람들이 볼 수밖에 없겠다.'

나는 이런 생각을 했다. 남들은 버스고 지하철이고 조금이라도 사람들 눈에 들기 위해 돈을 들여가며 광고를 하고 있었다. '전면 유리창에 뭔가 붙일 수 있는 것은 우리뿐인데…. 정말 좋은 광고판이 되어줄 것 같은데!' 사람들의 시선을 생각해보면 조그맣게 덕지덕지 붙여서는 길 건너에서는 눈에 띄지도 않을 것 같았다.

저기에 크고 눈에 띄는 광고를 해야겠다고 생각했다. 다음에는 '어떤 말을 쓰고, 어떻게 눈에 띄게 붙일까?' 하는 새로운 질문이 생겼다. '무엇을 어떻게 하면 우리 약국의 문을 열고 들어오고 싶게 만들까?' 하는 고민 끝에 나는 전면 유리창을 모두 덮어버리는 커다란 현수막을 제작해서 '가족 비타민 마케팅'을 시작했다. 온 가족이 먹을 수 있는 종합비타민을 저가에 공급한다는 컨셉이었다.

"약사님, 거 '가족 비타민'이라는 게 뭐예요? 아내가 얼른 가서 사오라고 해서 왔는데요."

"진짜 저 가격이에요? 온 가족이 다 먹을 수 있어요?"

'가족'이라는 타이틀은 구매자가 가족의 건강을 생각하도록 하는 감성을 자극했다. 손님들은 비타민에 대한 질문이 아닌 가족에 대한 질문을 더 많이 했다. 가족들에 대한 질문의 시작은 다른 이야기의 통로를 더 많이 만들게 되었다. 게다가 매력적인 가격 제시도 궁금증을 일으켰다.

궁금증으로 시작한 고객들과의 대화는 비타민에 대한 설명으로 이어졌다 어떤 경우에는 한 번에 5~6개씩 구매해 가기도 했다. 가족 비타민 마케팅을 시작하고 3개월 정도 후부터 우리 약국은 해당 제품으로는 전국에서 몇 안 되는 대형 구매처가 되었다.

우리는 계획된 마케팅을 시작되기 전에 마케팅의 내용을 숙지하고 손님들에게 적절하게 설명할 수 있는 전용 상담 책자를 직접 만들어서 활용했다. 궁금증으로 약국에 들어온 고객에게 최상의 상담을 하기 위해 시청각 모두에 호소할 수 있는 매장 내 마케팅도 물론 함께였다. 고객 눈높이와 동선에 맞춘 현수막과 질문을 유발하고 감성을 자극하는 우리만의 POP 마케팅은 그렇게 시작되었다.

관점을 다르게 하면 많은 것이 다르게 보인다

처음 고민의 시작이었던 빛바램 문제는 당연히 해결이 되었다. 창을 다 가리는 커다란 현수막이 약국 내부에 진열된 약을 비추던 햇빛을 가려주었음은 말할 것도 없었다. 처음 생각처럼 그저 커튼 형태로 빛바램만 막으면 원래의 문제는 해결이 되었을 것이다. 하지만 혹시나 싶은 마음에 한번 시도해본 것이 이후부터 우리에게는 가장 중요한 마케팅 수단이 되었다.

문제를 그냥 해결해야 할 것으로만 보았다면 거기서 멈췄을 것이다. 하지만 관점을 다르게 보려고 하면 많은 것이 다르게 보인다. 안에서만 보고 있었다면 밖으로 나가보는 것도 방법이고, 밖에서만 보고 있었다면 안으로도 들어가봐야 한다. 위아래를 바꿔보는 것도 마찬가지이다. 어디서 어떤 관점으로 보느냐에 따라 문제였던 것이 장점으로 바뀐다. 우리는 3차원의 세계에 살고 있으니까.

예상하지 못했던 가능성을 찾으려면 무엇보다도 고정관념을 버려야 한다. 고정관념이라는 것은 대단한 고집 같은 것이 아니다. 엄청나게 사소한 모든 것들이 고정관념이 된다. '늘 해오던 모든 것'은 고정관념이 될 수 있다. 바꿔보려고 하면 약간의 반감이 느껴지는 모든 것이 그렇다. 관점을 바꿨을 때 보이는 가능성은 사소해 보여도 관심을 갖는 게 좋다. 엄청나게 대단한 혁신도 늘 사소한 시도부터 시작되었다.

이후에도 코너 전면창의 현수막 마케팅은 계절별로, 시즌별로 계속 진행되었고, 결과는 언제나 손님들을 통해 확인되었다.

"이번에 붙어 있는 저 수험생 보약은 뭐예요? 한약은 아닌 거 같은데, 어떤 거예요?"

어떤 사람들은 누가 소개해줬다면서 창문에 붙어 있는 게 뭐냐고 물어보라고 했다며 오시는 분들도 계셨다. 약국의 문이 열리면서 물어보는 사람들이 늘어나면 그 마케팅은 성공한 것이다. 뭔가를 물어보는 사람들의 마음은 일단 열린 상태이기 때문이다.

사소하게 생각했던 아이디어들이 예상치 못했던 결과를 가져온 예는 그 외에도 많았다. 주 1회 열리던 학술 스터디에서 우리는 약국에 들여올 약에 대한 리뷰도 함께 이루어졌다. 처음에는 단순히 약의 성분이나 함량에 대한 단순한 리뷰 차원이었다. 방송이나 미디어에서 유행을 탄 제품들이 정말 그런 효과가 있는지에 대해 검증하기 위한 과정이기도 했다. 그러나 시간이 지날수록 어떤 성분인지, 어떤 회사에서 어떤 방식으로 제조된 것인지, 원료의 원산지가 어딘지, 함량은 적절한지 등에 대해 함께 논의했다. 필요하다면 원료 시험 성적서나 해외 논문 리뷰를 통해서 성분에 대해 최대한 철저히 검증했다. 정체를 알 수 없는 약이나 효과가 의심쩍은 약들은 마진이 아무리 좋아도 절대로 우리 약국으로 들어올 수 없었다.

약사들 사이에서 철저하게 검증되어 우리 약국으로 들어온 약들은 자신감을 가지고 고객에게 상담할 수 있는 근거가 되었다. 우리 약국에 방문하는 손님들에 대한 책임감을 가지고 사소한 것부터 신경 쓰고 노력했던 부분이 어느새 우리의 경쟁력이 되어 있었다.

어떤 시도가 새로운 가능성을 열어줄지는 아무도 모른다

하루에도 몇 번씩 사람들은 나에게 약국 운영에 대해 나름의 팁을 전해준다. 손님들은 나름 아끼는 약국이라 혹은 뭔가가 마음에 안 들어서 나름의 노하우를 알려주시고 싶어 한다. "이렇게 해라 저렇게 해라." 혹은 "이게 틀렸다. 문제다." 하면서 돌직구를 던지는 분도 있고 넌지시 돌려 말하는 분도 있다. 고객뿐 아니라 거래처 직원분들도 나름의 팁들을 말해주곤 한다. 여러 거래처에 가보니 "거기가 잘되는데 이렇게 하더라." 하는 이야기들이다.

대부분은 우리 약국 사정을 잘 모르고 하는 소리라고 치부하고 넘어가 버린다. 지금 상태에서 무언가를 자꾸 더 하라고 하는 것 자체가 잘 모르면서 하는 '참견'으로 들리기 쉽다. 하지만 그 많은 팁 중에서 조금이라도 마음이 끌리는 한 가지가 있다면 시도해보는 것도 나쁘지 않다.

어떤 시도가 새로운 가능성을 열어줄지는 누구도 알 수 없다. 의외로 간단하거나 단순해 보였던 시도가 새로운 마케팅의 포인트로 부활할 수 있다. 기억해보면 우리 모두에겐 사소한 시도가 뭔가 예상치 못했던 성취감을 남겨줬던 잊지 못할 경험들을 가지고 있다. 혹시나 하는 마음에서 시작한 무언가가 나중에는 예상치 못한 커다란 수익으로 돌아오기도 한다. 결과를 따지지 말고 아주 작은 나만의 시도를 해보자. 그 씨앗이 어떤 가능성의 나무로 자랄지는 아무도 모르는 일이다.

10. 도전도 습관이다

Q. "저희 약국은 이미 모든 시스템이 세팅되어 있어요. 새롭게 뭔가를 시도하는 것은 과부하가 걸릴 거예요. 직원들도 싫어할 것 같고…. 투자 대비 얻는 것이 별로 없을 것 같아요. 그냥 이대로 안정적으로 가는 것이 더 중요하지 않을까요?"

A. 물론 괜찮다. 당신이 지금의 상황에 아주 만족한다면. 하지만 내가 당신이라면 아주 작은 시도라도 일단 해볼 것이다. 과부하가 걸리지 않을 만한 시도는 무궁무진하다.

결과를 아무리 정확히 예상해도 생각지도 못한 결과가 나타나는 것이 인생이다. 말도 안 된다고 생각했던 어떤 것이 어느 날은 평범한 일상이 된다. 내 약국의 변화는 나만 일으킬 수 있다. 내 약국에서 '스티브 잡스'가 되라! 어제의 내가 할 수 없었던 어떤 것, 우스워 보일지도 모르는 아주 작은 하나의 시도는 성공 여부와 상관없이 의미가 있다. 도전도 습관이다!

04 위기와 기회는 한 끗 차이다

반드시 밀물 때는 온다.
– 앤드류 카네기(미국의 기업인)

갑자기 새로운 위기에 빠지다

"여보세요."

"네, 여기 부동산인데요. 혹시 오룡약국 약사님이세요?"

"네, 그런데요. 무슨 일이시죠?"

"아, 다른 게 아니고요. 그 위쪽 오거리에 속옷 매장 있죠? 거기 건물주가 만나고 싶어 하셔서요."

"거기 건물주가 저를요? 왜요?"

"아직은 비밀인데요. 거기 속옷 매장을 정리하고 약국을 임대 놓고 싶은가 봐요. 여기서는 거기 약국이 제일 크니까요. 먼저 이야기해보고 싶다고 하네요."

위쪽 오거리는 근방에서 가장 번화한 곳이었다. 새로 형성되는 아파트 단지들의 주민들은 외부로 나가려면 대중교통을 이용해야 했다. 대중교통들의 정류장이 몰려 있고 로터리 형태의 구조인 오거리였다. 그곳은 흔히 말하는 항아리 상권이었다.

주변 아파트들은 산을 깎아서 만든 아파트 단지여서 오거리 위쪽으로는 아파트만 있고 규모가 있는 상가가 형성될 수 없는 구조였다. 그래서 대부분의 아파트 주민들은 속옷 매장이 있는 오거리 전후에서 소비하고 움직였다. 그 속옷 매장은 그중에서도 유동인구가 가장 많은 골목의 입구였다.

속옷 매장을 정리한다는 소문이 돌면서 그 매장을 탐내는 곳이 많았다. 그런데 우리 쪽에 먼저 연락이 온 것이었다. 생각지도 못한 전화였다. 궁금한 마음에 일단 만나기로 약속을 잡았다. 다시 한 번 그 오거리로 올라가보니 그 매장 위치는 정말 탐나는 자리였다. 바로 건너편에 이비인후과가 자리 잡고 있었고 골목 안에는 다세대주택이 많아서 유동인구가 꽤 많은 편이었다. 게다가 그 골목은 버스가 지나갈 수 없는 골목이라 버스에서 내린 사람들은 걸어서 들어갈 수밖에 없는 자리였다.

그 오거리는 주변에는 먹거리나 놀 거리가 많아서 아파트 주민들과 주변 다세대주택 거주자들 대부분의 소비가 이루어지는 지역이었다. 다만, 주변에 약국이 많고 저가 판매로 유인마케팅을 하거나 약사가 아닌 전문 판매원들로 승부를 보는 약국도 몇몇 있어서 경쟁이 치열할 수 있다는 점이 우려가 되었다.

한 번 좋아 보이기 시작하면 리스크는 더 작게 보인다

이런저런 중재 끝에 건물주와의 만남이 성사되었다. 건물주의 조건은 만만치 않았다. 초기 투자금이 너무 크다는 생각은 했지만 자리가 주는 매력을 뿌리치지 못했다. 뭔가가 한 번 좋아 보이면 리스크는 더 작아 보이는 법이다. 위층에 병원을 넣겠다는 약속이 있었고 계약서에도 정확히 명시했다. 지난 사기사건을 계기로 계약서의 단서조항이 얼마나 중요한지 뼛속까지 체감했던 나였다. 꼼꼼히 계약서에 명시하고 전세권 설정까지 했다.

하지만 내가 우려했던 대로 건물주의 약속은 지켜지지 않았다. 2층에 살고 있는 사람이 안 나가니 자기로서는 방도가 없다는 것이었다. 노력하고 있으니 조금만 기다려달라는 게 몇 개월 동안 계속되었다. 당연히 처음 생각했던 만큼의 수익은 발생하지 않았다. 시간이 지날수록 손실은 커져갔다. 하지만 건물주는 세입자의 손실에는 너무나 무감했다. 본인의 핑계만 계속 이야기하고 미안하다는 말로 시간은 지나가기만 했다. 그렇다고 해서 월세를 적게 받지도 않았다. 물론 기대하지도 않았지만. 나는 계약서의 조항을 이행하라고 수차례 통보했지만 문제를 해결하겠다는 건물주의 의지는 전혀 보이지 않았다. 나의 문제가 그의 문제는 아니었으니까.

나는 마지막으로 소송을 진행하겠다고 통보한 후 변호사를 만났다. 몇 년 전 당했던 사기 사건을 해결하기 위해 1년 가까이를 보내면서 나는 소송이라는 것이 어떤 식으로 진행되는지에 대해 배웠다. 형사소송과 민사소송에서 공방의 쟁점이 어떤 것인지, 가장 중요하게 보는 것이 무엇인지를 형사 앞에서 그리고 검사, 판사 앞에서 몸으로 체득한 셈이다. 덕분에 소송을 진행하는 것은 나에게 다소 귀찮은 일이었지, 더 이상 무서운 일은 아니었다. 계약 당시 꼼꼼히 기재한 계약서 조항 덕분에 이번 소송은 법원에 한 번 가지 않고 원하는 선에서 계약을 끝낼 수 있었다.

계약을 해지하고 나갈 수는 있었지만 씁쓸한 마음이 많이 들었다. 자리가 아무리 좋고 약사가 실력이 좋아도 비용이 너무 높아지면 수익을 낼 수 없다. 누군가가 가까운 자리에 곧 병원이 입점된다고 말하는 것은 결코 믿을 수 없는 일이다. 심지어 계약서에 명시했어도 지켜지지 않는 것이 태반이다. 이럴 때 손해를 보는 것은 오롯이 약사의 몫이다. 갚아야 할 빚이 생기는 것은 다름 아닌 나다.

기회가 위기가 되고, 위기가 기회가 되기도 하는 법이다

계약을 해지하기로 법원 판결을 받고 약국을 철수하기까지 1달가량 남았던 어느 날이었다. 실수를 인정하고 다음 기회를 찾아야겠다고 생각했다. 얼마 남지 않은 날들이었지만 찾아주시는 손님들께 성심껏 정성을 다했다. 어느 날 노신사 한 분이 약국장님을 찾는다는 말에 조제실 밖으로 나가보았다.

"약사님, 제가 드릴 말씀이 있는데 밖에서 이야기 좀 나누실 수 있을까요?"

"네, 어르신. 무슨 일이신데요?"

"다름이 아니라 제가 요 앞 이비인후과 건물을 새로 산 사람입니다. 1층에 지금 비어 있는 자리 있죠? 거기 이야기 좀 나누고 싶어서요."

나는 앞 건물 건물주가 바뀌었다는 소문을 듣고 있었다. 오랫동안 건물을 소유하고 있던 전 건물주는 월세를 올리는 문제에 크게 신경 쓰지 않았다. 하지만 새로 건물을 매입한 건물주는 시세대로 월세를 올리고 싶어 했고, 월세 올리는 것에 반발하는 기존의 세입자를 정리하고 있었다. 그 과정에서 소송이니 뭐니 하는 불미스러운 일들도 있다는 얘기도 들어서 대충은 건물에 대한 이야기를 알고 있었다. 나는 직감적으로 1층의 그 자리로 약국을 이전해야겠다는 생각이 들었다.

앞 건물 건물주도 우리의 이야기를 전해 들은 모양이었다. 건물에 병원이 있으니 약국을 세입자로 넣고 싶은데 바로 옆에 큰 약국이 있으니 약국이 들어온다 해도 마음이 편치 않다는 얘기였다. 건물주와의 문제도 있는 모양인데 이전을 하면 어떻겠냐는 제안이었다. 마침 약국을 철수해야 하는 우리로서는 닦아놓은 고객들도 있고 들인 노력에 대한 아쉬움도 컸다. 나는 하늘이 주신 기회라고 생각했다.

속마음을 들키지 않으려고 애를 쓰면서 약국을 이전하고 싶다고 이야기했다. 계약까지 순조롭게 이루어졌다. 그렇게 우리는 약국을 20m 옆으로 이전했다. 약국의 평수는 줄어들었지만 수익은 늘어났다. 뒷부분에서 밝히게 될 이야기지만, 직접 인테리어를 한 덕분에 초기 투자비용도 상당히 줄일 수 있었다. 몇 년 후 사업을 정리할 때도 가장 많은 수익을 안겨준 약국 중 하나가 되었다. 초기 투자비용이 적었기 때문이다.

처음 사업을 시작할 때 초기 투자비용에 대해 가볍게 생각하곤 한다. 평소에 익숙하지 않던 돈 단위가 왔다 갔다 하다 보면 어느새 감을 잃고 큰 손실도 큰 손실처럼 느껴지지 않기 때문이다. 하지만 꼭 기억해야 한다. 처음 시작할 때 줄인 만큼 나중에 남는다. 창업 초기 투자비용이 크면 사업을 정리할 때 좋은 금액을 받아도 실제로 남는 것이 없다.

사업을 하다 보면 기회가 위기가 되기도 하고, 거꾸로 위기가 기회가 되기도 한다. 인생이 예측불허이듯 사업도 예측불허이다. 다만 지나온 경험을 통해 우리는 시행착오를 줄일 수 있는 노하우가 생기고 혹시 모를 실패에 대비해 안전장치를 하는 법을 배운다.

　삶에는 여러 가지의 기회가 있다. 어떤 기회는 처음부터 기회라는 느낌이 오고, 어떤 기회는 지나고 나서야 알게 되기도 한다. 정해진 것도 없고 알 수 있는 것도 없다. 기회는 우연히 찾아온다. 다만, 한 가지 진실은 기회는 구하고 찾는 사람에게 간다는 것이다. 원하는 것이 분명하고 확신과 신념이 흔들리지 않을 때 기회는 손을 내민다. 그 손을 꽉 잡고 따라가야 한다.

　지금까지 알고 있는 지식과 경험으로 미래를 미리 판단하고 걱정하지 말자. 지금의 나도 학창시절에 예측한 내가 아닌 것처럼. 자신이 예측한 대로 인생이 흘러갔다면 지금의 나는 존재하지도 않을 것이다.

11. 개국을 하려면 철저히 준비하고 또 준비하라!

Q. "약사님, 제가 오늘 약국 자리를 보러 갔다 왔는데요. 계약해야 할 것 같아요. 어쩌죠? 제가 지금 뭘 준비해야 할지 감이 안 오네요. 부동산 중개업자의 설명으로는 정말 좋은 자리 같은데요. 오늘 결정해야 할 것 같아요."

A. 오 마이 갓. 내가 제일 두려워하는 상담 내용이다. 특히나 오밤중에 날아온 문자라면 그날 잠은 다 잔 셈이다. 약국 개국에 관련한 '내공'을 하루 이틀 안에 배울 수 있을 거라고 생각하면 정말 큰 오산이다. 이미 개국을 겪어본 사람들은 알겠지만 어느 날 갑자기 그날이 오는 경우들이 대부분이다.

개국에 대한 내 조언은 이렇다. 당신이 약국 약사가 되는 동시에 약국 개국에 대한 공부를 시작하라. 미리 배워두지 않으면 좋은 자리를 놓치는 경우가 생긴다. 모르는 만큼 손해고 아는 만큼 버는 것이다. 그 돈을 갚아야 할 사람은 바로 다름 아닌 당신이다. 마구 쓸 수 있는 아버님의 유산 같은 것이 있다면 물론 얘기가 달라질 수 있지만.

05 실패의 3요소 : 자만심, 경험 부족, 공부 부족

배우면 배울수록 더 많은 것을 얻게 된다.
– 하지 멕케이(미국의 휴먼 네트워크 전문가)

자만심 – 바보는 자신이 바보인 줄 모른다

바보는 자신이 바보인 줄 모른다. 사람들은 대부분 지금의 자신이 충분히 잘하고 있다고 생각한다. 위험의 순간들을 직감하면서 마음속 깊은 곳에서 '이건 아닌데…' 하는 마음이 조금씩 들어도 자기정당성을 지키기 위해 쉽게 무시하곤 한다. 결국, 부정할 수 없이 커다란 상처가 될 만한 결과에 직면해서야 스스로가 바보였다는 것을 인정한다. 미흡함의 대가는 언제나 상상했던 것보다 가혹하다.

내가 사업을 시작할 때 딱 그랬다. 무엇을 준비해야 하는지도 정확히 파악하지 못한 채 무작정 열심히만 했다. 이게 필요한 것 같으면 이걸 공부했고, 저게 중요한 것 같으면 저것에 집중했다. '무언가를 시간 내에 다 채웠다.'는 성실성에 대한 믿음은 젊고 의욕 넘쳤던 나에게 자만심만 잔뜩 심어주었다. 사업의 본질을 파악하지 못하고 사업에 뛰어들었으니 좌충우돌 고생하는 것은 당연한 일이었다.

　시험을 우수한 성적으로 통과했다 해도 사회생활에 도움이 되는 실전 경험은 그리 쉽게 몸에 배는 것이 아니다. 초짜였던 시절 나는 세일즈나 영업이 무엇인지 깊이 고민하지 않았다. 학술적인 지식만 머릿속에 가득 넣고 그저 좋은 약국을 하겠다는 일념으로 약국을 시작했다. 사업의 본질을 제대로 이해하지 못하고 시작했기에 그것을 재정비하고 정상화하기 위해 적지 않은 대가를 치렀다.

　소매업에 대한 본질을 모르고 매장을 오픈했으니 입지 선정부터 임대차 계약까지 하는 족족 부딪히고 넘어지고 밟힐 수밖에 없었다. 사업은 누군가에게는 생존의 전장이고 또 누군가에게는 부를 향한 고속도로이다. 어디로 가야 할지 머뭇거리다간 진입로를 놓치거나, 원하지 않는 결과를 알면서도 멈추지 못하고 끝날 때까지 질주해야만 한다.

　그 시절 매장 입지를 선택할 때는 무엇을 확인하고 무엇을 조심해야 하는지에 대한 데이터도 없었다. 정확한 사실 확인도 없이 그저 '감'으로 결정했다. 순간의 어리버리한 실수로 겪은 사기사건의 피해는 1년이라는 긴 시간 동안 내게 뼈아픈 경험을 선사했다. 땅을 치고 후회해도 돌이킬 수 없었다. 약국 사기사건으로 입은 물질적, 정신적 피해는 아직도 바로 어제 일처럼 내 기억 속에 선명하다.

경험 – 혼자 힘만으로는 알 수 없는 것들이 있다

내가 했던 또 다른 실패의 요인은 경영을 배우기 위한 공부를 혼자만의 힘으로 해결하려고 했다는 사실이다. 나는 약국 일선에서 일어나는 모든 걸 혼자 공부하고 혼자 떠안고 해결하려고 했다. 결코 혼자 힘만으로는 알 수 없는 것들이 있다는 사실을 깨닫기까지 많은 시행착오를 겪고 시간을 허비해야 했다. 모든 것을 내가 새롭게 만들어내는 것처럼 사업을 하려고 했으니 실패의 수순은 당연했다.

아마도 선배들을 찾아 나서서 적극적으로 간접 경험을 들었거나 발품을 팔아서 이미 성공한 사람들의 이야기를 듣고 배웠다면 결과는 달랐으리라! 누군가의 '실패'에서 '하지 말아야 할 것'을 배우고 누군가의 '성공'에서 '반드시 배워야 할 것'들에 집중했어야 했다. 그랬다면 초짜이기에 부족한 어쩔 수 없는 경험의 간극을 상당 부분 메울 수 있었을 것이다. 결국 나는 잘해낼 것이라는 긍정의 마인드 하나만 갖고, 명확한 실패의 요인들을 가득 떠안고 약국사업이라는 배를 출항시켰던 셈이다. 언제든 침몰할 수 있는 위태위태한 상황이었다.

공부 – 약국의 진짜 실력을 증명하는 건 매출이다

어떤 약국이 가장 바람직한가에 대한 각자의 정의가 모두 다를 수 있다. 약국의 사회적 역할에 포커스를 둘 수도 있고, 약사의 역할에 중심을 놓을 수도 있다. 그러나 나는 약국은 사업가의 관점에서 가장 먼저 봐야 한다고 생각한다. 사업가의 관점에서 볼 때 약국의 진짜 실력은 매출이 말해준다.

사업은 수익이 나야 비로소 생명력을 갖는다. 학술도 경영의 한 가지 도구일 뿐이다. 입지 파악, 인테리어 그리고 고객 상담 등. 이 모두가 경영의 총체적인 시스템을 이루는 중요한 요소들이다. 그 모든 것들은 약국의 매출을 이루는 숫자들을 만들기 위한 도구들이다.

못 버는 사람은 숫자에 약하다. 못 버는 사람은 오늘 내가 쏟아부은 에너지와 행동한 모든 활동이 결국은 수치화되어 나타난다는 사실을 쉽게 무시한다. 어떤 사장은 본인이 숫자에 약한 것이 삶을 계산적으로 살지 않는다는 의미라고 생각하며 심지어 자랑스러워하기도 한다.

하지만 사업을 경영하는 사장이 숫자에 약하다면 부끄러워해야 할 일이다. 약국장은 좋든 싫든 약국의 돈이 어디로 들어와서 어디로 나가는지 숫자라는 필터를 통해 자세히 들여다봐야 한다. 들어오는 곳을 넓힐 수 있는 방법과 나가는 곳을 줄일 수 있는 방법을 내 사업체의 상황에 맞게 늘 생각해둬야 한다.

매장에 대한 재투자가 필요한 경우에는 반드시 근거를 찾아야 한다. 실제로 그 투자가 매출의 증가에 영향을 줄 수 있는 범주인지 확인하는 것은 당연한 일이다. 왠지 그게 원인일 것 같아서, 혹은 주변 사람들의 한두 마디로 함부로 돈을 써서는 안 된다. 인테리어가 문제인 것 같거나, 혹은 자동문이 없어서 문제인 것 같다는 화두가 생긴다면 실제로 그런 건지 몸소 확인해봐야 한다.

사업을 위해 하는 모든 투자는 매출에 영향을 줄 수 있는 투자인지 확인하고 확신이 들 때 투자해야 한다. 돈을 쓰기는 쉽지만 그것을 수익으로 회수하기는 생각보다 녹록치 않다. 투자금이 회수되기 위해서 최소한 얼마나 걸릴지 예상하고 다른 기회비용과 비교해서 현명한 선택인지 고민해봐야 한다.

가장 중요한 투자는 바로 자신에 대한 투자이다

매장에 대한 투자보다 훨씬 더 중요한 투자는 바로 자신에 대한 투자이다. 돈을 들여서 매장의 외관은 바꿀 수 있지만 사장인 내가 거저 바뀌지는 않는다. 사장이 바뀌어야 매출이 바뀐다. 그렇기 때문에 사장은 항상 스스로의 전문성을 키우기 위해 어떤 투자를 얼마나 하고 있는지 면밀히 살펴봐야 한다. 특히 사업을 키울 수 있는 공부가 있다면 아낌없이 투자해야 한다. 그동안 약사로서 고객의 건강에 도움이 될 수 있는 학술적인 면에 충분히 투자했다면 이제는 사업가 약국장으로 거듭나기 위한 자기 경영에 투자를 할 시기이다.

사업가로서의 약국장은 숫자에 민감해져야 한다. 그리고 그렇게 투자한 배움을 돈으로 바꿀 수 있는 지혜를 가져야 한다. 배움이 배움으로 끝나면 그저 자기만족에 그친다. 자연인으로서의 배움이라면 그것이면 족하다. 하지만 사업가로서의 배움은 달라야 한다. 배움이 돈으로 바뀔 때 비로소 사업이 성공하는 것이다. 사업가의 배움은 언제나 목적이 있어야 하고 어느 부분을 내 사업에 적용할지에 대해 항상 고민하고 적용해보는 습관이 필요하다.

어젯밤 강의에서 유산균의 중요성에 대해 통감하고 왔다고 해도, 오늘 유산균을 특정 고객의 니즈에 맞춰 제품을 설명하고 구매하게 하는 것은 전혀 다른 문제이다. 학술과 경영이 만나야 비로소 오래가는 매출로 이어질 수 있다. 매출이 기반이 될 때 사장과 고객은 함께 행복할 수 있다.

자만심, 경험 부족, 공부 부족은 실패의 지름길이다

어떤 일을 하든, 어떤 사업을 하든 자만심으로 일을 쉽게 시작하는 것은 실패할 확률이 높다. 경험의 부족을 채우려고 애쓰지 않고, 게다가 공부 역시 부족하다면 이는 실패로 가는 지름길이다. 실패하고 싶지 않다면, 실패로 가는 모든 길들에 최대한의 안전장치를 마련할 줄 알아야 한다. 그리고 할 수 있는 일에 가능한 최선을 다해 집중해야 한다. 그리고 나머지 내가 할 수 없는 것들에 대해서는 좋은 마음으로 기다리는 것이 전부이다. '진인사 대천명'이라고 했던가. 아마도 그것이 성공으로 가는 최고의 지름길일 것이다.

성공하는 길은 결코 편안하고 안전한 길이 아니다. 대부분은 어렵고 힘들고 종종 죽을 것처럼 두렵기까지 하다. 하지만 무엇과도 바꿀 수 없는 성취감과 행복이 그 결말에 기다리고 있다. '커다란 성공'이든 '작은 성공'이든 마음의 충만함을 느끼게 한다는 점에서는 본질적으로 같다. 그리고 어느 쪽이든 충분히 가치 있다.

12. 실패의 원인은 언제나 당신에게 있다

Q. "전 제가 왜 실패했는지 아직도 잘 모르겠어요. 책에 나온 바에 의하면 절대 제가 실패해서는 안 되는데 말이죠. 세상이 잘못된 것 같아요. 정말 짜증나네요!"

A. 세상은 원래부터 잘못되어 있다. 누군가에게는 잘못되어 있고 누군가에게는 천국이다. 중요한 건 내가 어느 쪽인가이다.

그건 그렇다 치고, 실패의 원인을 찾고 싶다면 혹시 내가 바보인지 먼저 확인하자. 만약 바보가 아니라면 혹시 내가 독학을 고집하는 똥고집 스타일인지도 생각해보자. 사업을 시작하는 사장이 되고자 한다면 바보도, 똥고집 스타일도 절대 피해야 할 캐릭터이다.

뭘 알고 있는지 확인하고, 무엇을 배워야 하는지 제대로 알아봐야 한다. 어쩔 수 없는 경험의 간극을 메우기 위해 어떤 것을 할 수 있는지 찾아보자. 지금 알고 있는 것으로 정말 충분한 건지 항상 의심해봐야 한다.

'이게 최선입니까?' 하고 매순간 나에게 물어봐야 한다.

06 바닥까지 가봐야 알게 되는 것들

어둠 속에서만 별을 볼 수 있습니다.
― 마틴 루터 킹(미국의 인권운동가)

열심히 하지 않아서 망하는 것이 아니다

이전에 알았던 약국 부동산 컨설턴트가 갑자기 연락을 해왔다.

"약사님, 지금 하시는 약국 근처에 약국 자리가 하나 나왔는데 보실래요?"

근처라는 말에 나는 별다른 부담 없이 한번 보자고 하고 중개업자를 만났다. 얘기를 듣고 보니, 근처에 가장 병원이 밀집된 건물의 1층에 있는 약국이 매물로 나왔다는 것이었다. 6개월 이상 운영하고 있는 약국이고 매출이 어느 정도 안정되고 있는 곳이라고 했다. '면대약국'인데 면허를 걸고 있는 약사랑 사이가 안 좋아져서 매물이 나온 것이라고, 비밀리에 일이 진행되고 있다고 말했다. '면대약국'이란 면허대여약국의 줄임말이다. 약사가 아닌 일반인이 약국을 운영하고 개설허가를 낸 약사는 면허증만 걸어놓았지만 실제로 약국 운영을 하지 않는 형태의 불법 약국을 면대약국이라고 한다.

약국의 위치를 보니 나쁘지 않았다. 가장 번화가의 길목에 위치한 1층이었고 2층에 있는 그 근처에서 가장 잘되는 안과의 처방을 대부분 소화하고 있었다. 괜찮다고 생각했는데 2층에 위치한 안과 앞 상가 자리가 비어 있었다. '저 상가에 약국이 들어오면 1층 약국은 별 볼 일 없어질 것 같은데.'라는 생각에 중개업자에게 확인을 요구했다. 중개업자는 보건소에 자신이 확인해봤는데 2층 상가는 담합 문제로 허가가 안 난다고 말했다고 했다. 그 문제만 아니면 1층 약국은 상당히 좋은 자리로 보였다.

급매물이라고 상대방은 재촉했고, 2층의 리스크 요소만 없다면 다른 것은 문제될 것이 없다고 성급히 판단했던 것이 문제였다. 계약이 끝나고 잔금이 모두 지불되었다. 건물주는 중국에 거주지가 있는 사람이어서 힘들게 약속을 잡았고 그렇게 임대차 계약도 끝났다. 그런데 2층 병원에 새로 들어온 약사라고 인사하러 갔을 때부터 문제는 시작되었다.

인사를 갔던 언니에게 전화가 걸려왔다.

"남성아, 어쩌냐. 여기 2층 앞 상가에 약국이 들어온대."

"그게 무슨 말이야. 보건소에서 안 된다고 했다며?"

"몰라, 여기 의사가 그래. 자기가 이전에 약국 하던 사람한테 얘기 다 해줬다고. 몰랐냐구."

하늘이 노래지는 기분이었다. 나는 그대로 바닥에 주저앉았다.

"어떻게 이런 일이 내 인생에…."

나는 사기를 당했다는 사실이 믿어지지 않았다. 내 평생 경찰서나 검찰에 갈 일 따위란 없을 거라고 생각하며 살아왔다.

'내가 그때 그걸 확인했어야 했는데…….'

'내가 그때 눈치챘어야 했는데… 바보같이….'

자책만이 마음속에서 물안개처럼 피어올랐다. 나중에 알고 보니, 그 상가는 안과를 운영하던 의사 처형의 소유였다. 진즉부터 약국을 임대하려고 했고 양심상 1층 약국에 말해줬다고 했다. 면대약국을 운영하던 전문판매원 부부는 그 사실을 뻔히 알면서도 우리에게 약국을 매매하고 말그대로 '튀었다'. 서둘러 떠나면서 약국 시설물들도 모두 가지고 가는 어이없는 행태도 보였다. 심지어는 향정신성 의약품도 가지고 갔다. 무식해서 용감했다. 경찰에 신고한다고 하자 그 약만은 돌려줬다.

사기의 수렁에 빠져 헤맨 1년의 시간

하지만 우리는 개업할 수 없었다. 면대한 약사가 폐업신고를 해주지 않아서였다. 같은 장소에서 폐업이 이루어지지 않으면 개업신고가 불가능하다는 것도 그때 처음 알았다. 면대한 약사는 무슨 뻔뻔함인지 역으로 우리를 고소했다. 자신의 '허락 없이' 약국을 샀다는 이상한 논리였다. 나중에 법원에 갔을 때는 판사가 이분이 약사가 맞냐고 질문하는 통에 오히려 우리 얼굴이 화끈거리기도 했다.

개업도 하지 못한 채 강제 휴점을 하고 있는 동안 2층의 약국은 결국 문을 열었다. 결국 우리는 그곳의 약국 개업을 포기하고 매달 월세를 내야 했다. 건물주를 만나기가 힘들어 다른 업종으로 넘기는 일도 쉽지 않았다. 힘들게 정식 점포가 아닌 잠깐씩 현수막을 걸고 물건들을 파는 소위 '깔세' 하시는 분들을 섭외해서 월세로 인한 손실을 최대한 줄였다. 결국 그 약국의 모든 것이 해결되기까지는 꼬박 1년이 넘는 길고 긴 시간이 걸렸다.

또 하나의 깊고 깊은 바닥이었던 그해의 사기 사건은 해결되는 데 1년이 넘게 걸렸다. 경찰서와 검찰청에 수십 번 오가며 시간을 낭비했다. 불쑥불쑥 솟아오르는 분노와 스트레스로 정신적으로도 무척 힘들었다. 주변 사람들도 쉽게 말을 건네지 못했다. 어쩌다 사실을 알게 된 사람들은 입을 다물어버리거나 형식적인 위로의 말을 전달할 뿐이었다. 실패했기 때문에 그간에 했던 모든 노력들이 아무것도 아닌 게 된 것 같아서 더 힘들었다.

열심히 하지 않아서 망하는 건 아니다. 있는 힘을 다해 최선을 다해도 망하는 경우들이 다반사다. 그런 경험 때문에 실패에서 일어나는 일이 더 힘들기도 하다.

'다음에는 지금보다 열심히 할 수 있을까?'
'또 실패하면 어쩌지!'

다음의 성공을 스스로가 믿을 수 없게 된다. 사실 예상치 못한 바닥으로의 추락들은 나 자신의 능력에 대해 커다란 의구심을 갖게 한다. 처절하게 외롭고 슬프다. 이대로 끝인가 하는 두려움으로 이고 있는 하늘마저 너무 무겁게 느껴진다.

처음에 사기 피해자가 된 것을 알았을 때 나는 암담하고 황당하고 무섭고 두려웠다. 앞으로 펼쳐질 일들에 대한 일체의 정보가 없었기에 더욱 그랬다. 나의 파트너였던 언니와 나는 그런 상황에서 누구의 탓도 하지 않았다. 이후에도 언제나 우리는 서로의 결정을 지지했고 힘이 되어주었다. 인생의 가장 힘든 고개를 넘어갈 때 그런 훌륭한 동료를 가졌다는 것은 다시 생각해봐도 크나큰 행운이었다. 인생이 나락으로 떨어진 것 같던 그 순간들에 힘이 되어 주었던 사람들에 대한 고마움, 믿어주었던 사람들에 대한 감사한 마음들이 그 시절의 나를 지탱했다.

실패의 순간들이 쌓인 딱 그만큼, 나는 성장할 수 있다

정답이 정해져 있는 인생은 학교를 졸업하면서 끝이 난다. 그 뒤부터의 인생은 언제나 예측불허다. 수많은 바닥들을 경험해오면서 나는 깨달은 것들이 있다.

첫 번째로는 뭔가를 새롭게 시도할 때, 나의 모든 시도가 성공으로 끝날 것이라는 생각은 버려야 한다는 것이다. 우리는 언제든 실패할 수 있다. 내 경험을 돌아보아도 성공의 순간보다는 실패의 순간이 훨씬 더 많았다. 우리는 항상 성공을 꿈꾸되 매 순간 실패를 준비해야 한다. 수도 없이 많은 실패의 단비 속에 성공의 꽃이 피어난다는 점을 힘들더라도 기억해야 한다.

두 번째는 세상에 영원한 것은 없다는 사실이다. 모든 일이 너무나 순조로워서 계속 날아갈 것만 같은 정점이 있으면 당연히 떨어져 내려오는 과정이 있다. 더 이상 내려갈 수 없는 바닥인가 싶으면 다시 또 올라갈 수 있는 길이 보인다. 인생도 자연을 닮았다. 산이 높으면 골이 깊은 법이다. 그러니 어떤 절망적이고 죽고 싶은 상황에 이르더라도 그것이 끝이 아님을 기억하자. 내가 끝이라고 하기 전에는 절대로 끝난 것이 아니다.

세 번째는 주변에 부정적인 사람을 가까이 하지 말라는 것이다. 세상에 대해 부정적인 사고를 품은 사람은 나의 에너지마저 빼앗아 가버린다. 긍정적이고 의지가 강한 사람이 주변에 있는 것이 좋다. 나의 경우에도 긍정적이고 매 순간 격려와 지지를 아끼지 않았던 파트너 언니가 있어서 힘들었던 모든 순간을 견뎌낼 수 있었다. 서로에게 강한 에너지와 확신을 줄 수 있는 사람과 함께 언제나 성공에 대해서 이야기하자. 그 모든 과정이 삶의 아름다운 과정이 된다.

네 번째는 실패를 직감하면 고집부리지 말고 가능한 빨리 정리해야 한다. 실패를 적절한 타이밍에 인정해야 손해를 최소화할 수 있다. 일의 실패를 자신의 인생의 실패와 연결시키면 실패를 인정하기가 더욱 더 힘들어진다. 그리고 그만큼 손해는 눈덩이처럼 커지게 된다. 최선을 다했고 더 이상은 노력해도 안 된다면, 그 길은 포기해야 할 길이다. 다른 길은 얼마든지 있다. 이제 그만 고개를 돌려보자.

마지막으로 다섯 번째는 힘들고 괴롭더라도 왜 실패했는가를 정직하게 따져봐야 한다는 점이다. 사람들은 실패한 부분에 대한 원인을 밖에서 찾는 데 많은 시간을 들인다. 자기 자신의 판단이 옳았지만 운이 나빠서 실패했다고 생각하고 싶어 한다. 하지만 불행히도 인생에 단 한 번의 바닥만 있는 것은 아니다. 망해가는 약국을 일으키려고 고군분투한 경험이나 예상치 못하게 사기를 당해서 겪은 일련의 일들은 내 인생의 수많은 바닥들 중 하나였다. 딱 한 번만 실패하고 바로 성공의 길로 들어선다는 보장이 있으면 좋으련만.

하지만 반드시 기억하라. 실패의 순간을 속속들이 기억해내면 우리는 스스로의 미흡한 부분에 대해 인정하게 되지만 딱 그만큼 내 안의 어떤 부분은 성장한다.

그대는 잠재력을 갖고 태어났다.
그대는 선함과 믿음을 갖고 태어났다.
그대는 이상과 꿈을 갖고 태어났다.
그대는 위대함을 갖고 태어났다.
그대는 날개를 갖고 태어났다.
그대는 기어 다니라고 태어난 것이 아니다. 그러니 그러지 마라.
그대는 날개가 있다.
그것을 사용해서 날아오르는 법을 배워라.
– 루미

13. 한 번 넘어졌다고 인생을 포기하는가?

Q. "약사님, 제가 첫 약국을 할 때 일도 많았고 손해도 많이 봤어요. 이제 웬만해서는 약국 개국은 다시 생각도 안 하고 있어요. 그때를 생각하면 너무 힘들고 무섭네요. 그냥 편하게 살고 싶어요."

A. 나도 망해봐서 안다. 실패의 쓰라린 경험은 창피해서 어디다 말하기도 힘들다. 숨기고 싶은 흑역사는 새로운 도전을 하고 싶어질 때면 언제나 내 뒤통수를 잡아당긴다. 하지만, 언제까지 실패했던 과거만 생각할 것인가. 지금 용기를 내서 새로운 도전을 하지 않는다면 당신의 약국에 대한 기억은 언제나 실패에서 머무르게 된다.

한 번 넘어졌으니 어디서 조심해야 할지 알고 있다. 모른다고? 잘 생각해보자. 무엇이 실패의 원인이었는지. 지금의 당신은 분명히 알고 있다! 망해가던 순간을 경험했다면 두 번째 시도에서는 같은 실수를 하지 않게 된다.

한 번 넘어졌다고 달리기를 포기하는가? 당신이 우사인 볼트일지도 모르는데?

07 경영 안정기라고 방심하지 마라

가장 훌륭한 사랑의 행위는 관심을 표하는 것이다.
– 마이클 J. 앨런(미국의 작가)

가장 경계해야 할 마음은 무관심이다

약국 생활이 어느 정도 적응이 되고 나면 나도 모르게 타성에 빠질 수 있다. 같은 손님을 여러 번 보다 보면 더욱 그렇다. 계절이 한 번 바뀌고 두 번 바뀌면 나도 모르게 손님들에게 형식적으로 인사하고 있는 경우들이 생긴다. 그러다 보면 어느새 손님들에게도 전문가답지 못한 버릇이 튀어나오고 만다. 형식적이고 사무적인 버릇들 말이다.

매일매일 쏟아지는 모든 고객들을 진심과 성심을 다해 늘 사랑하는 일은 말처럼 쉬운 일이 아니다. 특히나 행동으로 옮겨야 하는 일은 더욱 그렇다. 하루에도 몇 번씩 의식을 다잡아야 한다. 흔하고 평범해 보이는 이 사장의 자리를 제대로 지켜내기 위해서는 명료한 비전과 반사적으로 몸에 밴 서비스 외에 믿을 수 있는 건 없다.

사랑의 반대말은 미움이 아니라 무관심이라고 한다. 고객을 끊임없이 사랑하는 마음을 가져야 하는 입장에서 가장 경계해야 할 마음은 무관심이다. 미워하고 화를 내고 안타까워하는 마음이 차라리 낫다. 약이 잘 들었다며 고마워하는 손님이든 약값이 왜 비싸냐며 화내는 손님이든, 어떤 손님에게도 큰 마음의 변화가 없다면 내가 매너리즘에 빠지고 있는 것은 아닌지 생각해볼 때이다.

엄마에게 갑자기 찾아온 '구안와사'

내가 대학교 3학년일 때 엄마는 '구안와사'를 앓으셨다. 구안와사란 안면마비라고도 하고 한방에서는 와사풍이라고도 불린다. 원인은 사람마다 다르지만 대개는 과로나 스트레스에 의해 얼굴의 근육을 움직이는 안면신경의 기능에 문제가 생기는 것이다. 쉽게 말해 얼굴 신경과 근육에 마비가 온다. 얼굴 근육을 조절하는 안면신경에 마비가 오면 한쪽 얼굴 근육의 움직임이 감소하여 얼굴을 움직일 때 양쪽이 서로 비대칭이 된다. 이런 비대칭의 결과로 한쪽 눈이 감기거나 입술 한쪽이 올라가 입모양이 일그러지게 된다.

50대 중반이 넘은 나이에 고등학교 검정고시를 준비하던 엄마였다. 전쟁세대를 지나온 엄마는 공부와 배움에 대해 언제나 배고파했다. 자식들을 모두 대학에 보낸 후 본인의 공부를 뒤늦게 시작하실 만큼 공부에 나름의 한이 있었나보다. 그 연세에 밤을 새서 공부하고 새벽같이 학원을 나가시던 엄마는 단번에 멋지게 검정고시를 통과했다. 인생 전체가 '성실과 열심'이라는 말로 대표될 정도였으니 어찌 보면 당연한 결과였다.

하지만 지나친 스트레스였을까? 그해 유독 혹독했던 추위 때문이었을까? 검정고시 통과를 마치고 엄마에게 돌아온 것은 한쪽 얼굴에 마비증세가 생기는 구안와사였다. 구안와사는 얼굴 근육의 마비로 입술이 꾹 다물어지지 않아 물을 삼키기도 어려웠다. 생활의 불편함도 문제였지만 삐뚤어진 얼굴의 가장 큰 문제는 엄마의 자존감에 커다란 상처를 입히는 것이었다. 거울 보기도 싫어하고 사람들을 만나기도 꺼리던 그 당시의 엄마는 내가 오랫동안 알아왔던 자신감 넘치고 활동적인 엄마의 모습이 아니었다.

겨우 약대 3학년이었던 나는 엄마를 위해 해줄 수 있는 것이 거의 없었다. 온 가족이 치료를 위해 큰 병원과 한의원에 쫓아다니며 약물치료와 물리치료 그리고 침치료 등 가능한 모든 것을 쏟아부었다. 좋다는 온천지역에는 모두 가서 온천욕을 해보고 대추나무를 입과 귀에 걸어보라는 민간요법까지 할 수 있는 모든 것을 다 해보았다.

끊임없는 노력에도 엄마의 얼굴이 어느 정도 정상으로 돌아오는 데만 꼬박 2년이 넘게 걸렸다. 하지만 그 후에도 조금만 피곤하거나 스트레스를 받는 상황이 오면 엄마의 얼굴에는 구안와사의 느낌이 분명히 나타났다. 우리 가족 모두는 2년이 지난 후에도 완전히 안심할 수는 없었다. 엄마의 증상이 완전히 사라진 것은 내가 약국 약사가 되고 1년 정도가 지나서였다.

약사가 되고 나서 아니 약국에서 본격적으로 약사 일을 하고 나서야, 나는 엄마의 구안와사에는 분명히 전조증상前兆症狀 :병이 생기기 전에 나타나는 여러 증세가 있었으리라는 사실을 깨달았다. 나중에 물어보니 엄마는 눈가 근육이 이유 없이 씰룩씰룩 움직이거나 팔다리에 가끔씩 저린 증상이 나타났다고 했다. 어지럼증과 피로감도 느껴졌고 얼굴에 거미 같은 것이 기어 다니는 느낌도 자주 받았다고 했다.

누군가 한 번이라도 미리 말해줬다면!

그때 나는 누군가가 이것이 구안와사나 풍의 전조증상 같은 것이라고 한 번이라도 말해줬다면 어땠을까 하고 생각했다. 구안와사까지 가기 전에 이미 얼굴은 많은 것을 말해준다. 지금까지도 나는 전조증상이 어떤 것인지 아는 누군가가 한마디라도 해주었다면 우리 가족의 힘들었던 2년의 많은 것이 달라졌으리라는 생각을 한다.

내가 약국을 하는 동안 나는 적지 않은 구안와사 전조증상을 가진 사람들을 보았다. 대상포진의 초기 증상도 보았고 중풍이 걱정되는 사람들도 꽤 만났다. 그때마다 나는 우리 가족의 힘든 2년을 떠올린다. 그리고 그런 분들에게 정말 열심히 전조증상에 대해 설명하고 또 설명했다. 그중에는 젊은 30대 가장도 있었고 갱년기에 접어드는 50대 어머님도 있었다.

감기처럼 처음에는 가볍게 보이던 증상에 대해 내가 얼굴이 벌게지도록 설명하면 잠깐은 반감을 갖더라도 이내 받아들인다. 본인이 몇 개월간 느껴왔던 증상들이기에 내심 알고 있기 때문이다. 호미로 막을 것을 가래로 막지 말라고 말하며 진심으로 얘기하는 나의 눈빛을 그저 거절하기만 하는 사람은 없었다. 그중 여럿이 나중에 감사의 인사를 전해오기도 했다. 그때마다 나는 우리 가족의 2년간의 생활을 상당 부분 보상받는 느낌이 들었다. 막을 수 있는 일을 막아냈다는 뿌듯함도 있었다.

나는 내가 교육했던 신입약사들이나 지금 경영 상담을 하는 약사님들께 나의 어머니의 구안와사 이야기를 꼭 한다. 오늘 내 약국에 방문하는 고객이 '나의 어머니'와 같은 상황에 있는 '누군가의 어머니'일 수도 있다고 말한다. 그러니 부디 무심하지 마시길. 부탁한다. 당신의 설명 한마디가 어느 가족의 2년 혹은 그 이상을 나아지게 할 수 있음을 기억해달라고 말한다. 어쩌면 약사는 치료보다 예방에 더 가까운 직업이다. 큰 병을 치료받음으로 인한 칭송보다 감사의 느낌은 훨씬 적을지도 모른다. 하지만 예방으로 구할 수 있는 어떤 가족의 시간과 비용이라는 측면에서 생각해 보면 어쩌면 이 순간에도 훨씬 더 많은 덕을 쌓고 있는지도 모른다.

무관심은 칼보다 무섭다

살다 보면 약국에서의 모든 것이 한없이 귀찮아지는 날도 있다. 그때마다 나는 오늘 나의 무관심으로 누군가의 2년이 힘들어질 수 있다는 생각을 한다. 무관심은 칼보다 무섭다. 칼은 알고서 피할 수 있다. 칼은 생명의 위협을 느끼게 되기 때문에 누구나 위험을 알 수 있다. 비로 치면 소나기와 이슬비 같은 것이다. 소나기는 알고서 피할 수 있다. 피해야 할 만큼 강하고 센 빗방울은 피해야 한다는 보호본능을 일깨운다. 하지만 알게 모르게 젖어드는 이슬비는 나도 모르는 새 온몸을 흠뻑 젖게 할 수 있다. 그 정도 빗방울은 맞아도 된다고 생각하기 쉽기 때문이다. 무관심은 손님의 기회뿐만이 아니라 나의 기회마저도 그렇게 서서히 빼앗아버린다. 어쩌면 사장인 우리가 경계해야 할 가장 무서운 적이다

5분 경영 상담

14. 매너리즘을 항상 경계하라!

Q. "매일 똑같죠. 하루 일을 끝내고 집에 가서 자고 일어나 다시 출근하면 어제 했던 일을 반복하죠. 매일 비슷한 일상이 반복돼요. 뭔가 소모되고 있는 느낌이 들지만 달리 방법도 없어요."

A. 처음 당신의 직업을 갖기 시작할 때를 생각해보자. 분명 나름의 포부와 이상이 있었을 것이다. 문제는 지금 그것을 지켜가지 못하고 자신을 잃은 채 기계적으로 일하고 있다는 것이다. 사실 이런 문제는 회사생활을 하는 모두가 느끼는 것이다직원이든 사장이든!.

이럴 때의 해법은 미안하지만 개인적인 노력이다. 기계의 부품으로 전락하지 않고 끊임없이 자신을 발전시키고 꿈을 꾸기 위한 적극적인 노력만이 해법이다. 당신의 다음 꿈은 무엇인가? 아직 못 찾았다고?

꿈은 찾는 것이 아니라 만드는 것이다.

2장_매일 처음처럼 도전하라 |

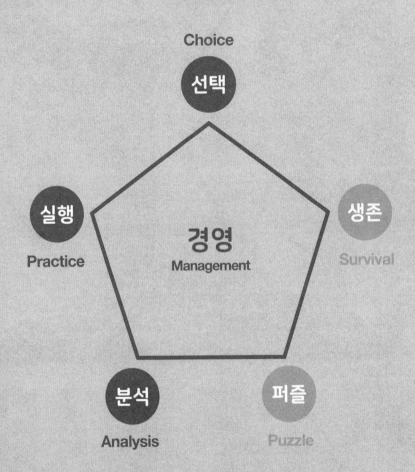

| 3장 |

가장 사소한 것도 분석해서 경영하라

분석

3. 분석 – 사소한 것도 분석하라

정확한 목표가 없이는 구체적인 행동 전략도 있을 수 없다. 수익이 나는 경영을 위해서는 사업 목표를 수치화하여 분명히 해야 한다.

나와 내 사업의 강점과 약점에 대해서도 철저히 분석하고 효율적으로 조합하라. 어느 부분에 주안점을 두고 어떻게 실행해갈지 아주 구체적으로 계획하고 실천해야 한다. 분석 없는 '열정'은 허무함만 남긴다.

01 사업 목표를 수치로 정하라

하고자 하는 일은 반드시 착수하기 전에 충분히 연구하라.
- 데일 카네기(미국의 작가, 인간관계 전문가, 성공컨설턴트)

강 약사님, 이 약국 자리 괜찮을까요?

"약사님, 제가 약국 자리를 하나 봤는데요. 위치는 잠실 근처 전철역 앞이에요. 유동인구가 엄청 많아요. 건물은 5층인데 병원이 두 개쯤 있어요. 이 자리, 괜찮을까요?"

내가 약국 개국 컨설팅을 한다고 하면 제일 많이 듣는 질문이 이런 질문이다.

괜찮냐고? 나는 이런 질문을 받을 때마다 도대체 뭐가 괜찮냐고 물어보는 건지 정확히 가늠이 안 된다. 약국을 열면 돈을 벌 수 있는 공간적 위치에 관한 질문인지? 아니면, 유동인구가 많아서 손님을 많을 것 같은데 약국 운영이 힘들지 않겠냐는 건지? 그도 아니면, 투자 대비 수익률이 괜찮냐는 건지?

질문을 듣는 순간 답이 떠올라야 할 내 머릿속에 더 많은 질문이 생기게 되는 질문이 바로 "이 자리, 괜찮아요?"라는 질문이다.

과연 그 자리에 약국을 열 수는 있는 건지, 법적인 문제나 임대차 계약에 문제가 없는지 혹은 담합조건에 걸리지는 않는지, 사업을 정리하고 나올 때 손해를 볼 수 있는 곳은 아닌지, 근처 병·의원 성향은 어떤지 혹은 나와 맞는지 등 수십 가지의 질문을 오히려 내 쪽에서 상대방에게 하게 된다.

개국 컨설팅을 진행할 때 내가 가장 먼저 하는 질문은 "약사님, 개국하면 얼마를 벌고 싶으세요?"라는 물음이다. 너무 적나라한 질문이라 대부분의 약사님들은 처음에 당황해한다. 대부분은 "많을수록 좋죠. 뭐."라며 얼버무린다. "물론 그렇죠. 그래도 구체적으로 많이 얼마요?"라고 다시 물어보면 그냥 웃거나 조용히 얼마라며 잘 들리지도 않게 대답하곤 한다. 대부분은 돈에 대해 자신 있게 말하는 것을 부끄럽다고 생각하거나, 아니면 너무 자신을 상업적으로 볼까봐 두려워한다.

성공하는 약국장이 되려면 반드시 목표 수익률을 설정하라

내가 이 질문을 컨설팅의 맨 처음에 하는 이유는 그것이 '사업의 목표'가 되기 때문이다. '내 사업을 하면서 최소한 얼마는 벌어야겠다.'라는 구체적인 목표를 가질 때 어떤 약국을 찾아야 하는지 확실히 알 수 있다. '좋은 자리에 있는 약국을 찾아서 많이 벌어야지.'라는 막연한 희망은 개국하는 과정 내내 오히려 나를 힘들게 할 수 있다. 사업을 시작하려고 한다면 돈과 대화하는 법에 익숙해져야 한다. 돈을 단지 생계를 유지하기 위한 쩐내 나는 종이로만 봐서는 안 된다. 돈은 나의 꿈을 현실로 만들어주는 삶의 동지라는 점을 알아야 한다. 나의 꿈을 이루기 위해 얼마만큼의 동지가 필요한지 구체적인 목표를 갖는 것이 무엇보다 중요하다.

성공하는 약국장이 되려면 목표 수익률을 가지고 있어야 한다. 수익 없이 성공할 수 있는 사업은 없다. 그러니 수익을 말해주는 '숫자'에 민감해져야 한다. 또 개국을 준비할 때 예상되는 총 투자금액 대비 수익률을 계산해볼 줄 알아야 한다. 초기 투자비용이 너무 많이 들게 되면 외형적 매출은 크더라도 실제로는 남는 것이 없게 된다. 매출과 수익 구조 어느 한쪽도 가볍게 보아서는 안 된다.

만약 매출과 수익 구조를 결정하는 요소들을 충분히 점검했다면, 최악의 수익률과 최상의 수익률 모두를 비교해보아야 한다. '왜 슬픈 예감은 틀린 적이 없나.'라는 노랫말을 음미하고 싶지 않다면, 사장은 최악의 상황에 대해 항상 가정해봐야 한다. 최악의 상황에서의 수익률도 본인이 받아들일 만한 건지 체크해보는 것이 필요하다. 사업을 하다 보면 아니길 바라지만 최악의 상황으로 내몰리는 경우들이 종종 있다.

그렇다고 해서 정말 잘될 수 있는 상황에 대한 가정도 아예 배제해서는 안 된다. 이제 막 사업을 시작하려는 사업가의 희망찬 얼굴에 대놓고 "꿈 깨!"라고 말하는 사람들도 있을 것이다. 하지만 최상의 상황을 생각하고 일단 그 느낌을 즐기자. 생각만 해도 좋은 일이니까. 그리고 혹시 모르는 일이다. 정말 그 일이 일어날지도.

하지만 잘되는 상황에 대한 희망찬 기대만으로 끝난다면 별로 의미가 없는 상상이다. 기분 좋은 상상과 더불어 예상되는 희망 매출마다 어떻게 하면 효율적으로 시스템을 굴릴 것인지에 대해 미리 고민해두자. 최상의 시스템은 어느 날 뚝딱 나오는 것이 아니다. 같은 것에 대해 끊임없이 고민하다 보면 상황이 변하면서 생각은 자연스럽게 양질의 전환이 이루어진다. 쏟아 부은 시간과 노력의 크기만큼 딱 그만큼 발전한다. 섭씨 몇천 도에 달하는 고온의 가마에서 며칠 동안 익어 나오는 질 좋은 도자기처럼, 필요한 그 무엇이 채워지고 나면 어느 순간 나에게 가장 필요한 생각과 아이디어들이 머릿속에 '짠' 하고 나타난다.

삶이 행복하려면 당연히 일이 즐거워야 한다

첫 질문에서 어느 정도 공감이 형성되고 자신의 목표에 대한 설정이 끝나면 나는 두 번째 질문을 이어간다.

"어떤 약국을 경영하길 원하세요?"
"약국이 다 비슷하지 않나요? 어떤 약국이라는 게 어떤 말씀이신지…"
"돈 많이 버는 약국이요."

내 질문에 돌아오는 대답은 추상적이다. 듣는 이의 표정을 보면 내가 하는 질문의 의미 자체를 이해하지 못한다는 느낌이다.

앞에서도 말해왔지만, 약국은 밖에서 보기에는 다 비슷해 보이지만 안에서 보면 모두가 다르다. 주변 병·의원의 형태에 따라 어느 곳은 아이들이 많고 어느 곳은 어르신들이 많다. 또 어떤 곳은 직장인이 많고 어떤 곳은 자영업자들이 많다. 그렇다. 약국은 한 번 개국하면 이미 형성되어 있는 고객들과 하나의 삶을 함께 하게 되는 곳이다.

일이 즐거워야 삶이 즐거워지는 것은 당연하다. 일과 삶의 밸런스를 찾기 위해서라도 약국을 개국하기에 앞서 자신의 성향과 약국의 타입이 잘 맞는지 고려해보는 것이 필요하다. 특히 물망에 오른 몇 개의 약국 중 하나를 선택해야 하는 상황에 있다면 반드시 생각해보자. 아이들을 대하는 게 더 좋은 약사들은 소아과 근처나 젊은 부부들이 사는 아파트 단지 주변의 약국을 눈여겨보는 게 좋다. 어르신들을 대하는 게 편한 약사라면 거기에 맞는 약국 입지를 한 번쯤은 진지하게 생각해보는 편이 좋다.

자기 자신을 사랑해야 진정한 성공이 가능하다. 이 세상 그 무엇도 나 자신보다 소중하지는 않다. 내가 삶이 행복할 때 비로소 남이 보인다. 가족도 그렇고 친구도 그렇다. 내 삶이 즐겁고 행복할 때 일도 즐겁다. 약국 개국은 끝이 아니라 시작이다. 앞으로 몇 년 간의 약사로서의 삶이 시작되는 곳이다. 수익을 고려하되 나의 성향도 고려하면 금상첨화일 것이다. 나는 자신과 맞지 않는 고객층 때문에 힘들어하는 약사들을 많이 봤다. 약사가 행복해야 약국은 행복하다. 그래야 약국을 방문하는 손님들도 행복하게 할 수 있다.

그렇게 이것저것 다 따지다가 어떻게 개국합니까?

개국할 때 체크해야 할 것들에 대해 이야기하면 어떤 사람들은 이렇게 말한다. "그렇게 이것저것 다 따지다가 어떻게 개국합니까?", "입에 딱 맞는 떡이 어디 있나요?", "모든 조건에 딱 맞는 약국이 왜 하필이면 나에게 오겠습니까?" 그렇다. 맞는 말이다.

하지만 체크해야 할 사항들을 100점을 맞아야 하는 시험 문항으로 생각해서는 안 된다. 하나하나의 사항에 숨은 리스크 요소를 체크하고 거기에 내가 대비할 수 있는가의 문제로 접근해야 한다. 점수를 매겨야 하는 것이 아니다.

그 약국이 가지고 있는 강점과 약점을 철저히 파악해야 한다. 약점에 대해 내가 감내할 수 있는 부분은 어디까지인지 그리고 그 약점이 문제가 될 경우에 어떤 플랜B를 가지고 갈 수 있는지 생각해두어야 한다. 지금은 강점인 어떤 것도 절대적일 수 없다. 시간이 흐르면서 강점과 약점이 반전되는 경우들도 얼마든지 있다. 세상에 영원한 것은 없다.

사실 사람마다 감내할 수 있는 부분은 모두 다르다. 어떤 사람은 출퇴근 시간이 2시간 가까이 걸려도 감내할 수 있고, 어떤 사람은 초기 수입이 다소 적더라도 감내할 수 있는 사람이 있다. 어떤 사람은 초기 투자비용이 높은 것이 그리 부담되지 않는 사람도 있고, 어떤 사람은 병·의원이 없는 입지가 큰 리스크가 아닌 사람도 있다.

그래서 무엇보다 먼저, '자신이 원하는 약국'에 대한 상을 가져야 한다. 그래야 개국의 순간에 넘쳐나는 파도 속에서 중심을 잃지 않고 자신의 약국을 찾아내서 깃발을 꽂을 수 있다. 나는 다음에도 "이 자리 괜찮아요?"라는 질문을 듣게 된다면, 상대방이 뜬금없어 하더라도 "약사님, 얼마를 벌고 싶으세요? 그리고 어떤 약국을 원하세요?"라고 똑같이 반문할 것이다. 원하는 것과 목표가 분명할 때 우리는 확실히 빨리 행복해질 수 있다.

15. 언제나 문제가 무엇인지 정확히 파악하라

Q. "오늘 약국 자리를 보고 왔는데요. 좋은 것 같아요. 뭐가 좋은 것 같냐고요? 그냥 지나다니는 사람들도 많고 주변에 병원들도 있고. 사람들 생활수준도 높은 것 같아요. 젊은 사람들도 많은 것 같구요. 무엇보다 집에서 가까워서 출퇴근하기도 좋아요."

A. 대체 뭘 보고 온 건가? 새로 생긴 아파트를 보러 간 건가?

약국 입지 보는 법을 '최대한' 많이 연습해라. 제대로 입지를 보고 있는 건지 자주 검증해라. 필요하다면 배워라!

주변 병·의원과의 동선, 엘리베이터의 위치, 전체 건물에서의 유동인구의 흐름을 관찰해야 한다. 병원에서 오래 기다린 환자들은 가까운 위치를 선호한다. 병원과의 최적의 위치에 약국의 문이 위치한다면 담합규정에 걸리지 않는지 확인해라. 만약 건물 내 독점약국이 아니라면 다른 약국이 들어올 만한 자리는 어디인지 확인하고 비교해야 한다. 권리금 회수에 문제가 생길 요소는 없는지도 확인한다.

그 밖에도 체크할 것은 많으니 제발 제대로 확인하고 개국해야 한다.

02 강점과 약점은 무엇인가?

어떤 일이든 열정만으로도 90%의 문제를 해결할 수 있다.
– 도널드 트럼프(미국의 45대 대통령)

남의 사업에 대해 말하기는 쉽다

"이거 하다가 안 되면 나중에 약국이나 하지, 뭐."

"나는 퇴직하면 약국이나 하려고. 강 약사, 그때 잘 좀 부탁해!"

약국 개폐업만 열 번에 가까운 나의 이력을 잘 알고 있는 약사님들이
나에게 우스갯소리처럼 많이 하는 이야기들이다.

대부분의 약사들은 언젠가는 약국을 하게 될 거라고 생각한다. 제약회
사뿐 아니라 바이오 관련 회사에 다니는 약사들, 식품의약품안전처나 국

립과학수사연구소 등에 소속된 공무원 약사, 그 밖에도 다양한 직종에 널리 퍼져 있는 약사들은 물론이고 지금 일선에서 물러나 쉬고 있는 약사들까지.

모두들 언젠가는 약국을 개국할 것이라는 생각을 가지고 있다. 그런데 막상 약국을 준비하는 분들을 살펴보면 오늘 점심을 뭘 먹을지 고민하는 것보다도 적게 고민하는 것 같다. 왜 약국을 하려고 하느냐고 물으면, 그냥 회사가 너무 힘든데 '약국은 쉬워 보여서.' 혹은 '돈이 될 거 같아서', 그도 아니면 '남들도 다 하는 거니까.'라는 대답이 돌아온다.

어떤 사람들은 병원 많은 곳에 약국을 차리면 그냥 대박이라고 쉽게 말하기도 한다. 주변에 부동산 컨설팅을 하는 중개업자나 혹은 약국을 임대하려는 건물주나 병원 사람들도 약국은 그냥 차리기만 하면 된다고 쉽게 말한다. 본인들의 사업은 대단히 어렵고 거창한데 유독 약국만 쉬워 보이나 보다. 그 쉬워 보이는 약국을 한 번이라도 개국해본 사람은 주변에 차고 넘쳐서 그저 평범해 보이기만 하는 모든 약국장을 존경의 시선으로 바라보게 된다. 해보면 안다. 아니, 해봐야 안다. 얼마나 어려운 일인지!

남의 사업에 대해 말하기는 쉽다. 남의 일에 대해서는 쉽게들 말한다. 하지만 정작 그 길을 걷고 있는 사람들에게는 그렇지 않다. 정상에 도달하기 위해 내딛는 한걸음 한걸음은 나의 숨소리마저 겸허하게 느껴질 만큼 진지하고 무겁고 힘겹다. 누구에게나 자신의 하늘은 무거운 법이다.

성공하는 사장은 오늘도 보이지 않는 곳에서 전력질주한다

노년의 파블로 피카소가 스페인의 한 카페에 앉아서 냅킨에 그림을 끄적이고 있었다. 그는 10대 소년이 화장실 칸막이에 낙서를 하는 것처럼 자신이 그리고 싶은 것을 거침없이 그렸다. 그가 그린 낙서는 희미한 커피 얼룩 위에 그려진 피카소의 입체파 그림이었다.

옆자리에서 한 여성이 그 모습을 보면서 감탄하고 있었다. 몇 분 뒤 커피를 다 마신 피카소는 자리를 뜨기 전에 냅킨을 구겨서 버리려 했다. 여성이 피카소를 불렀다.

"잠깐만요. 제가 그 냅킨을 가져도 될까요? 사례는 하겠습니다."
"물론이죠. 2만 달러입니다."
"뭐라고요? 그리는 데 2분밖에 안 걸렸으면서!"
"아니요. 60년하고도 2분이 더 걸렸죠!"

피카소는 냅킨을 주머니에 쑤셔 넣은 뒤 카페를 나갔다.

그의 2분 만에 그린 작품은 60년 동안 수만 장의 작품과 그 작품을 만들기 위해 겪은 수십만 번의 실패를 통해 그려진 것이다. 그의 삶의 기쁨과 고통이 하나의 완성된 예술로 2분 만에 표현되기까지 60년의 세월이 걸린 셈이다.

어떤 일이 익숙해져서 그 일을 너무 쉽게 해내는 사람들을 보면서 우리는 그 일이 쉬울 거라고 착각하곤 한다. 하지만 그 경험이 몸의 모든 세포에 녹아서 쉬워 보이는 몸놀림이 될 때까지 그 뒤에 숨어 있는 노력의 시간들을 쉽게 무시해서는 안 된다. 쉬워 보여서 따라했다가 큰코다치기 십상이다.

사업이라는 것은 특히 그렇다. 사업은 단순한 기술의 습득이 아니기 때문에 더욱 그렇다. 기술의 습득은 어쩌면 가장 쉬울지도 모른다. 많은 시간과 노력을 들이면 어느 정도는 가질 수 있으니까. 하지만 사장은 기술의 습득 이상의 능력이 있어야 한다. 사장은 사업을 유지하고 키우면서 언제나 해결해야 하는 문제들과 맞닥뜨리게 된다. 그리고 매번 직면하는 대부분의 문제들은 만만치 않고 힘겨운 경우들이 대부분이다. 밖에서 보이는 평화로운 모습을 유지하기 위해 사장은 오늘도 보이지 않는 곳에서 전력질주하고 있다.

쉬워 보인다는 이유로 사업을 시작해서는 안 된다. 남들이 다 하니까 나도 잘될 거라고 생각하는 마음도 마찬가지다. 쉬워 보여서 시작한 사업에 어려운 일이 닥치면 금방 포기해버리게 된다. 예상치 못한 어려움에 더 크게 상처받는다. 한 번의 실패로 '나는 사업할 사람이 아니야.'라는 낙인을 스스로 찍어버리기도 한다. 나는 주변에서 첫 개국을 실패한 뒤 다시 개국하지 못하는 약사님들도 많이 보았다. 쉬워 보였던 약국이 이제는 너무 어려워 보인다고 말한다.

사업은 수익을 창출해야 진짜 시작이다

"약사님은 이제 약국 개업은 누워서 떡 먹기겠어요!"

내게 이렇게 말하는 분들도 있다. 우스갯소리지만 누워서 떡을 먹으면 체할 수 있다. 건물주에게 쫓겨나보고 사기사건으로 경찰서, 검찰, 법원 출입도 해본 나는 이미 크게 체해본 경험이 있는 셈이다. 지금의 나는 절대로 누워서 떡을 먹지 않는다. 약국 개국을 할 때마다 진지하고 경건하게 체할 떡인지 아닌지 분석하고 조사한다. 오히려 너무 쉽게 개국을 결정할까봐 더 오래 더 꼼꼼히 생각한다. 내가 감당할 수 있는 리스크의 한계를 넘으면 자리가 아무리 좋아도 과감히 포기한다. 포기하면 쉽다. 포기하기까지가 어렵지.

그럼에도 불구하고 그곳에 약국을 개국할 것인지 말 것인지에 대한 나의 개국 결정은 상당히 빠르게 진행된다. 무엇을 포기할지 무엇을 지킬지에 대한 기준이 분명하기 때문이다. 기준이 분명하다면 면밀히 조사해야 하는 범위도 좁아진다. 열 번에 가까운 약국 개폐업 과정과 컨설팅을 통해서, 피카소의 60년처럼 나에게도 내공이 생겼기 때문이다.

약국을 개국하는 일도 그렇지만 사업을 경영하는 것도 마찬가지다. 길거리에 나가보면 넘치는 것이 매장이다. 번화가에도 상가가 넘치고 아파트 단지 구석구석에도 상가가 없는 곳이 없다. 자영업자들이 넘쳐난다. 매장 자리를 정하고 컨셉을 정한 후 인테리어를 끝내면 이제 사업의 1부가 겨우 끝난 것이다. 사업을 경영하면서 수익을 창출하는 것이 진짜 시작이다.

피 튀기는 생존 경쟁의 판에 뛰어든 것이기도 하고 나의 잠재력을 끌어내서 진정한 부를 향해 출발하는 것일 수도 있다. 생존의 판으로 만들지, 부의 추월차선을 달려갈 자동차로 만들지는 오로지 사장의 몫이다.

약국도 그렇다. 컨설팅을 할 때마다 강조하는 말이다. 개국은 끝이 아니라 시작이다. 안전하게 착륙했다면 터를 잡고 커져야 한다. 키우고 보태서 이루어나가고 동시에 나갈 길도 만들어둬야 한다. 나의 강점과 약점을 파악하고 어떤 것을 선택하고 집중해야 하는지 고민해야 한다.

무엇보다 자기계발의 시간에 가장 공을 들여라!

무엇보다도 배움을 통한 자기계발의 시간에 가장 공을 들여야 한다.

당장 지금 약국의 경영에만 포커스를 둘 것이 아니라 약사로서의 자신의 삶에 대한 계획도 장기적으로 생각해두는 것이 좋다. 평생 하나의 약국만 하리라는 보장은 없지 않은가. 시대의 트렌드가 지금 내 약국에는 먼 일 같아도 약사로서의 내 삶에는 언젠가 닥칠 일이다. 약국에 대한 투자와 나에 대한 투자는 같은 듯 다른 관점으로 봐야 한다.

세상에 쉬운 사업은 없다. 아무리 쉬워 보여도 세상에 사업이 쉬운 사람은 없다. 세상 쉬워 보이는 노점상의 점포 하나도 자세히 들여다보면 오랜 기간의 노력과 고민이 처절하게 녹아 있다. 사업을 쉽고 어려운가의 관점으로 보면 실패할 확률만 높아진다. 사업은 강점과 약점을 최대한 면밀하게 파악하고 약점에 대한 대비책을 최대한 마련해야 한다. 그래야 비로소 사업의 성공 확률은 높아지고 실패의 확률은 낮아진다.

피가 되고 살이 되는
5분 경영 상담

16. 약국과 나의 강점을 극대화하라!

Q. "약국 관리에서 가장 중요한 시스템은 어떤 것이 있을까요? 물론 약국마다 상황은 다 다르겠지만요."

A. 정답이다! 약국마다 상황은 다 다르다.

내 약국의 강점과 약점 그리고 나의 강점과 약점은 또 다르다. 접점을 찾아 강점을 극대화해야 한다.

규모가 어느 정도 있는 약국이라면 인적자원의 효율적인 관리가 중요하다. 약국 내 매뉴얼을 갖춰서 고객이 언제나 한결같은 서비스를 받고 있다고 느낄 수 있는 시스템을 구축해야 한다. 반면에 규모는 크지 않고 약국의 매출이 약국장의 역량에 크게 좌우된다면 단골 관리에 힘을 쏟아 객단가를 높이는 전략이 좋다.

03 사장이 아닌 고객의 눈으로 보라

중요한 것은 무엇what이 아니라 어떻게how이다.
계획보다 실천방법을 모색하는 것이 중요하다.
– 사카모토 게이치(일본의 마케팅 컨설턴트)

약사님! 장사는 그렇게 하는 게 아닙니다!

어린 나이에 시작한 나의 첫 약국이 망해가던 시절, 나는 정말 지푸라기라도 잡고 싶은 심정이었다. 절박했다. 절박했던 시간들이 있었기 때문에 힘든 일이 지나갈 때마다 나는 약국 경영에 대한 많은 것을 몸으로 배울 수 있었다. 그리고 그 후 약국이 거의 처음인 신입약사들을 교육하면서 더 많은 것들을 고민하고 경험할 수 있었다.

처음 상담교육을 시키면 신입약사들은 내가 지켜보고 있는 것을 의식하면서 더욱 성심껏 상담했다. 더 많이 웃고 더 많이 친절했으며 더 크게 인사했다. 열정은 넘쳤지만 스킬은 부족했다. 나는 그중 어떤 약사님의 상담을 지켜보다가 조용히 뒤로 다가가서 이렇게 말했다.

"약사님, 장사는 그렇게 하는 게 아닙니다!"

순간, 그 약사님은 얼굴을 화끈거리며 부끄러워했다. 그리고는 곧 얼굴을 굳히고는 동의할 수 없다는 표정으로 나를 쳐다보았다. 처음 신입약사를 교육하는 것이 아니었던 나에게 그 표정은 꽤나 익숙한 표정이었다. 나는 다시 물었다.

"왜요? 제 말이 좀 불편하세요?"

잠깐의 시간이 지난 뒤, 그 신입약사님은 얼굴을 살짝 붉히면서 반문했다.

"저는 장사꾼이 아닌데요. 저는 사람들의 건강에 도움을 주는 약사에요. 돈부터 생각하면 어떻게 좋은 약사가 될 수 있겠어요?"

그리고는 바로 이어서 이렇게 말했다.

"제가 상담하는 방법에 문제가 있나 싶은 마음도 들긴 합니다. 하지만 약국 업무를 대놓고 장사라고 말하는 것도 좀 불편하네요. 제가 약국에 온 가장 큰 이유는 약국이 사람들의 건강에 도움이 될 수 있는 곳이라고 생각했기 때문이거든요."

그의 대답을 들으면서 나는 나의 초보약사 시절이 생각났다. 석사학위를 마치고 약국으로 앞길을 정했을 때 학교 내의 시선은 그리 좋지 않았다. 약학대학의 대부분의 교수진은 해외 유학파였고 연구 중심이었다. 연구하는 약사를 가장 최선의 길로 여기는 학교 문화에서 약국은 그저 돈벌이 수단 정도로 여겨졌다.

학교가 그런 분위기였으니 약국 경영에 전문적인 지식이 있거나 그것을 가르쳐줄 수 있는 사람을 주변에서 찾을 수 없었던 것이 어찌 보면 당연했다. 말할 것도 없이 약사가 아닌 주변 사람들도 대부분 약국은 쉽게 돈을 버는 길이라고 여겼다.

진짜 장사꾼은 물건을 팔지 않고 사람의 마음을 산다

하지만 스물아홉의 나이에 남들이 무모하다고 했던 모험을 강행했던 나에게, 약국은 그저 돈벌이의 수단만은 아니었다. 그래서 나도 처음에 장사라는 말을 들으면 내 약국의 자존심을 건드린 것처럼 다소 격하게 반응했었다. 나는 나의 초보 시절을 떠올리면서 웃으면서 신입약사에게 말했다. "왜요? 장사라는 말이 싫어요?" 그 질문에 그는 아무 말도 하지 못했다. 본질적으로 보면 약국이라는 곳은 제품을 팔아서 이문을 남기는 소매업이다. 기본은 장사임이 틀림없다.

얼굴이 굳어서 대답하지 않는 그에게 나는 다시 웃으면서 말했다.

"그건 약사님이 장사가 뭔지 잘 몰라서 그러는 겁니다. 진짜 장사꾼은 물건을 파는 것이 아니라 사람의 마음을 사는 겁니다. 약사님이 물건에 초점을 맞추시면 부끄러운 장사치가 되는 거고, 사람에 초점을 맞추면 진짜 멋진 장사꾼이 되는 겁니다. 그런데 약사님은 지금 계속 제품에만 초점을 맞추고 상담하고 계시잖아요. 제품을 보기 전에 사람을 먼저 봐야 합니다."

신입약사는 그제야 이해할 듯 말 듯 한 눈으로 나를 쳐다보았다. 나는 초롱초롱 빛나지만 순진한 신입약사의 눈을 똑바로 쳐다보면서 이렇게 말했다.

"약사가 약에 대해 잘 알고 있는 것은 기본 중에 기본입니다. 하지만 그 다음으로 더 중요한 것은 약국에 오는 사람의 마음과 특징에 대해 잘 읽는 것이에요. 어느 한쪽에 치중해서는 제대로 된 약국 약사라고 할 수 없어요."

규칙을 배우는 건 규칙을 넘어서기 위해서다

살다 보면 수많은 고정관념들이 있다. 대부분 변화의 시작은 항상 이 고정관념을 깨는 것에서 시작한다. 고정관념이라고 하면 거창한 어떤 것이라고들 생각하는데 실상은 그렇지 않다. 지금 현재의 나도 바로 수많은 고정관념들의 합집합체이다. 굳이 헤겔의 변증법 같은 철학의 범주까지 가지 않더라도, 변화는 기존 생각의 틀을 한 번은 깨거나 뒤집어야만 가능하다는 게 당연한 세상의 이치이다.

티벳의 유명한 종교 지도자인 달라이 라마는 "규칙을 배우는 건 규칙을 넘어서기 위해서다."라고 말했다. 그렇다. 규칙을 배우는 것은 그 규칙을 유지하며 누릴 수 있는 '안정' 때문이다. 하지만 '발전'을 원한다면 기존의 규칙을 깨뜨리고 더 나은 규칙을 만들어내야 한다. 더 나은 상황을 만들어내는 데 적합한 규칙을 찾아내고 시도해보는 것이 바로 발전의 선결 조건이다. 내 경우에는 약국이 나의 고정관념을 깨는 데 가장 좋은 발전의 장이었다. 처음 내가 배웠던 약국에 대한 모든 규칙들은 나의 약국들을 경영하면서 모두 깨졌다. 예전의 규칙들은 새로운 현실과 만나면서 그 이상을 넘어서 새로운 규칙들로 다시 탄생했다.

먼저, 지금이라도 고정관념을 타파하기 위한 완전히 다른 발상의 전환을 시도해보자. 아주 작은 시도일수록 좋다. 해보기 쉬운 일이라면 아무리 작은 일이라도 좋다. 성공이나 실패 여부에 연연하지 않을수록 도전은 쉬워진다. 중요한 것은 일단 해보는 것이다. 자꾸만 다른 생각을 해보기 위해 시도하고, 실전에서 적용해보는 것도 일종의 습관이다. 자꾸 해볼수록 시도하기도 더 쉽다.

발상의 전환을 위한 노력만큼 중요한 것은 있는 그대로의 사물을 다른 각도에서 보려고 노력하는 것이다. 우리가 흔히 볼 수 있는 원기둥은 정면에서는 사각형이지만 위에서 내려다보면 동그라미 원의 모습이다. 3 차원에 사는 우리들이지만 한쪽 면만 드러난 2차원 모습에만 익숙한지도 모른다. 원기둥의 경우처럼 관점의 변화만으로도 완전히 다른 모습을 볼 수도 있다.

사장의 눈이 아닌 고객의 발이 되어서 살펴보면 답이 보인다

약국이라는 매장에 이 관점을 적용해보자. 항상 매장 내부에서 밖을 바라봤다면 이제는 매장의 모습을 밖에서의 시선으로 한 번 바라보자. 다른 각도에서 보도록 노력해보는 것이다. 어려울 것 없다. 외부에서 나의 고객이 될 사람의 관점으로 내 매장을 보는 습관을 들이자. 어느 문으로 들어와서 어디를 보고 어떤 방향으로 움직이게 될지 손님의 입장에서 생각해봐야 한다. 어디를 보고, 어떤 생각이 들게 될지 그리고 내 약국에 대해 어떤 인상을 갖게 될지를 생각해보는 것이다. 어느 곳이 가장 고객의 눈에 잘 띌 위치인지 그리고 어떤 부류의 사람들이 자주 오는지 자세히 들여다보자.

'사랑하면 보게 되고, 보다 보면 알게 되고, 알게 되면 하게 된다'고 했다. 아마도 누군가를 깊이 사랑하면 나도 모르게 계속 관찰하게 된다는 뜻일 것이다. 계속 보다 보면 그가 좋아하는 것이 무엇인지, 그가 싫어하는 것이 무엇인지 알게 될 것이다. 알게 되면 그가 원하는 것을 하게 될 것이고 싫어하는 것을 하지 않을 것이다. 나의 눈이 아니라 그의 눈으로 세상을 볼 때 그가 원하는 것을 해줄 수 있게 된다. 그리고 비로소 그의 마음을 얻을 수 있는 길이 열린다. 관점을 바꿔보자. 사장의 눈이 아닌 고객의 발이 되어서 내 약국을 살펴보면 답이 보인다.

지금 당장 고객에게 던지는 첫 질문을 바꿔보라!

어떤 매장을 방문해보면 정확히 무엇인지는 모르지만 "아! 저분 참 영업 잘하네!"라는 말이 절로 나오는 분들이 있다. 이런 사람에게는 어떤 물건을 구매해도 기분이 좋다. 기분 좋은 판매란 이런 것이다. 이런 분들은 손님에게 접근하는 질문 자체가 다르다. 그저 친절하기만 하거나 너무 사무적인 태도는 손님의 입을 다물게 한다.

남자와 여자가 처음 만나게 되는 소개팅에서도 질문이 얼마나 중요한지 알 수 있다. 소개팅에서의 첫 질문은 상대방의 호감도를 결정한다. 다른 것 같지만 사람과 사람이 만나게 되는 장사에서도 마찬가지다. 지금 첫 질문을 바꿔보자. 어떤 질문이 내 눈앞의 고객에게 호감을 줄 수 있는지 고민해보자.

기존의 고정관념을 깨고 새로운 일을 시도하는 것이 당연해지는 시대이다. 하나의 고정관념을 깰 때 새로운 생각의 전환은 다가온다. 시대의 변화에 가장 민감하게 반응해야 하는 것이 바로 장사이다. 사람의 마음이 어디로 움직이는지 무엇을 원하는 시대인지가 파악이 되어야 무엇을 팔 수 있을지 알 수 있다. 장사는 그렇게 하는 것이다.

17. 최고의 매출을 위한 최적의 디스플레이를 하라

Q. "약사님, 제품 디스플레이에 특별한 비법 같은 게 있나요? 아무래도 제품 진열은 깔끔하고 예쁜 것이 제일 기본이겠죠? 보기 좋은 떡이 먹기도 좋으니까요."

A. 나만의 비법 같은 것이 있기는 하다. 하지만 약국마다 그 비법은 달라야 한다. 내 경험에 따르면 모든 약국에 먹히는 비법 같은 것은 없다. 그렇지만 내 경우에는 이런 것을 '원칙'으로 한다. 주 고객층에게 적합한 제품들을 궁금증을 일으킬 수 있는 POP와 함께 약사 상담대와 '가까운 곳'에 진열한다.

틈틈이 복약지도도 해야 하는 약사의 움직임을 최소화하면서 설명할 수 있는 곳을 주요 상담 디스플레이존으로 선정한다. 고객을 기다리게 해서는 안 된다. 제품은 가능한 쉽게 고객이 집어 들 수 있도록 배치한다. 고객이 일단 집어 들었다면 관심이 생겼다는 의미이다. 놓치지 말고 질문하라. 상품을 진열하는 방법에도 전략이 있다. 약사와 고객의 움직임을 생각해서 '최고의 매출'을 만들 수 있는 '최적의 디스플레이'를 만들어내라.

04 눈앞의 이익에 휘둘리지 마라

씨를 뿌리지 않으면 수확도 할 수 없다.
– 야마모토 후지미쓰(일본의 경영컨설턴트)

같은 일이라도 하는 사람에 따라 천지 차이다

나그네가 지나가다가 돌을 깎고 있는 석공을 만났다. 열심히 돌을 깎는 모습이 보기 좋아서 그 석공에게 이렇게 물어보았다.

"석공님, 지금 뭐하고 있습니까?"

석공은 흘낏 쳐다보더니 퉁명스럽게 "눈 없소? 보면 모르오?" 하고 대답했다. '돌 깎고 있지 않소.'라는 말을 숨기면서 마치 화를 내고 있는 것 같았다. 머쓱해진 나그네는 그냥 가던 길을 계속 갔다.

다시 길을 가던 나그네는 돌을 깎고 있는 또 다른 석공을 만났다. 나그네는 다시 석공에게 물어보았다.

"석공님, 지금 뭐 하는 중입니까?"

"돈을 벌고 있잖소. 가족을 먹여야 하고, 좋은 집도 사려면 돈을 더 많이 모아야 하기 때문이오."

두 번째 석공은 돌망치로 돌을 치면서 아무 감정 없이 사무적으로 대꾸했다. 석공의 대답은 본인의 머릿속에, 뼛속 깊이 새겨져 있는 어떤 문구를 그저 되풀이하고 있는 느낌이었다.

나그네는 또다시 길을 떠났다. 얼마 지나지 않아 나그네는 또 열심히 돌을 깎고 있는 석공 한 명을 다시 만날 수 있었다.

"석공님 지금 뭐하고 있습니까?" 하고 세 번째 석공에게 물었다. 그러자 세 번째 석공은 더할 나위 없이 행복한 미소를 얼굴에 가득 띠면서 이렇게 말했다.

"나는 수많은 사람들이 영혼의 안식을 찾을 수 있는 훌륭한 성당을 지을 돌을 다듬고 있소."

나그네는 그제야 3명의 석공이 무엇을 하고 있는지 알 수 있었다. 그리고 3명의 석공은 모두 같은 일을 하고 있지만, 결코 같지 않은 삶을 살아갈 것이라는 것을 알게 되었다.

이 일화는 자신이 하고 있는 일이 무엇인지에 대한 큰 그림을 알고 있느냐가 사람의 하루하루를 완전히 다르게 만든다는 말을 하고 있다. 첫 번째 석공은 일상의 무게에 찌들어 있다. 그래서 불평이 담긴 태도가 삶에 배어버렸다. 그는 특별한 삶의 목표가 없고 삶이라는 무게를 그저 하루하루 견디고 있다.

두 번째 석공은 그보다는 조금 낫다. 그는 좋은 집을 가지고자 하는 욕구도 있고 돈도 벌 것이다. 그러나 그는 부지런하지만 남이 시키는 일을 할 뿐, 궁극적으로는 자신의 일이 타인에게 어떤 행복과 기쁨을 줄 수 있는지는 알지 못한다.

반면에 세 번째 석공은 자신의 일의 의미를 분명히 알고 있다. 자신이 지금 하고 있는 일이 다른 사람의 삶에 어떤 영향을 줄지 분명히 알고 있다. 그는 그 일을 통해 가족을 부양하고 본인 역시 행복과 보람을 느끼며 하루하루를 행복하게 보내게 될 것이다. 큰 그림을 알고 자신의 일이 구체적으로 어떤 일인지를 아는 것은 이렇게 중요하다.

필요한 손실은 초연히 대응해야 언젠가 이익이 다가온다

사업을 할 때, 정도에 기반한 명확하고 큰 비전이 없으면 많은 유혹에 시달리게 된다. 눈앞의 소소한 이익을 위해서 대의를 포기하고 싶어지는 순간순간들이 훅하고 다가오는 것은 사업의 세계에서는 정말 흔한 일이다. 조금이나마 손해를 보면 큰 손실이 나는 것처럼 예민하게 반응하는 일도 비일비재하다. 눈앞에 보이는 손실은 커 보이고 나중에 돌아올 이익은 작아 보인다.

지금 눈앞에 펼쳐질 작은 손실과 몇 개월 뒤 풍성한 수확물로 돌아올 매출의 결과가 머릿속에서 자연스럽게 비교될 수 있어야 사업가다운 판단을 내릴 수 있게 된다. 필요한 손실에 초연하고 돌아올 이익을 여유 있게 기다릴 수 있어야 한다. 그래야 비로소 어떤 것에 휘둘려야 하는지, 혹은 휘둘려서는 안 되는지를 제대로 파악할 수 있게 된다.

약국을 경영하다 보면 전문판매원을 고용해서 수익구조를 좋게 하라는 유혹이 쏟아진다. 혹은 흔히 난매라고 불리는 제 살 깎기 수준의 가격할인으로 손님을 유인하는 불법적인 방법들을 해보라는 조언 아닌 조언이 끊임없이 쏟아진다. 얼핏 들으면 다 맞는 말이다. 당장 그것만으로도 약국의 수익구조는 훨씬 좋아질 것 같다. 그렇다. 몇 개월은 분명히 그럴 것이라는 것을 나도 잘 알고 있다.

그러나 진짜 사업은 상대방을 현혹시킬 수 있는 스킬에만 집중해서는 오래갈 수 없다. 상대방을 현혹하는 스킬에 집중하는 사업은 장기적으로 볼 때에 반드시 문제가 생긴다. 또 파격적인 제 살 깎아 먹기식 가격 할인은 고객을 서비스에 반응하지 않고 가격에만 반응하게 만든다. 가격에만 초점이 맞춰지면 고객과의 장기적인 소통을 통한 단골 만들기의 수확은 오히려 낮아질 수 있다.

작은 감사는 친절한 마음의 씨앗을 무럭무럭 자라게 한다

때론 사업에 있어서의 가치들이 서로 충돌하기도 한다. 어떤 때에는 삶의 원칙과 마구 부딪히는 경우들도 있다. 그렇기 때문에 사업에 있어서 어떤 가치에 우선순위를 둘 것인지와 삶에 있어서 어떤 가치를 우선순위에 둘 것인지는 잘 생각해서 미리 정해두는 편이 좋다.

또 하나 내가 집중했던 것은 나눔이라는 가치였다. 나는 근처 지역구의 성당에 일정 기간마다 기부를 했다. 지역구민 덕분에 먹고살 수 있다는 감사함을 지역구민에게 다시 전하기 위한 나눔이었다. 기부하는 순간마다 감사하는 마음이 밀려왔다.

내가 약국을 경영했던 지역은 유독 사회의 도움이 많이 필요했던 사람들이 많았던 동네였다. 나는 우리 약국의 히트 마케팅이 되었던 가족비타민을 지역 보건소를 통해서 필요한 사람들에게 전달했다. 그때만 해도 대형약국은 난매나 전문판매원에 대한 민원으로 늘 문제가 되던 골치 아픈 대상이었다. 그런데 내가 기부를 하고 싶다는 의사로 보건소를 찾아가자 담당하시는 직원은 오히려 더 의아해하면서 적극적으로 길을 찾아주었다.

어떻게 보면 쓸데없는 일로 보일 수 있다. 비타민 기부를 할 때면 꼭 익명으로 전달해달라고 부탁했기 때문에 약을 전달받는 사람도 우리 약국에서 보내는 물품인지는 확인할 길이 없었다. 그러나 작은 기부과정을 통해 우리 약국의 직원 모두는 지역 주민들에게 늘 감사하는 마음을 품을 수 있었다. 덕분에 약국에 방문하는 손님들에게 좀 더 친절한 마음을 가지고 서비스를 제공하려고 더욱 노력하려는 계기가 되기도 했다.

사실 잠깐의 손익을 따져보면 바보 같은 짓을 했다고 말하는 사람들의 말도 틀리지 않다. 하지만 내가 약국을 경영했던 마음은 손님에게 '한 푼이라도 더 남겨야겠다.'는 마음만은 아니었다. 언제나 건강과 보람이 함께할 수 있어야 한다는 마음으로 손님들을 대했다.

모든 고객을 나의 가족처럼 생각하고 상담하라

내가 직원들에게 가장 많이 했던 말 중에 하나가 "저기 지금 들어오시는 분들을 너의 어머님 아버님으로 생각하고 상담해라."라는 조언이었다. 가족을 대하는 마음 그대로 상담하고 가족에게 먹이는 그 마음 그대로 제품을 추천하고 권해야 한다는 것이 나의 약국 철학이다. 누군가는 개똥철학이라고 할 수도 있고, 누군가는 뻔한 말이라고 할 수도 있다. 하지만, 그 기본적인 철학이 아직도 나에게는 가장 중요한 약국에 대한 철학이다.

 사실 모든 고객을 나의 가족처럼 생각하고 상담하라는 말은 생각처럼 쉽게 실천할 수 있는 말이 아니다. 하루에도 100명이 넘는 고객을 만나면서 그 한 명 한 명의 고객을 나의 엄마나 아빠라고 혹은 아들이라고 생각하면서 진심을 전하는 것은 정말 많은 에너지가 소모되는 일이다. 하지만 진짜 좋은 사장이라면, 준비된 사업가라면 눈앞의 이익에 휘둘릴 것이 아니라 눈앞의 고객의 행복에 초집중해야 한다.

18. 이익을 추구하되, 원칙은 반드시 지켜라!

Q. "사업을 하다 보면 가끔 정직하지 못한 행동을 해야만 할 것 같은 때가 있어요. 대놓고 그러기는 싫지만, 성공하거나 수익을 늘리려면 그 요구에 따라야 할 것 같은 생각이 들어요. 어떻게 하는 것이 좋을까요?"

A. 나는 이익을 추구하되, 내 삶의 핵심적인 가치관과 타협해야 하는 일이라면 이걸 먼저 생각해본다.

'내가 가치관을 포기하면서까지 중시하는 이익은 어떤 종류의 것일까? 그리고 그 이익과 가치관이 바뀌었다고 생각했을 때 기분은 어떨까? 그리고 그 타협으로 내 인생이 어떻게 바뀔까?'

나 자신과 문제에 대해 솔직한 답변을 찾아내고 스스로 원하는 삶의 방향에 맞게 선택하면 된다.

05 본질에 충실한 투자가 수익이 된다

소심하게 굴기엔 인생은 너무나 짧다.
- 데일 카네기(미국의 작가, 인간관계 전문가, 성공컨설턴트)

가장 큰 약점이 가장 큰 강점으로 바뀌다니!

사업을 할 때 새로운 직원을 뽑아야 한다면 보통은 경력 직원을 선호한다. 기존의 매출을 유지하면서 큰 무리 없이 사업을 굴리기 위해서는 당연한 선택이다. 하지만 그 일에 대한 철학이 이미 정해져 있는 경력직원과 함께 나의 사업 비전을 공유하기는 생각보다 쉽지 않다. 서로 생각하는 사업의 방향이 같다면 문제가 없다. 오히려 좋을 것이다. 게다가 처음에는 서로 생각하는 사업의 방향이 다르더라도 매출에 크게 영향을 주지는 않는다. 그 일을 하면서 익혀온 자신만의 기술이 있기 때문이다. 하지만 사업에 대한 철학이 크게 다른 경우에는 당장의 매출에는 큰 변화가 없어도 서로를 탐색하는 시간이 끝나면 안에서부터 삐걱거릴 수 있다. 단 한 명의 같은 손님에 대해서도 생각하는 것이 완전히 다를 수 있다. 가고자 하는 곳이 서로 다르기 때문이다.

우리 약국에서는 항상 초보약사를 영입해서 철저히 교육했다. 교육의 범위는 다양했다. 약국이 하는 일은 범위가 넓고 모든 범위에 항상 전문적인 지식을 요구한다. 하지만 언제나 첫 번째를 차지하는 교육 카테고리는 좋은 약사로서 가져야 할 마인드와 고객에 대해 가져야 할 마음에 대한 것이었다. 우리가 추구하는 약국에 대한 생각과 약국 약사로서 우리가 가져야 할 사명이 무엇인지에 대해 충분히 공유했다. 초보약사들이었지만 자신들이 가게 될 곳이 어떤 곳인지, 그리고 무엇을 위해 가고 있는지 알고 나면 나머지는 오히려 쉬웠다.

두 번째는 약에 대한 모든 학술적 지식을 습득하게 하는 것이었다. 지식을 위한 툴은 모두 준비되어 있었다. 처방의약품과 일반의약품에 대한 두꺼운 책들은 물론이고, 다양한 체인 약국들의 자료들도 많았다. 필요한 경우에는 약품의 성분이나 임상실험에 대한 논문들도 모두 구비되어 있었다.

신입약사를 처음부터 교육시켜서 실전에 투입시키는 것에 대해 주변에서는 상당히 많은 우려가 있었다. 거래처의 입장에서는 거래하는 약국의 매출이 늘어야 본인들에게도 좋기 때문에 약국의 경영방침에 자연히 관심이 많을 수밖에 없다. 약국장도 나이가 어린데 직원들까지 너무 어려 보이면 매출에 좋지 않은 영향을 줄 수 있다고 걱정했다. 또 대형약국을 유지하려면 인건비 부담이 적지 않은데, 전문 판매원을 따로 두어야 한다며 말리는 사람들이 대부분이었다. 저렇게 해서 약국이 유지될까 걱정하면서 거래를 정리해야 하는 것은 아닌지 은근히 서로 의견을 나누는 거래처들도 있었다.

나 역시 신입약사들이 몇 개월의 교육으로 기존의 매출을 유지할 수 있을지 속으로는 걱정이 되었다. 하지만 무엇보다도 좋은 약사들이 되고 싶다는 열망이 가득한 초보약사의 순수한 열정을 함께 키워가고 싶었다. 부딪히고 깨져가면서 배워온 나의 노하우의 정수를 알려주고 다듬어가다 보면 훌륭한 경쟁력을 가진 약사가 될 것으로 믿었다.

이렇게 약국에 영입된 약사들은 초보약사들이었지만 기본적으로 이해가 빨랐다. 어떤 성분이나 효능에 대해 이야기를 해도 쉽게 이해했다. 경영이나 고객 감동에 대한 마인드를 말할 때는 낯설어했지만 열정과 믿음으로 따라와줬다. 쑥스럽고 힘든 시도들도 주변 동료들의 격려와 화이팅으로 끝까지 해냈다. 손님을 대하면서 학술적 지식을 효과적으로 전하는 방법들도 스스로 터득해나갔다. 어리고 순수하기만 했던 초보약사들은 3개월간의 교육 프로그램이 끝나면 웬만한 경력 직원보다 더 훌륭해져 있었다. 약사들 스스로도 성취감을 느꼈지만 나 역시 큰 보람을 느끼곤 했다.

걱정이 태산이었던 거래처 담당자들도 어느 순간부터는 "그 약사님 참 잘하시던데요! 진짜 올해 졸업하신 분이 맞아요? 좋으시겠어요." 하면서 부러워하고 칭찬하기 시작했다. 그럴 때마다 나는 "거 봐, 역시 하면 된다니까!" 하면서 어깨에 힘을 주곤 했다. 그렇게 함께 시작한 약사들은 언제나 항상 나의 자랑거리였다. 약점이라 생각했던 부분은 가장 큰 강점으로 바뀌었다.

영혼 없이 쏟아지는 타인의 말에 상처받지 말라!

부정적으로 생각하는 사람에게 인생은 언제나 위험하다. 무엇을 봐도 위험한 것을 먼저 보고 안 될 일부터 걱정한다. 그러나 긍정적으로 생각하는 사람에게 인생은 언제나 기회다. 그러니 부정적인 생각은 거두고 언제나 될 일을 먼저 생각하는 것이 좋다. 모두가 걱정하던 일이 순조롭게 풀린 경우는 그 외에도 많았다. 유동인구가 많은 상권에서 약국을 이전할 일이 생겼던 경우에도 그랬다. 기존의 약국에서 손해를 입게 되었기에 옮겨가는 약국에는 최대한 초기 투자비용을 줄여야만 하는 상황이었다. 옮겨가는 자리는 약국이 아니어서 약국 인테리어를 완전히 새롭게 해야 했다. 하지만 더 이상 돈을 들일 수는 없었다.

결국 우리는 직접 인테리어를 하기로 했다. 하지만 인테리어를 직접 하려고 한다니까 주변에서는 말이 많았다. 그랬다가 하자가 생기면 어떻게 해결하려고 하느냐. 괜히 돈 좀 아끼려다가 고생만 한다. 해보지도 않은 걸 잘할 수 있겠느냐 등등.

무슨 일을 새롭게 해보려고 하면 사방에서 우려의 목소리들이 들려온다. 앵무새처럼 들려오는 우려의 목소리들에 의연해지는 일은 결코 쉽지 않다. 어떤 목소리는 나의 자신감을 건드리고 어떤 목소리는 내가 해결할 수 없는 문제들이 일어나면 어쩔 거냐고 계속 걱정한다. 어떤 목소리들은 네가 그런 것을 할 수 있겠냐며 걱정의 탈을 쓴 '자존감 디스'도 서슴지 않는다. 안 그래도 걱정이 되어 꼭꼭 숨겨 놓은 두려운 마음의 불씨에 휘발유를 콸콸 퍼붓는 느낌이다. 그런 목소리들 속에서 흔들림 없이 "나는 할 수 있다!"라고 외치는 것은 사실 너무 힘겨운 일이다.

하지만 앵무새들의 걱정에는 영혼이 없다. 그들은 진심을 담아 나의 상황을 함께 고민하고 걱정하지 않는다. 그저 남에게 전해 들은 말을 영혼 없이 옮기는 것일 뿐이다. 영혼 없는 말들에 일일이 상처받지 말자. 나의 직감이 부르고 영혼이 인도하는 일이 있다면 일단 해봐야 한다.

나는 이미 5~6차례 약국을 개업한 경험이 있었기 때문에 약국의 인테리어에서 무엇에 중점을 둬야 하는지 이미 잘 알고 있었다. 첫 번째 약국에서는 예쁘고 깔끔한 이미지에 중점을 두고 인테리어를 진행했다. 고객과 약사의 움직임을 매출의 관점에서 보지 않고 단순히 보기 좋은 모양만 생각했다. 조제실의 위치를 옮기고 깨끗한 디자인으로 새로 만들었다. 하지만 돌이켜 생각해보면 옮긴 구조는 매출에 대한 고려는 전혀 하지 못한 셈이다.

또 간판이 매장의 얼굴이라는 생각으로 간판의 디자인을 중요하게 생각했다. '윤디자인'에서 폰트까지 구매해서 얇고 예쁜 글씨체로 우리 약국의 글씨와 로고를 새겨 넣었다. 마음을 편하게 해준다는 녹색 바탕에 하얀 글씨체로 깔끔하고 예쁜 간판 디자인이 탄생했다. 커다랗고 예쁜 간판이 약국 위로 올라가는 순간에는 참 뿌듯했다.

하지만 예쁘기만 했던 간판 디자인은 멀리서는 약국 이름이 잘 보이지 않았다. 이전의 하얀 바탕에 커다란 빨간 글씨의 간판에 익숙했던 사람들은 간판의 글씨가 보이지 않는다며 투덜대기 시작했다. 멀리서 보면 그 가느다랗고 예쁜 글씨가 거의 보이지 않았던 것이다. 우리의 새 간판은 디자인에 치중한 나머지 간판 본연의 목적을 잃었던 것이다. 결국 나는 2배의 돈을 들이며 간판을 다시 제작해야만 했다.

투자는 수익으로 돌아올 때만 의미가 있다

사업을 하면서 뭔가에 투자해야 한다면 그 효율에 대해 반드시 고려해야 한다. 이 투자로 수익이 얼마나 증가할 수 있는지, 그리고 사업을 정리할 때 회수가 가능한 부분인지 생각해야 한다. 단순히 돈뿐 아니라 시간도 마찬가지이다. 시간과 돈을 들인 무언가가 있다면 수익으로 돌아올 수 있어야 한다. 투자는 수익으로 돌아올 때만 의미가 있다.

나는 첫 번째 약국을 '꿈의 약국'으로 꾸미고 만드느라 이미 4천만 원 가까이 손해를 본 경험이 있다. 약국 인테리어에 대한 공부는 그때 충분한 대가를 치렀다. 새로 옮겨가는 약국에는 이 경험이 나에게 큰 도움을 주었다. 나는 기존의 장을 부분적으로 옮겨오기로 했고 새롭게 필요한 부분은 일일이 도면으로 그려서 주문했다. 이전의 약국 비품을 최대한 활용하기 위해 천장의 등까지도 일일이 빼왔다. 전기기술자와도 직접 거래하고 의논하면서 전기 시공을 했고 간판도 재질과 색상까지 정해서 자세히 주문했다. 가장 중요한 약국의 모든 내부 배열은 매출에 영향을 줄 수 있도록 긴밀하게 고려되었다.

다행히 새로 이전할 약국까지는 20m도 안 되는 거리였다. 그 모든 인테리어를 끝내는 데에 대략 500만 원이 채 안 되는 비용이 들었다. 약국 평수가 넓지 않았음을 감안해도 놀라운 금액이었다. 이전한 새 약국은 밝고 화사했다. 필요한 것은 모두 있었고 공간 배치도 적절했다. 모두가 우려한 새로운 시도를 딛고 성공적으로 오픈한 약국을 나서면서 나는 또 한 번 생각했다.

'거봐, 하면 된다니까.'

19. 안 된다는 생각보다 된다는 생각을 하라

Q. "안 될 거야. 되겠어? 그게 그렇게 쉬우면 다른 사람들이 왜 안 했겠어?"

A. 다른 사람들이 왜 안 했을까? 그건 중요하지 않다. 중요한 건 바로 '내'가 안 하는 것이다. 무엇을 안 할지는 오직 당신만이 결정할 수 있다. 반대로 무엇을 할지도 당신만이 선택할 수 있다.

어떤 시도는 다소 힘들고 또 어떤 시도는 반대에 부딪힐 수 있다.

항상 그랬다! 안 될 것만 같던 시도들도 일단 시작하면 마법의 계단처럼 다음 계단이 만들어지곤 한다. 겨울왕국에서 걸음을 내딛는 엘사의 앞으로 저절로 새로운 계단이 만들어지는 것처럼.

오늘 마법의 주문을 스스로에게 외워보자!

있지도 않은 이익에 대한 손해를 걱정하는 것은 그만두고, 있을 수 있는 오늘의 이익을 위해 할 수 있는 것을 해보자.

06 영업자든 고객이든 사람이 자원이다

인연이란 어디서 와서 어디로 갈지 모른다. 만나는 모든 고객을 소중히 여겨라.
스쳐 지나가는 한 번의 만남도 큰 성공을 가져다줄 수 있다.
– 스즈키 야스토모(일본의 보험세일즈맨)

사람과의 소중한 인연은 하늘이 선사하는 우연이다

사업을 하다 보면 많은 사람을 만나게 된다. 고객이나 거래처뿐만이
아니다. 다양한 인연의 줄이 생기고 이어진다. 어떤 인연은 생각지도 못
했는데 길고 길게 이어진다. 반면에 영원할 것 같았던 어떤 인연이 한순
간 끊어지기도 한다.

이런 일이 비단 사업에서만 일어나는 것은 아니다. 사람의 삶이라는
것이 그렇다. 전혀 상관없을 것 같은 분야에서 어떤 사람의 도움을 받기
도 하고 반대로 도움을 주기도 한다. 많은 것들이 우연히 우리에게 다가

온다. 그중에서도 특히 사람과의 인연은 하늘이 보내주는 우연이다.

나는 여러 곳에서 여러 개의 약국을 하면서 알게 된 많은 인연들이 있다. 이후에도 컨설팅이나 세미나 혹은 강연에서 알게 된 인연들도 적지 않다. 지금도 어딘가에서 약국을 개국하면 그때 만났던 사람들 중 한두 사람은 꼭 다시 만나게 된다. 옛날에 거래했던 추억을 꺼내들면 서로 할 말도 많고 반가운 마음이 그지없다. 그렇게 거래처 중 우연히 다시 만난 인연들은 약국 경영을 할 때 주 거래처가 된다. 서로의 경영 스타일을 이미 잘 알고 서로 최대한 맞추기 때문이다. 세월이 흘러도 한 번 필연이 되었던 인연은 다시 또 그렇게 된다.

처음 만난 우연의 순간에는 그 만남이 어떻게 이어질지 알지 못하는 일이 태반이다. '저렇게 영업해서 저 일을 계속할 수 있을까? 얼마 안 가서 못 할 텐데…. 착해 보이는데 그만큼이라도 도와줘야겠다.' 하는 마음으로 시작했던 A와의 인연도 있었다. 한편으로는 '이 사람은 영업을 잘하네. 서로 좋은 거래가 될 수 있겠다.' 싶었던 B도 있었다.

첫 거래를 시작하고 2년쯤 지났을 때였다. B가 금전사고를 내고 형사 재판을 받게 되었다는 말을 B의 상사에게 전해 들었다. 인상도 좋고 서글서글해서 적지 않은 금액을 거래하던 나는 깜짝 놀랐다. B는 나중에 반품 받는 조건으로 약국이 많은 물량을 구매하도록 유도해서 실적을 만들었다고 한다. 당연히 회사에서는 촉망받는 영업사원이었다.

하지만 반품을 받아야 할 시기가 오자 약은 반품을 받고 장부정리를 미뤘다. 그리고 반품 받은 약은 다른 곳에 세금계산서 없이 낮은 가격으로 팔아서 현금을 챙겼다고 한다. 많은 거래처에서 반품 처리가 너무 늦어지면서 회사에 항의하게 되고, 곪은 상처가 하나씩 터지듯이 일이 터졌다고 한다. 30대 초반의 젊은 사람이 어떤 이유로 그랬는지는 모르겠지만, 잘못된 영업마인드가 인생을 망친 셈이다. 길고 아름다울 거라 생각했던 인연이 한순간에 끝이 나버렸다.

다행히 나는 반품 거래가 거의 없었기 때문에 피해가 없었다. 약사들의 교육 끝에 B의 이야기를 하면서 약사들에게 거래처와 거래할 때 주의할 점에 대해 상세히 말해주었다. 문득 교육 끝에 A의 생각이 나서 물어보았다. "그 분, 아직도 영업하시나?" 여러 약국을 경영했던 나는 한 약국에 머물러 있지 않았다. 그래서 정기적으로 방문하는 영업 담당자들도 결제하는 날이 아니면 나를 만나기는 쉽지 않았다. 그래서 나도 딱히 A를 만날 일이 없어서 안부가 궁금했다.

"국장님, A씨가 이번에 사업을 키워서 직원이랑 같이 왔어요. 직원을 인사시키길래 이제 저희 약국 담당 안 하시냐고 했더니, 아니라고 오룡약국은 자기가 직접 해야 한다고 하시던데요. 처음에 많이 도와주셔서 일어설 수 있었다고 감사드린다고 말씀하고 가셨어요. 항상 성실하셨는데 제가 다 기분이 좋더라구요."

A와 자주 만났던 김 약사가 이렇게 말했다. 짧을 거라고 생각했던 인연은 이후에도 계속 이어졌다. 누구든 성실함과 책임감이 온몸으로 묻어나는 사람에게는 감동 받지 않을 재간은 없다.

사람은 말이나 외모가 아니라 삶의 태도로 판단해야 한다

나에게는 약국을 통해서 그 밖에도 많은 사람들의 삶을 들여다볼 수 있었다. 특히나 거래처 담당자들은 1시간 정도만 얘기를 나눠보면 영업 스타일이 보이고 사람됨도 어느 정도 보인다. 어떤 때는 거래처 직원이 걸어 들어오는 모습만 봐도 다음 달쯤 회사를 그만둘 사람인지 파악이 된다.

많은 사람 중에 유독 A와 B의 삶이 비교가 되는 건 내가 사업을 시작한 초창기에 일어난 극명하게 다른 예였기 때문이라 생각된다. 사람은 말이나 외모로 판단할 것이 아니라 시간 속에서 녹아 있는 삶의 태도로 판단해야 한다. 특히 거래처는 더욱 그렇다. 거래처의 담당직원과의 커뮤니케이션은 약국의 수익구조에 중요한 영향을 줄 수 있다.

약국의 입장에서는 본인과 회사에서 할 수 없는 것과 할 수 있는 것이 무엇인지 분명하게 전달하는 담당자가 좋다. 할 수 있는 것에 집중해서 어떻게든 약국 경영에 이점을 만들어주려는 태도를 가진 담당자가 거래하기 훨씬 수월하다. 뭐든 절대로 할 수 없는 일이라 강조하는 사람은 거래를 키우지 않는 것이 장기적으로 이득이다. 거래처와 원원win-win할 때 약국의 수익구조는 더욱 좋아질 수 있다.

우연은 하늘의 선물이지만 필연은 사람의 노력으로 만든다

고객과의 인연도 다르지 않다. 단골고객이 되어주신 분들은 한결같이 친절하고 고객 입장에서 문제를 보려고 애쓰는 약사들의 마음을 알아주시는 분들이었다. 흔히 말하는 전문판매원들처럼 약장수 같은 느낌을 줘서는 단골을 만들 수 없다. 약국에 스쳐가는 하나하나의 우연이 필연이 되는 순간 지나가던 방문객이 단골고객이 된다.

소아과 문전약국을 운영할 때의 일이었다. 돌 전후의 아이들 중에 유독 감기나 잔병치레가 많은 아이들이 있다. 심하게는 1년 365일 중 100일을 왔다 간다며 힘들어하는 부모님들도 있었다. 약간은 과장이겠지만, 병원을 한 번 방문할 때 3일치씩 약을 타간다고 가정하면 병원약을 매일 먹는다는 얘기이다. 나는 안타까운 마음에 병원 방문이 잦은 아이들에게는 필요한 영양요법에 대해서 더 열심히 설명하곤 했다.

어느 날 평소에도 말이 없었던 한 엄마가 복약지도를 하고 있는 틈에 조용히 다가왔다.

"약사님, 지난번에 추천해주신 약들 먹이고 1년 내내 감기 걸리던 아이가 감기에 더 안 걸려요."

이렇게 말하면서 정말 화사하게 웃어주셨다. 정신없이 복약지도를 마치고 잠시 짬이 난 순간이었다. 엄마의 화사한 얼굴을 보는 순간 처음에는 어느 아이 엄마였는지 잘 생각이 나질 않았다. 그러다가 안고 온 아이를 보고는 이내 알아차렸다.

감기가 한참 유행일 때 방문했던 엄마와 아이였다. 유독 체중이 적어 보이고 힘들어 보이는 아이가 자주 보여서 엄마에게 아이의 면역력을 높여줄 방법을 설명했다. 엄마는 말이 없는 편이었고 의심쩍은 표정으로 듣고 있었다. 의심쩍은 표정 뒤에는 아이에 대한 깊은 걱정과 잔병치레 하는 아이를 간병하느라 지치고 힘든 기운이 완연했다. 당시 나도 돌쟁이 아이의 엄마였기 때문에 그 엄마의 삶의 고단함이 더욱 무겁고 힘겹게 다가왔으리라. 진심 어린 나의 상담에 생각해보겠다고 돌아갔던 엄마는 다음 날 다시 상담하고 제품을 구매했다.

기억 속에서 힘들어 보였던 그 아이는 확실히 건강해진 것 같았다. "엥, 그런데 오늘은 왜 병원에 왔어요?" 했더니, "예방접종이요!" 하면서 엄마는 환하게 웃었다. "정말 감사드려요. 약사님. 다 먹이고 다시 올게요!" 하면서 돌아서서 나갔다. 약사로서 이보다 더 기쁜 순간이 있을까? 그 엄마와 아이가 우리 약국의 단골고객이 된 것은 더 말할 것도 없다.

우연은 하늘이 보내주지만, 그것을 필연으로 만드는 것은 사람의 노력이다. 삶에는 지금 이 순간에도 끊임없는 만남이 계속된다. 만남의 순간을 인연의 긴 끈으로 만드는 것은 분명 사람의 몫이다. 정도를 지키고 마음을 전하는 관계일 때 그 만남은 단단하고 오래간다. 그 두 마음이 이어지면 분명 시너지 효과가 나타난다. 서로의 삶에 긍정적이고도 잊을 수 없는 기억들을 가지게 된다. 지금 눈앞에서 만나고 있는 그 사람도 나에게 그런 추억을 남겨줄 수 있는 소중한 사람일 수 있다.

진심을 다하고 정성을 다하면 인연의 끈은 비단끈이 되어 작은 햇살한 조각에도 추억 속에서 빛이 난다.

20. 거래처도 고객처럼 대하라

Q. "약사님은 거래처를 선정할 때 따로 기준이 있으세요? 아무래도 제품을 싸게 공급할 수 있는 곳이 제일 좋을까요? 아무래도 사무적인 관계가 제일 편하겠죠?"

A. 나는 인연을 소중히 여긴다. 어떤 경위로든 인연을 맺게 된 사람이라면, 게다가 좋은 마음이 오가는 관계가 되면 나는 진심으로 그들에게 호의를 베푼다. 그러면 십중팔구 자신의 빛나는 마음과 성심을 내보이며 내게 다가와주었다. 거래처의 많은 인연들도 그렇게 만들어졌다. 지금도 계속 그 인연들은 만들어지고 있고, 이어지고 있다. 내게 주는 어떤 것이 더 크기 때문이 아니다. 과거에 함께 보낸 시간으로 엮인 소중한 인연이 되었기에 사소한 손익으로 그들의 좋은 면을 발견하고 함께 해올 수 있었다고 생각한다.

우연히 만난 사람들이지만 필연이 된 수많은 인연들에 시간이 지나면 지날수록 깊이 감사하게 된다. 필요한 순간에 부족한 부분을 채워주는 사람은 언제나 고맙고 고맙다.

07 직원과 고객에게 투자하라

인색하면 잃고, 베풀면 얻는다.
– 개성상인 정신

사장이 추구하는 목표를 사장과 직원 모두 정확히 알아야 한다

약국 경영 상태가 어느 정도 안정화된 후, 나는 새로 우리 약국에 편입되는 모든 신입약사를 직접 교육시켰다. 내가 그동안 배우고 익혀왔던 약국 경영의 정수를 가르쳤다. 이론을 다 배우면 실전에서의 교육과 상담과정에 대한 피드백까지 진행했다. 일주일에 1회는 반드시 야간 교육이 진행되었고 매주 수요일은 밤 10시에, 약국 문을 닫은 시간이면 새벽까지 우리 약국의 셔터 너머로는 언제나 불빛이 새어나갔다.

우리는 1년에 한 번씩은 해외 워크샵을 떠났고 5성급 호텔에서 1년을 함께 정리했다. 서로 수고한 바에 대해 치하하고 앞으로도 잘해가자고 서로 격려하는 보람찬 시간들이었다. 또 신입약사들은 모두 각자의 이름이 새겨진 고급 맞춤 가운을 제공받았다. 약국 약사의 차림새는 우리 약국의 얼굴이기 때문이다. 모든 순간들은 공통의 매뉴얼과 비전을 가지고 서로간의 마음을 확인하는 값진 순간들이었다.

　매장 중심 사업에서 직원은 고객들과 바로 면대면 맞대응을 하게 된다. 직원이 매장의 매출과 가장 직접적으로 연결되어 있다는 말이다. 그렇기 때문에 사장이 추구하는 바가 무엇인지 사장과 직원이 모두 정확히 알고 있는지는 매우 중요하다. 그리고 그것을 적절히 실행할 수 있는 능력의 여부가 사실상 가장 중요하다.

작은 매장이라도 매뉴얼을 갖추는 것이 10배는 좋다

　보통 매장을 운영할 때는 거의 최소 인원을 유지한다. 인건비 부담이 크기 때문이다. 그래서 약국의 비전이 확실히 공유되고 있는지 등에 대한 자체 점검에 들이는 시간을 따로 내는 것은 안 그래도 할 일이 많은 사장에게 꽤나 많은 노력을 요구한다.

　하지만 힘들다고 자꾸 그냥 넘어가면 습관처럼 안 해버리는 경우들이 많다.

　'이 정도야 뭐, 괜찮겠지!'

　'안 해도 별일 없는 것 같은데…. 다음에 하지 뭐.'

이런 마음이 들기 시작한다. 조금씩 포기하기 시작하면 언젠가 한 번에 무너질 수 있다. 사장은 자기 자신을 점검하기 위해 항상 노력해야 한다. 사업이 일단 시작되고 나서 어느 정도가 지나면 더 발전하기 위한 노력에 무관심해지기 시작한다. 자신감이 생기는 반면에 귀찮은 마음도 덩달아 생겨나는 것이다. 하지만 사실 이 시기에 생기는 자신감은 자만감일 뿐이다.

기존의 직원을 관리할 때도 그렇지만 새로 직원을 뽑을 때도 마찬가지다. 새로운 일을 시작하는 직원은 습득해야 할 것이 많다. 약국이 원하는 것이 무엇인지 파악해야 하고 고객을 응대하는 기술도 익혀야 한다. 또 고객의 불만사항이 생기면 고객이 무엇을 원하는지 최대한 빨리 파악할 수 있어야 한다. 그리고 그들의 삶이 전체의 삶에 어떤 기여를 하고 있는지도 스스로 알고 있어야 한다.

그렇다. 새로운 직원은 아주 많은 것을 최대한 빨리 파악하고 배워야 한다. 물론 기본적인 사항만 알려주고 혼자 힘으로 알아서 눈치껏 배우라고 할 수도 있다. 그래서는 직원도 사장도 윈윈할 수 없다. 그래서 작은 매장이라도 가능하면 매뉴얼을 갖추는 것이 좋다. 사장인 내가 없거나 내가 다른 손님을 응대하고 있다면 직원은 또 다른 내가 되어 나의 약국을 대표하고 있는 것이다.

매뉴얼만큼 중요한 것이 바로 대화다. 사장은 매일 매장의 원활한 운영을 위한 주제를 의도적으로 꺼내고 함께 토론해야 한다. 일상의 소소한 즐거움과 일터의 중요한 피드백이 적절히 밸런스를 이루는 대화가 가장 좋다. 직원이 원하는 것은 합리적인 월급과 인간적인 대우 그리고 성취감을 느낄 수 있는 직장이다. 직원과의 상호작용에서 이 3가지는 꼭 기억해야 한다.

약국의 무기는 '직원과 서비스.' 이 2가지로 압축될 수 있다. 이 2가지는 많기만 하다고 좋은 것도 아니고 부족하다고 약하기만 한 것만도 아니다. 양보다는 질이다. 나의 약국 환경에 적절한 능력을 갖춘 직원이 있고 방문 손님층에 정확한 타겟팅이 되어 있는 서비스 프로그램이 있다면 약국 사업에는 양 날개를 달고 있는 셈이다. 다시 말해 가장 신경 써야 할 곳이라는 의미다. 이 2가지는 매출과 직결될 수 있는 포인트들이다.

꼭 필요하다면 언제든 과감하게 투자하라

나는 약국을 경영하면서 단골손님들에게 자신의 이름이나 지난번 방문에서의 에피소드 같은 것을 기억해주는 것이 얼마나 중요한지 알게 되었다. 약국에 오는 손님들은 사장인 내가 자신을 알아봐줄 때 왠지 더 뿌듯해하곤 했다. 당연한 일이다. 사장과 눈도장을 찍고 반가운 인사를 하는 것이 내가 이곳의 단골손님임을 확인하는 효과적인 절차이다.

나는 조제환자가 많은 문전 약국의 특성상 빠른 속도로 지나가는 고객에게 어떻게 깊은 소통의 느낌을 주어야 할지 고민했다. 수소문 끝에 우리 약국 환경에 적합한 고객관리가 가능한 컴퓨터 시스템을 구매했다. 생각보다 큰돈의 투자가 필요했지만 꼭 필요한 일이라는 생각에 나는 과감히 투자했다.

주변 선배들은 회의적이었다. 본인이 해봤으나 별 소득이 없었다는 반응도 있었고, 현재 규모의 약국에서는 너무 과한 투사라고 말리기도 했다. 컴퓨터 프로그램은 여러 가지 기능들이 있었지만 나는 고객정보의 효율적인 정보입력과 고객관계관리CRM :Customer Relationship Management에 적용할 수 있는 부분에만 집중했다.

나는 조제하는 움직임 안에서 최대한 고객들의 정보를 읽어낼 수 있는 시스템으로 처방전을 컴퓨터 프로그램에 입력하면 그와 함께 입력되는 고객정보나 구매내역에 그 손님들의 특징과 알아야 할 사항들을 바로 메모해놓는 것이다. 터치패드를 사용해서 바로 입력하기 용이했다. 그러면 판매대의 컴퓨터와 조제실 내의 컴퓨터에 연동되어 양쪽 컴퓨터에서 같은 정보를 항상 확인할 수 있었다.

프로그램과 3대 컴퓨터의 적절한 세팅으로 특정 고객의 최근 전문약 조제 내역이나 일반의약품의 상담 및 구매 내역에 대해 한눈에 조회할 수 있었다. 또 미리 기록해둔 고객의 관심사를 조제하면서 동시에 확인할 수 있었다.

예를 들면 쌍둥이들의 엄마가 큰아이의 처방전을 가지고 방문하면, 처방전 입력과 동시에 쌍둥이 동생의 이름, 아빠와 엄마의 이름을 확인할 수 있다. 또 전에 구매했던 일반약 목록과 관심가지고 질문했던 제품들에 대해 기록이 되어 있다. 그러면 조제하는 동안 나는 쌍둥이 동생의 이름을 부르면서 아프지 않은지 안부를 물어본다. 동생은 괜찮다고 하면 다행이라고 엄마가 관리를 잘 해주는 모양이라고 대단하다고 말한다. 그리고 지난번 가져갔던 약을 애들이 잘 먹고 있는지, 먹으면서 문제는 없었는지를 물어본다. 동생의 이름을 기억해주는 나에게 엄마는 고마워하며 호감 어린 눈빛으로 내 질문에 답변한다. 엄마가 답변하는 동안 조제한 약을 가지고 나오면서 다른 이야기들을 계속 이어간다. 아빠의 안부도 묻고 엄마 몸이 괜찮은지도 물어본다.

우리 약국은 또한 시럽병을 넉넉히 주기로 유명했다. 보통 약국에서 쌍화탕 같은 드링크는 법이 안 된다고 해도 억지로 쥐어주면서 법에서 아무 말도 하지 않는 시럽병을 더 주는 것은 별로 안 좋아하곤 한다. 시럽병을 넉넉히 주면 모든 부모들이 한 주먹씩 시럽병을 가져갈 터이기에 그 손실을 감당하기 어렵다는 것이다.

"이거 손해 보는 거 아닌가요?"

나는 소아과 문전 약국의 마케팅 일환으로 시럽병을 넉넉히 드렸다. 투약 매대 위에 시럽병 바구니를 만들고 '필요하신 분은 가져가세요.'라는 POP를 아래에 붙여두었다. 어느 정도의 손실을 감안한 결정이었다. 하지만 막상 시럽병 마케팅을 해보니 어떤 사람은 정말 한 주먹씩 가져가기도 했지만 어떤 사람은 아예 안 가져갔고 어떤 사람은 딱 필요한 만큼만 가져갔다. 시럽병이 꼭 필요했던 사람들은 고마운 마음을 전하면서 소중히 가져갔다. 하지만 시럽병이 필요하지 않은 사람들도 그 POP와 쌓여 있는 시럽병을 보면서 관심을 가지곤 했다.

"마음이 참 고맙네. 이거 손해 보는 거 아닌가요?"

시럽병 마케팅 덕분에 점차 우리 약국은 후하고 넉넉한 이미지로 사람들에게 인식되었다. 또 고객뿐 아니라 가족의 건강 여부에 대해 물어보고 궁금해했기에 2층에 있는 약국이었지만 찾아오는 손님들이 점점 늘어났다. 훌륭한 직원과 초점이 정확한 마케팅은 시장을 장악하는 양날의 검이다. 갈고 닦아서 더 날카롭게 만들면 세상에 두려울 것이 없다.

21. 안정이 찾아올 때 또 혁신하라!

Q. "이제 약국 생활이 좀 적응이 되었어요. 처음에는 적응하느라 정말 고생했는데, 요즘은 어느 정도 잘 돌아가고 있는 느낌이에요. 덕분에 몸도 마음도 많이 편해졌어요. 그런데 출근하는 게 점점 더 귀찮아지는 건 왜 일까요?"

A. 어느 약국이든 이제 적응이 되고 손님들도 대부분 기억하게 되면 안심하는 마음과 더불어 평화가 찾아온다. '귀찮아졌다.'는 걸 보니 당신의 일이 수월해지면서 게을러진 듯하다. 매일 오는 고객이 더 이상 새롭지 않다면 그때가 가장 위험하다.

최초의 시스템이 잘 안착되었다면 다음 단계로 더 발전해야 할 때라는 뜻이다. 이런 느낌이 들면 생산성 향상을 위한 채찍이 필요한 때이다.

매일매일 하루에 가장 먼저 처리해야 할 중요한 일들을 우선순위대로 5~6가지 적어보고 실천하는 습관을 들여야 한다. 해야 할 일이 얼마나 많은지 놀랄 것이다. 이렇게 딱 6개월만 해보자!

3장_가장 사소한 것도 분석해서 경영하라 |

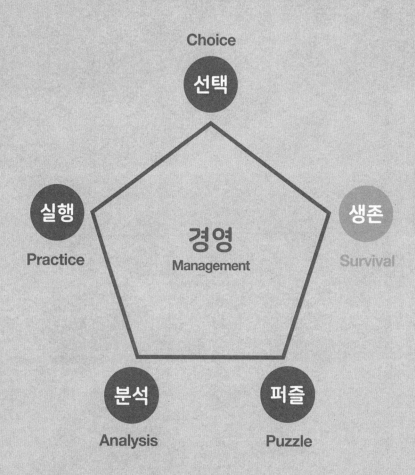

| 4장 |

10분 만에 확실한
단골을 만드는 10마디

퍼즐

4. 퍼즐 - 소통의 비밀, 지식과 경험을 조합하라

약과 지식에 치우친 상담으로 끝내지 말자. 상담도 대화처럼 해야 한다. 지식과 삶의 경험을 퍼즐의 조각인 것처럼 맞춰라. 내 삶에서 배워왔던 다양한 지식과 경험을 적절히 조합해서 큰 그림을 그려야 한다.

01 첫 마디부터 친절하라 :
"어머님, 아버님, 선생님!"

첫 인상을 좋게 하라. 언제나 미소를 지어라.
가까울수록 예절을 지켜라.
– 클레멘트 스톤(미국의 기업가)

고객에게는 언제나 호감어린 눈빛으로 항상 웃어라

30대 중반의 여자분이었다. 약국 입구에 서서 약간 망설이는 느낌으로 나를 쳐다보고 있었다. 나는 최대한 환한 웃음을 지으면서 허리를 살짝 숙였다가 천천히 펴면서 눈을 마주쳤다. 그러자 그녀는 입가에 살짝 미소를 띠면서 매대 앞으로 천천히 다가왔다.

"약사님, 제가 오른쪽 발가락에 무좀이 있는데 여름이 되니 많이 불편해요. 이거 어떻게 해야 하죠?"

약국의 상담대 아래로 보이는 여자분의 샌들 발끝 부분에서 색이 약간 변해가고 있는 엄지발톱이 살짝 보였다.

"많이 불편하시겠네요. 원래 그게 여름에 많이 불편해요. 별거 아닌 거 같아도 꽤 사람 괴롭게 하거든요."

나는 그녀의 두 눈을 마주보고 고개를 끄덕이면서 그녀의 불편함에 공감했다.

"언제부터 그랬어요?"

"글쎄요. 한 6개월 정도 된 것 같은데요."

"그래요? 힘들었겠다. 한쪽만 그래요? 다른 쪽은 안 그렇고?"

"이쪽이 유독 심해지는 것 같아서요."

"최근에 신경 쓸 일이 좀 많았나봐요."

"······네. 사실 제가 늦은 나이에 결혼을 하게 돼서요."

그녀와의 대화는 계속 이어졌다. 업계에서 유명한 보석 디자이너였던 그녀는 30대 중반이 넘어서 결혼을 결심했다. 우리 약국을 찾아온 것은 바로 결혼을 한 달 정도 앞둔 시기였다.

나도 결혼을 늦게 한 터라 자연스럽게 늦게 하는 결혼에 대한 두려움과 걱정에 대해 공감하기 시작했다. 무엇보다 노산에 대한 걱정이 앞설

| 나는 약국에서 경영을 배웠다

수 있는 시기이기에 그 부분에 대해 더 깊은 이야기들이 계속되었다. 중간중간 다른 손님들로 인해 말이 끊기기도 했지만 한 번 마음이 통한 그녀는 나와의 대화를 이어가기 위해서 흔쾌히 기다려줬다.

　결국 그녀는 상담을 통해 본인의 직업이 스트레스가 많은 일이라는 점, 늦은 결혼에 대한 두려움, 그리고 임신이 잘 안 될까 하는 두려움들이 그녀가 가장 걱정하는 부분이라는 것을 알게 되었다. 그녀는 나와의 대화를 통해 스스로 가장 중요하게 생각하는 것이 무엇인지 알게 되었다. 중요한 것을 지키기 위해 무엇을 해야 할지 깨달은 그녀가 나에게 자신을 위한 적절한 제품을 구매한 것은 어쩌면 당연한 일이었다.

　그녀는 결혼한 후에도 카카오톡이나 문자로 인생 상담을 하곤 했다. 나는 그녀를 그저 제품을 구매한 손님으로만 대하지 않았다. 진심으로 그녀의 입장에서 그녀를 위한 조언을 아끼지 않았다. 앞으로 펼쳐질 일들이 쉽지만은 않을 것을 잘 알기에 조금이라도 도움이 되고자 하는 마음이 있었다.

　나중에 들은 이야기지만, 그녀는 그저 무좀연고나 하나 사러 약국에 들어갔다가 자신을 위해서 진심으로 얘기해주는 나의 말과 눈빛이 두렵고 힘들었던 그 시기에 너무 고마웠다고 한다.

손님에게 웃는 것이 작고 하찮은 일이라 생각될 수도 있다. 하지만 사소한 것들을 가볍게 생각해서 큰일을 망치는 예들이 의외로 비일비재하다. 매장에서의 표정관리와 인사가 바로 그런 경우라고 볼 수 있다. 쉬워 보이지만 언제나 항상 웃음을 짓고 호감 어린 눈빛으로 고객들을 대한다는 것은 생각보다 힘든 일이다. 하지만 밝고 긍정적인 표정으로 호감 어린 인사를 하는 것이 손님에게 한걸음 성큼 다가서는 길이다. 첫인상을 줄 수 있는 기회는 오직 첫 만남뿐이다. 첫 만남은 두 번 다시 오지 않는다.

'선생님'이라고 부르면 '선생님'처럼 행동하는 법!

말은 '아' 다르고, '어' 다르다. 특히 매장에서 고객을 대할 때는 이 말을 꼭 기억해야 한다. 별것 아닌 것 같지만 말끝의 어미 하나가 모든 것을 달라지게 하기도 한다. 내가 처음 약국을 개국했을 때는 호칭의 중요성에 대해 전혀 몰랐다. 어떤 때는 이름을 부르기도 했고 어떨 때는 '아주머니' 혹은 '손님'이라는 호칭도 그때그때 맞춰서 불렀다.

상대를 부르는 존칭이 얼마나 중요한지 깨달은 것은 존칭을 통일하고 일관성 있게 손님을 대하고 나서였다. 우리 약국은 각 연령대별로 부르는 존칭을 정했다. 젊은 층의 고객들은 이름 뒤에 항상 '선생님'이라는 존칭을 사용했고 나이가 중년 이상이면 '어머님' 혹은 '아버님'이라고 존칭

했다. 노인 고객분은 '어르신'이라는 존칭으로 불러드렸다.

놀랍게도 손님을 '선생님'이라고 부르면 그 손님은 정말 '선생님'인 것처럼 행동했다. 선생님이라고 부르는 나를 오히려 더 정중하고 존중하는 느낌으로 대화를 이어나갔다. '어머님'과 '아버님'이라는 호칭도 마찬가지였다. "내가 왜 약사님 어머니야?"라고 말하시던 손님도 다음에 오셔서는 "오늘은 어머님이라고 안 불러요?" 하면서 먼저 친근감을 표시했다. "우리 아들은 무뚝뚝해서 부르면 대답도 잘 안 하는데, 여기 오면 어머님, 어머님 하니까 내가 참 좋아." 하시면 "아이고, 그게 뭐 어렵다고 하루에 열 번씩 불러드릴 테니까 자주 오세요."라고 하며 나도 같이 너스레를 떨기도 한다.

어느새 이 호칭은 나에게는 하나의 습관이 되었다. 내가 소비자 입장으로 어떤 매장에 가도 점원에게 '선생님'이라고 부르게 된다. 그런데 '선생님'이라고 부르면 상대방 점원은 더 정중하고 기분 좋은 대접을 해준다. 가는 말이 고우니 오는 말도 고왔다.

작은 행동으로도 마음의 모든 것이 전해진다

사람과 사람 사이에 의사소통에는 '말과 행동', 이 2가지가 전부라고 해도 과언이 아니다. 호감 어린 호칭이나 대화는 의사소통의 아주 중요한 부분이다. 하지만 언어만큼 중요한 의사소통 방법 중 하나는 바로 행동이다. 행동은 비언어적 의사소통의 다른 말이기도 하다. 말하는 태도나 자세 그리고 몸짓 등 모든 것이 포함된다.

예를 들면 매장을 방문하는 손님에게 인사를 하는 태도 같은 것이다. 인사를 잘한다는 것은 매장 영업에 실제로 큰 도움이 된다. 인사는 상대방을 향해 30~45도쯤 허리를 굽혔다가 천천히 펴면서 상대방과 눈을 바라보면서 웃는 것이 가장 좋은 인상을 줄 수 있다. 호감을 주는 인사는 상대방에게 좋은 인상을 준다는 점을 기억하자.

아무것도 아닌 것 같지만, 이런 인사를 받은 소비자의 입장이라면 상대방에게 좋은 인상을 갖게 될 것이다. 형식적인 인사는 오히려 불쾌감을 줄 수 있다. 하지만 상대방의 정중하고도 관심 있는 태도의 인사를 접하게 되면 고객은 자신도 모르게 오픈 마인드를 가지게 된다. 그리고는 매장 내부의 어떤 것이든 더 쉽게 물어보게 된다. 결국 매장에서는 고객 상담을 위한 기회를 더 많이 갖게 될 것이다.

행동이나 제스처만큼 잊지 말아야 할 것은 차림새나 풍기는 품위이다. 특히나 약사는 깔끔하고 정갈한 가운을 입고 전문가적인 면모를 풍기면서 상담해야 한다. 약은 건강을 위한 것이고 사람들은 무엇보다도 믿음을 기반으로 상담하고 싶어 한다. 상담하는 손님들이 느끼기에 믿을 만한 차림새인지 항상 확인하는 습관을 갖는 것이 좋다.

친절함을 그냥 얼굴에 미소를 띠는 것 정도로 생각하는 사람이 있다. "네, 고객님." 하면서 말끝을 올리는 것만으로 본인은 충분히 친절했다고 말하는 사람도 있다. 하지만 영혼 없는 대답은 영혼을 가진 누구에게도 '울림'을 줄 수 없다.

어떻게 보면 사람은 정성과 마음을 먹고 사는 동물이다. 화려한 말솜씨로 사람들을 잠깐은 혹하게 할 수 있지만, 진심 어린 정성은 사람을 마음 깊은 곳에서부터 감동하게 할 수 있다. 정성과 진심은 상대방에 대한 진지한 관찰에서부터 나올 수 있다. 저 사람의 삶에 조금이나마 도움이 되고자 하는 진심 어린 태도는 언제나 상대방의 가슴에 울림을 전해줄 수 있다.

인간에 대한 깊은 성찰이 녹아 있는 문학작품을 썼던 톨스토이는 "인간은 날마다 그때그때 만나는 모든 사람들에게 사랑과 선행을 다하기 위해 이 세상에 태어난 것이다."라고 말했다. 매장에 방문하는 손님들은 그저 만나서 스쳐 지나가는 그저 그런 사람이 아니다. 고객들은 나에게 돈을 가져다주는 소중하고 고마운 존재들이다. 그런 존재들에게 친절을 다하는 것은 당연하고도 당연한 것이다.

22. 약사에게도 힐링이 필요하다

Q. "약국에 와서 말도 안 되는 것들을 당연하게 요구하는 사람들에게 가끔 정말 화가 나요. 스트레스를 풀기 위해 밤마다 맥주 1잔씩 하는 게 일상이 되고 있다니까요. 그리고 다음날 일어나면 자기 관리가 안 된다는 느낌에 더 우울해지죠. 어떻게 해야 할까요?"

A. 흔히 스트레스를 풀라고 한다. 직업상 겪어야만 하는 정신적 스트레스는 현대인의 숙명이다. 하지만 스트레스를 풀라는 말을 잘못 이해해서는 안 된다. 그저 문제를 피하고 무시해서는 안 된다. 나의 이성이 가장 또렷하고 차분해지는 시간에 내게 당면한 문제를 똑바로 놓고 바라보라.

내 조언은 이렇다. 자신이 어떤 환경 속에서 문제에 차분하게 직면할 수 있는지 파악하자. 그리고 이를 위한 시간을 정기적으로 만들어라. 목욕을 하거나 마사지를 받거나, 밖에 나가서 뛰거나 조용히 앉아서 명상을 하거나. 열심히 살고 있는 나를 위한 힐링에 시간과 노력을 제대로 들여라. 당신은 그럴 자격이 충분하다.

02 거절을 두려워하지 마라 :
"그런데, 구충제는 드셨어요?"

사람은 습관으로 인해서 서로 그 성과의 차이가 생겨나는 것이다.
- 공자(중국의 철학자)

무엇이든 내 것으로 만들려면 연습과 노력은 기본이다

"약사님, 이제 가을이네요."

"네, 날이 참 좋아요. 어디 가고 싶네요."

청명한 가을 하늘을 바라보며 나는 휴가를 가고 싶은 마음에 절로 기분이 들떴다. 멘토는 그런 나를 보더니 조용히 웃으며 말했다.

"날이 이렇게 좋으니, 이제 손님들에게 구충제를 소개해드려야 하는 계절입니다."

"네. 그렇군요."

휴가 생각에 기분이 좋아서 웃고 있던 나는 대충 대답했다. 멘토는 내 눈을 똑바로 보면서 다시 말했다.

"오늘부터 하루에 최소 100명씩 구충제를 소개하도록 하세요. 구충제 드셨냐고 먼저 물어보는 겁니다."

나는 순간 휴가지의 상상에서 현실로 돌아왔다. 농담하는 것처럼 보이지가 않았다.

"제가 먼저 물어보라구요?"

진의를 확인하기 위해서 다시 한 번 물어보았다.

"그리고 100명이요? 하루 동안에요? 오늘 방문하는 모든 분들께 말씀 드려야 100명을 채울 수 있겠는데요?"

"그렇죠. 대부분이 다 드셔야 하니까요. 봄, 가을 건강의 기본 아닙니까?"

"그냥 달라고 하시는 분들 챙겨드리면 되지 않나요? 꼭 먼저 물어봐야 할까요?"

방문하는 손님 모두에게 상대방의 요청도 없이 먼저 구충제 드셨는지를 물어봐야 한다는 사실이 나는 부담스러웠다. 기껏해야 2알에 천 원으

| 나는 약국에서 경영을 배웠다

로 판매되는 제품이었다. 가격대가 높은 제품도 아니었고 굳이 그렇게까지 해야 하나 하는 불편한 마음이 먼저 들었다.

"구충제로 돈 벌려고 먼저 물어보라는 게 아닙니다."
"예? 그럼 진짜 고객 건강 챙기는 게 목적이에요? 구충제로요?"

멘토는 부담스러워하는 나에게 웃으면서 말했다.
"건강은 기본이구요. 구충제 드셨냐고 물어보는 것은 '연습'입니다. 먼저 말을 붙이고 고객에게 다가서는 연습이요! 상담도 연습해야 합니다. 연습 없이 그냥은 안 돼요! 구충제 소개하면서 손님들 반응을 연구하세요. 뭐든지 내 것으로 만들려면 연습과 노력이 기본이에요."

나는 억지춘향으로 시작했던 일명 '구충제 프로젝트'를 진행하면서 비로소 깨달았다. 처음에는 의식적으로 애를 쓰고 노력해서 뭔가를 시도해야만 그것이 습관으로 자리 잡을 수 있다는 것을.

한 번도 해보지 않은 일을 처음부터 잘할 수는 없다
공자는 "행동하지 않는 것은 아는 것이 아니다."라고 말했다. 예를 들면 전철에서 할머니가 타셨는데 바로 자리를 양보하는 행동을 할 수 있나? 말로야 쉽지만 바로 행동할 수 있는 사람은 의외로 많지 않다. 머릿속에서는 누구나 그래야 한다는 것을 알고 있지만, 실제로 일어나서 자리를 양보하는 사람은 그 많은 사람들 중 한두 명이다. 머릿속으로 아는 것과 몸으로 하는 것은 그만큼의 거리가 있다. 머릿속으로는 알지만 쉽게 행동으로 나오지 않는 일이 다반사이다.

머릿속의 지식이 행동으로 반영되기까지는 뭐든 충분한 시간과 노력이 필요하다. 어찌 보면 불행하고 귀찮은 일일 수 있지만 다른 한편으로 보면 이것이 진짜 인생의 묘미다. 머릿속의 생각이 몸에 녹아드는 데는 일정한 시간이 걸리거나 아니면 일정한 횟수 이상의 노력이 필요하다. 기존까지 살아오던 방법, 다시 말하면 내 삶의 관성을 바꾸기 위해서는 최소한의 힘이 필요한 것이다. 그 최소한의 힘을 넘어설 때 나의 몸은 변화한 어떤 것을 새로운 관성으로 받아들일 수 있다.

지금까지와는 다른 삶의 양식을 새로운 습관으로 익히려면 최소 21일이 필요하다고 한다. 신체적인 측면에서 보면 몸의 세포가 완전히 새로운 세포로 대체되는 데는 7개월의 시간이 걸린다고도 한다. 말콤 글래드웰이 『아웃라이어』에서 1가지의 일을 정말 잘하려면 그 일에 쏟아붓는 시간이 1만 시간이 넘어야 한다며 제시한 '1만 시간의 법칙'도 같은 맥락이라고 볼 수 있다.

그렇다. 인간이 몸으로 완전히 기억하는 데는 어느 정도의 시간과 노력이 필요하다. 한 번도 해보지 않은 일을 하자마자 잘할 수는 없다. 타고난 체질이거나 명석한 머리가 있다면 물론 조금 쉽게 시작하거나 조금 빨리 갈 수는 있다. 하지만 원하는 무언가가 진정한 '내 것'이 되기 위해서는 누구에게나 적정한 시간과 노력이 필요하다.

삶에 여정에서 만나는 대부분의 일들이 그렇다. 시작은 다 비슷하지만 나중에는 모두 달라지는 것도 실상은 이 때문이다. 커다란 성공은 면밀히 들여다보면 '습관화'된 능력이 가져다주는 결과라는 것을 주변에서만 찾아봐도 너무나 많다.

제대로 된 고객 상담에는 확실한 목적이 필요하다

사실 고객 상담도 그렇다. 고객과 상담할 때도 그렇다. '이렇게 이렇게 상담해야지.'라고 머릿속에 그려 놓아도 막상 고객을 응대할 때면 전혀 다른 말이나 태도를 보이는 경우가 적지 않다. 고객과의 소통이나 공감도 처음부터 잘하는 사람은 없다. 성격이 좋은 편이라 남의 말을 잘 들어주는 것과는 별개의 문제이다. 구매를 완성시켜야 하는 목적을 가지고 고객과 대화를 해야 하기 때문이다. 단순히 추임새를 넣어주면 분위기를 화기애애하게 만드는 데서 끝나는 것은 사교모임에서나 통하는 방법이다. 제대로 된 고객 상담에는 확실한 목적이 있어야 한다. 고객이 필요한 것을 함께 찾아내고 필요한 제품을 정확히 주고 관리하는 것은 상당한 연습이 필요한 일이다. 그 어떤 것보다 연습과 경험이 요구되는 능력이다.

실패하는 사람들은 자신의 제안이 거절당하는 경우를 예측하지 못한다. 거절에 상처 받고 자존심 상해한다.

"생각해서 말해줬더니…. 싫으면 말라지. 다 자기 복이다."
"내가 장사꾼으로 보이나? 진짜 자존심 상하네."

얼굴이 벌게져서 흥분한다. 그리고 새로운 고객이 오면 아까의 기억을 생각하면서 입을 다물어버리고 만다.

반대로 성공한 사람들은 자신의 제안이 한 번에 받아들여질 거라고는 생각하지 않는다. 반대로 거절에 대응하는 자신만의 시나리오들이 있다. 기다렸던 거절의 이유가 나오면 곧바로 다음의 질문으로 이어가며 거래를 만들어간다.

상담을 통해 판매가 이루어지는 모든 업종에서 거절은 반드시 거치는 과정이다. 이 과정 속에서 꼭 기억해야 하는 점은 고객이 나의 제안을 거절하는 것이 고객이 나를 싫어하는 것은 아니라는 점이다. 이유는 단순하다. 지금은 필요하지 않다고 생각하기 때문이다. 고객은 단순히 제품과 세일즈를 거부하는 것이다. 고객은 제품을 거절하는 것이지 나를 거부하는 것이 아니다.

그러니까 나의 제안에 대한 고객의 거절에 상처를 받을 필요는 전혀 없다.

거절의 순간을 연습의 순간이라 생각하라

상처가 두렵다고 피하기만 할 수는 없는 일이다. 어찌 보면 자연스러운 일이고 나 역시 어디선가에서는 소비자로서 늘 하고 있는 일이다. 결국은 소매업을 하기 위해서는 받아들여야 하고 부딪쳐야 하는 일이다. 자신감을 가지고 손님에게 확실한 도움을 줄 수 있다는 확신이 있다면 거절의 순간을 오히려 즐길 수 있게 된다.

거절의 순간을 연습의 순간이라고 생각하는 편이 좋다. 다음에는 어떻게 대응할지에 대해 연구하고 성공했던 지난 경험들과 비교해봐야 한다. 실패한 이유가 무엇인지 스스로 점검해보는 습관을 가지는 게 좋다. 순간순간의 실패들은 자기 점검이 이루어질 때 비로소 내공으로 쌓여서 몸에 진하게 밸 수 있다.

23. 언제나 성공과 실패의 중심에는 사람이 있다

Q. "나는 정말 열심히 하는데 다른 사람들이 따라와주지 못해요. 뭐라도 해보자고 하면 다 하기 싫어 죽죠. 제 노력이 아까울 때가 있어요."

A. 혹시 자기가 엄청 잘난 사람이고 생각하고 있지 않은가? 아니면 나 빼고 다른 사람들은 모두 멍청하고 게으르다고 생각하며 한탄하고 있거나.

1인기업이 아니라면 조직의 모두는 일이 잘 돌아가게 만들 책임이 있다. 같이 일하는 사람들이 협조하고 힘을 모으지 않는다면 혼자 아무리 잘해보려고 해도 소용없는 경우들이 많다.

그럴 때 나는 종종 나를 낮추고 협조를 구한다. 내부에서 소통이 이루어지지 않으면 성과를 만들어내기 어렵다.

03 부드럽게 미소로 말하라 :
"어르신, 성함이 참 예쁘시네요."

외모의 아름다움은 눈만을 즐겁게 하나 상냥한 태도는 영혼을 매료시킨다.
– 볼테르(프랑스의 작가, 대표적 계몽사상가)

강남성 약사님, 나 왔어!

"김복만 어르신."

나는 조제가 완료된 약을 앞에 두고 한 환자의 이름을 불렀다. 대기석
에서 기다리고 있는 환자분들 사이에서 조용히 일어나는 한 어르신이 계
셨다.

"예에."

길게 대답을 하시면서 의심쩍은 눈으로 나를 흘낏 쳐다보았다. 나는 어르신이 의자에서 일어나시는 속도에 맞춰서 어르신의 눈을 마주보며 웃음으로 인사했다. 어르신은 나의 웃음을 왠지 어색해하시면서도 눈이 마주치자 슬며시 웃어주셨다.

"어르신, 저희 약국 처음 오셨네요. 약은 원래 드시던 약이시죠? 시간 맞춰 잘 드세요?"

나는 늘 하던 대로 어르신의 두 눈을 쳐다보면서 대답하실 때까지 기다렸다.

"맨날 먹던 약이라 잘 알지."

아까부터 보이던 의심쩍은 표정은 한결 나아졌지만 여전히 뭔가 어색해하시면서 대답했다.

"어르신 성함이 예쁘시네요. 복 엄청 많이 받으시겠어요."

그제야 어르신은 내 눈을 똑바로 쳐다보면서 "다 늙은 할망구 이름 예쁘다고 해주는 약사는 처음이네." 하시면서 큰소리로 웃으셨다. 처음에 뵐 때는 소심하고 조용한 분이신 줄 알았는데 원래 성격은 호탕한 성격임을 말해주는 시원한 웃음소리였다.

| 나는 약국에서 경영을 배웠다

"나는 내 이름이 마음에 안 들어. 그래서 이름을 바꾸고 싶었는데. 여자애 이름이 복만이가 뭐여? 아무리 옛날이어도 그렇지. 우리 아버지가 참 너무했어."

"좀 특이하시긴 하네요. 그렇지만 복이 많이 올 거 같아서 좋은데요. 제 이름은 더 이상해요. 저는 여자인데 이름이 남성인걸요."

그러자 어르신은 약사 가운에 새겨진 내 이름을 자세히 보더니 "진짜 네!" 하면서 아까보다 더 크게 웃음보를 터트렸다.

"그러게! 내 이름만큼 재밌구만. 이전에 가던 약국 약사는 말도 없고 뭐라고 물어봐도 제대로 답도 안 해주던데 말이야. 여기, 어디 보자, 이름이 강남성이라구? 강 약사님은 되게 웃기시네."

그리곤 약을 받아 드셨다. 나는 오래 전에 돌아가신 할머니를 뵙는 마음이 들었다. 조용히 할머니의 손을 잡아드리면서 약을 전해드렸다.

"에이, 그 약사님이 그날 안 좋은 일이 좀 있으셨겠지요. 표현을 좀 무뚝뚝하게 하시는 분일 거예요."

그러자 할머니는 두 눈을 동그랗게 뜨시면서 정색을 하셨다.

"아니야. 그 약국을 내가 1년을 넘게 다녔는데 늘 똑같아. 얼굴에 웃음기가 하나도 없어. 학교 사감 선생님 같은 느낌이라니까. 내가 그 약국 다닌 지가 두 해가 넘어가는데 내 이름도 잘 모르는 것 같더만. 약 타러 오라고 이름 부를 때랑 약값 얘기할 때만 목소리가 들린다구. 오늘은 이쪽 약국으로 큰 맘 먹고 와봤는데 잘 왔네. 자식들도 잘 안 잡아주는 손도 잡아주고!"

하시면서 약을 건네는 내 손을 오히려 더 꽉 잡아주셨다. 이후에도 김복만 할머님은 오실 때마다 나를 쳐다보면서 "강남성 약사님, 나 왔어!" 하시면서 큰소리로 인사해주셨다.

단순하고 작은 행동이 친절의 시작이다

손님을 대하는 직업에 종사하고 있다면 손님에게 친절해야 한다는 것은 이미 하나의 절대적인 명제일 것이다. 말이나 말투가 친절해야 하는 것은 물론이고 몸짓이나 태도만으로도 친절을 나타내야 한다. 하지만 무슨 이유인지, 이 '간단한 친절'을 갈수록 보기 힘들다. 누구나 환한 웃음과 함께 눈웃음을 담고 있는 점원의 인사만으로도 자신이 환영받고 있는지, 아닌지 금방 알게 된다. 친절한 얼굴로 친절한 미소를 짓는 것. 단순하지만 그것이 친절의 시작이다.

어떤 매장을 평가할 때 절대로 빠지지 않는 항목이 있다. 그것은 바로 '친절함'이다.

"거기는 음식 맛도 좋고 내부 인테리어도 너무 좋은데… 불친절해!"

이런 말을 듣고도 그 음식점을 방문해보고 싶은 사람은 별로 없을 것이다. 사실 불친절하다고 소문난 매장은 방문해보면 사장의 손길이 거의 느껴지지 않는 매장이 많다. 얼핏 봐도 아르바이트생들이 시간 단위로 매장을 돌리는 경우들이 대부분이고 제대로 된 손님 응대 매뉴얼도 없어 보이는 경우들이 많다. 매장 전체에서 느껴지는 친절함은 단순히 직원 개인의 성향이 아니라 매장 전체의 철학이 배어나오는 결과이다.

고객이 어떤 요구를 해도 무관심하거나 혹은 기계적인 대답만을 하는 것은 불친절의 대표적인 예일 것이다. 몸짓은 제2의 언어다. 굳이 말하지 않더라도 눈썹이나 미간의 찌푸림만으로도 싫은 표현은 충분히 전달된다. 말은 친절한데 눈빛이나 입가의 미소가 백화점에서 파는 상품같이 공장에서 찍어낸 느낌이 든다면 진심이 전달될 리가 없다.

불친절한 매장은 공통점들이 있다. 손님과 눈을 마주치는 적극적인 응대가 없고 "어서 오세요.", "안녕히 가세요."라는 기계적인 인사만 한다. 또 손님이 무언가를 요구하면 그 요구를 해결하기 위한 노력은 전혀 없고 안 되는 이유들만 계속 늘어놓는다. "사장님이 안 계셔서요." 혹은 "저희 방침이 그렇습니다."라고 대답하면서 "죄송합니다."라고는 말하지만 영혼 없는 로봇처럼 같은 말을 반복한다.

때때로 큰 문제가 되는 것은 권위적인 태도다

그런데 나는 권한이 없어서 해결할 수 없다는 태도도 문제지만 때때로 더 큰 문제가 되는 것은 권위적인 태도라고 생각한다. 어떤 때는 매장의 직원이 오히려 거만한 태도를 보여서 구매자가 눈치를 봐야 하는 경우가 있다. "손님이 잘 모르셔서 그런데요." 혹은 "고객님이 잘 이해가 안 되시나본데요."라는 말이 참 쉽게 나오는 직원들이 있다. 이런 말투와 태도는 상대방의 자존심을 건드리게 되고, 결국 그 손님이 그 매장에서 제품을 굳이 구매해야 할 이유가 없다는 결론을 내리게 한다.

약국도 그렇다. 약사 가운을 입고 건강에 대한 전문적인 지식을 일반인에게 전해야 하는 직업의 특성상 이런 권위적인 태도는 더 두드러질 수 있다. 건강과 몸에 대한 정보를 전달하는 분야이기 때문에 전문적인 용어를 많이 쓸 수밖에 없는 곳이 약국이다. 고객의 입장에서 듣다 보면 너무 어렵거나 무슨 말인지 잘 이해하지 못하는 경우가 많다.

그래서 다른 분야보다 더 어떻게 하면 고객의 입장에서 이해하기 쉽게 말해야 할지를 항상 고민하는 자세가 필요하다. 이런 문제에 대한 충분한 고민이 없는 경우에 특히 더 고압적이거나 권위적인 태도를 보이게 되는 경우들이 많다. 고객을 이해시키고 함께 건강한 삶으로 가기 위해 노력하는 것이 아니라 아는 것만 말해주면 그만이라는 태도도 상대방에게는 공감을 일으키지 못한다. 어떤 경우에는 오히려 반감을 일으켜서 안 하느니만 못 하게 되는 경우들도 비일비재하다.

권위적이고 고압적인 태도는 고객의 발걸음을 돌리게 한다

반드시 기억해야 한다. 권위적이고 고압적인 태도는 고객의 발걸음을 돌리게 한다. 별말도 없이 "내가 먹으라면 먹어. 알아서 좋은 약 줄 테니까."라는 식의 상담이 카리스마라고 여겨졌던 시절은 지나간 지 오래다. 어디서든 대접받고 인정받고 싶은 것이 가장 기본적인 사람의 욕구이다. 하물며 몸과 마음이 다 아픈 '환자'의 마음은 말할 것도 없다.

고객을 만나는 일이 직업인 사람이라면 누구든지 당연히 친구를 만날 때와 손님을 만날 때의 마음가짐 자체가 완전히 달라져야 한다. 훈훈한 느낌으로 상대방의 입장을 고려하며 신중하게 상담하는 태도가 좋은 인상을 준다. 친밀감을 느끼게 해주는 사람이 편안한 것은 당연하니까! 마음속에서 우러나오는 마음으로 고객의 입장에서 이해하고 조언하는 것은 사실 결과적으로는 나를 위하는 길이다. 기분 좋은 고객과의 상호작용을 해본 사람은 알 것이다. 그 자체가 정말 기분 좋은 일이라는 것을. 기분 좋은 마음과 제품 구매가 동시에 따라오는 일거양득인 것이다.

24. 상처 주는 말은 절대 피하라!

Q. 저는 직설적인 편이에요. 그래서 다른 사람에게 상처를 주는 경우도 종종 있죠. 하지만 저는 있는 그대로의 사실만 말하는 걸요. 이런 것도 다 그 사람에게 도움이 될 걸요?

A. 그 사람에게 도움이 될지는 잘 모르겠지만, 자극을 주는 것은 확실하다. 다만 그 사람이 당신에게 고마워하게 될지는 생각해볼 일이다. 혹시 이를 갈게 된 것은 아닐까? 그런 점에서 당신은 고등학교 시절 전교생이 미워하는 학생주임의 심정을 이해해야만 할지도 모른다. 아! 학생주임 같다는 나의 말이 당신에게도 도움이 되길 바란다.

04 고객이 원하는 것을 물어라 :
"오늘은 좀 어떠셨어요?"

얼굴이 계속 햇빛을 향하도록 하라. 그러면 당신의 그림자를 볼 수 없다.
– 헬렌 켈러(미국의 작가, 사회사업가)

바꿀 수 있는 무엇인가에 집중하면 반드시 어제와 달라진다

"약사님은 약학박사시잖아요. 상담하시면 당연히 환자들이 잘 듣겠죠."

"거기 약국은 크니까요. 저희는 작아서요."

"약국을 오픈하려고 하니 돈이 없어요. 안 그래도 빚이 많은데요."

"아무래도 실력이 부족한 것 같아서 임상약학대학원에 다니려고요."

약국에 대한 경영컨설팅을 하다 보면 가장 많이 듣는 말들 중 하나다.

가만히 들여다보면 당장은 본인들이 어찌할 수 없는 이유들이 대부분이다. 다들 당장 사업을 시작할 수 없는 이유, 상담이 원활하지 못한 이유를 모두 외부적인 요인에서 찾는다. 많은 사람들이 지금 실패하는 이유 혹은 지금 너무나 힘든 이유들의 대부분은 돈이나 학력 때문이라고 생각한다.

물론 "외부적인 요인은 없다. 모든 것은 마음에 달려 있다."라고 말할 수는 없다. 분명히 내가 어쩔 수 없는 외부적인 요인들은 '존재'한다. 다만 그것들에 '집중'하지는 말아야 한다. 그 이유를 방패 삼아 그 뒤에 앉아만 있으면 아무것도 달라지지 않는다. 지금 당장 할 수 있는 어떤 것들에 집중하고, 바꿀 수 있는 무엇인가에 집중하다 보면 분명히 어제와 오늘은 달라진다.

견고한 바위처럼 절대로 움직이지 않을 것 같은 외부적인 요인들은 예측하지 못했던 기회들로 한순간에 사라져버리기도 한다. 기회란 그런 것이다. 태풍과 함께 몰려오던 야속하기만 했던 번개가 늘 골칫거리였던 바위를 깨버릴 수도 있다. 또 참다 참다 누군가의 포크레인을 빌려서 그 커다란 바위를 조각조각 부숴버릴 수도 있다.

'왜 이 생각을 이제야 했을까 하면서!'

| 나는 약국에서 경영을 배웠다

기적은 그렇게 찾아온다. 그래서 우리는 포기하지 말고 계속해서 방법을 찾아봐야 한다.

사업의 시간은 고객과 만나는 모든 순간의 총합이다

약국에서의 시간들은 일터의 삶이다. 수많은 시간들이 모여서 하나의 삶을 이뤄낸다. 그 수많은 시간들을 자세히 미분해보면, 고객과 만나는 모든 순간순간과 마주하게 된다. 약국에 방문하는 고객을 단순히 약을 구매하려고 하는 사람들로만 봐서는 안 된다. 지금 세상은 공급이 넘치는 세상이다. 비슷한 제품이 하루에도 수백 개씩 쏟아지고 있다. 단순히 좋은 제품을 구매하려는 것이라면 인터넷을 통해서 30초면 가능한 세상이다. 만들기만 하면 팔려나가던 30년 전과는 완전히 다른 세상이다.

이런 세상을 살아가는 고객들이 단골 약국에 와서 굳이 약사에게 제품에 대해 물어보는 이유는 뭘까? 고객들은 약국에서 어떤 제품을 구매할 건지 이미 결정하고 나서도 꼭 약사에게 확인받고자 한다. 믿을 수 있는 사람에게 자신의 선택이 맞는지 확인받고 싶은 것이다. 게다가 약은 단순한 제품 이상이다. 약으로 대표되는 모든 제품들은 나와 가족의 건강과 직결된다. 꼭 100세 세상을 맞이하는 시기가 아니더라도 건강은 삶에 있어 중요한 행복의 키워드 중 하나이다.

고객을 만나서 판매가 이루어지는 모든 사업은 본질적인 측면에서 모두 같다. 그중에서 약국이라는 곳은 판매와 관리 그리고 건강이라는 요소가 더해진 독특한 분야의 소매업이다. 하지만 다른 소매업과는 다른 독특한 컨셉이 있으나, 그 본질을 들여다보면 '무언가가 필요한 사람들이 나의 매장을 방문하고, 나는 그들이 필요한 욕구를 채워준다.'는 점에서는 항상 그 맥락을 같이한다.

중심은 결국 '고객'이다

약국이라는 사업은 그 독특함의 요소인 사람들의 건강과 행복의 가치에 대해 접근할 때 성공의 확률이 높아진다. 가격으로 승부하는 마케팅은 잠깐의 붐을 만들 수는 있지만 오래갈 수는 없다. 가격에 대한 생각은 사람마다 천차만별이다. 똑같은 제품을 가지고도 어떤 사람은 너무 비싸다고 말하고 어떤 사람은 너무 저렴하다고 마음에 안 들어 하기도 한다. 상담하는 사람이 고려해야 하는 것은 가격의 높고 낮음이 아니다. 그 가격에 대해 고객이 생각하는 가치이다. 결국 중심에는 고객이 위치해야 한다.

소비라는 것은 사람이 자신의 삶에 대해 어떤 생각을 가지고 있는가에 대한 가치관이 완전히 반영된 하나의 행동이다. 소비하는 방식이 곧 가치관인 셈이다. 가격에 목숨 거는 사람은 가치를 등한시하기도 한다. 서비스 제공자인 사업자는 거기에 맞추면 될 일이다. 반면에 어떤 사람에게는 가치소비가 삶의 낙이다. 그렇다면 또 거기에 맞추면 되는 일이다. 가격소비가 맞는지 가치소비가 맞는지를 세일즈의 현장에서 논의할 필요는 없다. 어느 쪽이든 사업자인 우리는 누군가를 행복하게 해줄 수 있다. 약사인 우리는 누군가와 그 사람의 가족이 건강하고 행복하도록 도와줄 수 있다.

미생의 시기를 거쳐야 완생의 순간이 온다

약국에 방문하는 손님들은 생각보다 빨리, 아주 짧은 시간에 나와 나의 약국에 대해 모든 것을 느끼고 알아챈다. 면역학을 전공한 나는 가끔 몸에서 일어나는 일이 삶에서 일어나는 일과 비슷한 원리를 가진다는 생각이 든다.

골수에서 태어난 어린 면역세포들은 때가 되면 분화differentiation하게 된다. 분화의 신호를 주는 단백질인 사이토카인cytokine들 중 특정한 어떤 것을 접하면 기존의 어린 세포에서 어른 세포로 분화하게 된다. 특정한 기능을 갖게 되어 부분적으로 혹은 완전히 달라진다는 의미다. 흔히 진화라고 불리는 일이 세포 사회에서는 '분화'라는 이름으로 이루어진다.

이 사이토카인은 세포와 만나기만 한다고 바로 영향을 줄 수 있는 것이 아니다. 리셉터receptor라는 이름으로 세포의 표면에 달려 있는 곳에

225

정확히 들어가야만 세포에 신호가 전달되고 비로소 분화가 시작되는 것이다. 수도 없이 많은 사이토카인이 지나가다가 어느 하나가 리셉터 안으로 들어갔을 때 신호 전달이 가능해진다. 단 한 번의 노력으로 될 일이 아닌 것이다.

세포 사이에서 일어나는 일도 이렇다. 세포 하나의 분화를 위해서 온몸에서는 필요한 때가 되면 수많은 분자들이 서로 필요한 반응을 이끌어내기 위해 셀 수 없는 노력을 이뤄낸다.

태어나서 걸음마를 배우는 순간부터 우리는 엄밀히 말하면 매 순간 분화하고 있다. 몸도 그렇고 마음도 그렇고, 짐작컨대 영혼도 그럴 것이다. 자연 속의 모든 삶이 그렇듯이 미생의 시기를 거쳐 완생이 되기 위해서는 적당한 시간과 잘 익은 경험들이 필요하다. 사업가의 삶 역시 그렇다. 부자의 자손들이 재산을 탕진하고 가난해졌다는 이야기는 흔하다. 반면에 밥 한 끼 먹을 돈이 없어 물로 배를 채워가며 자수성가한 부자들의 이야기 역시 세상에 차고 넘친다.

마라톤 완주의 기적은 포기하지 않고 달리는 자에게 찾아온다

사업은 돈이나 학력으로 하는 것이 아니다. 외적인 요인들이 풍성하다면 사업이라는 경기에서 조금 먼저 출발하는 데 도움이 될 수는 있을 것이다. 그러나 먼저 출발하는 사람이 언제나 먼저 도착하는 것은 아니다.

인생은 기가 막힌 반전이 있는 스포츠이자 드라마니까.

　삶은 100m 달리기가 아니고 오히려 42.195km를 달리는 마라톤에 가깝다. 마라톤을 완주한다는 것은 자신에게 주어진 구간을 열심히 달려 이루어냄으로써 자신의 가치를 인정받는 과정이다. 너무 빨리 뛰어도 중간에 그만두기 쉽고, 너무 느리면 아무 보람이 없을 수도 있다. 그렇기 때문에 페이스를 조절하고 주변 상황을 고려해야 한다. 나의 숨소리 하나하나에 집중하면서 끝까지 포기하지 않는 것이 마라톤 완주의 비결일 것이다.

　결코 끝까지 갈 수 없을 것 같은 사람들이 만들어내는 기적 같은 결말이 스포츠 기록에는 적지 않다. 읽거나 보다 보면 눈가에 눈물이 절로 맺히는 감동적인 사연들도 많다. 완주의 기적은 포기하지 않고 달리는 자에게 찾아온다.

　결국 인생의 기적은 무엇이라도 끊임없이 실천하려고 하는 사람에게 찾아온다.

25. 고객이 무엇을 원하는지 항상 살펴라

Q. "맨날 무뚝뚝하게 약국에 오시던 그 손님이 어느 날 가족들 영양제를 잔뜩 사가셨어요. 별로 설명도 길게 하지 않았는데요. 오늘 매출이 좋아서 기분은 좋은데 정확히 무엇 때문이었는지는 잘 모르겠네요."

A. 축하한다. 드디어 당신은 지니의 램프를 세 번 쓰다듬은 셈이다. 짠! 이유 없이 당신에게 돈을 쓰는 고객은 없다. 그것도 큰돈을.

단비처럼 꾸준히 내린 봄비가 꽃을 피우는 것처럼 당신의 무언가가 그를 움직였을 것이다. 당신이 알고 그랬든 모르고 그랬든. 물론 알고 그랬다면 더 좋았을 것이다. 그랬다면 당신은 이제 램프의 요정을 불러내는 방법을 깨달은 셈이니까.

'그 사람이 원하는 것'을 아는 것이 모든 것이 시작이다. 내 앞의 바로 그 고객에게 집중하자. 그가 나의 램프의 요정 '지니'일지도 모른다. 그러니 겨우 램프를 세 번 쓰다듬는 수고를 저버려서는 안 될 말이다.

05 고객을 '손님 대접' 하라 :
"그런 점은 정말 불편하시겠어요."

소비자들은 자신이 특별한 대접을 받는다고 느끼고 싶어 한다.
– 로렌 애소그나(프랑스의 기업가, 벨루티 CEO)

고객이 약국을 나갈 때는 웃으면서 나가게 하라

약국 같은 매장 중심의 소매업은 하루 이틀의 영업으로 끝나지 않는다. 농사를 짓는 농부의 마음으로 씨를 뿌려야 한다. 농사를 지을 때면 예상치 못한 천재지변으로 수확물을 망치는 경우도 있고, 게으름으로 수확물을 못 얻는 경우들도 있을 것이다. 내 힘으로 도저히 어쩔 수 없는 태풍이나 가뭄은 어쩔 수 없는 일이다. 하지만 제 게으름이 문제인 것을 깨닫는다면 얼마든지 노력으로 결과를 달라지게 할 수 있다.

약국같이 매일의 매출이 모여 한 해의 매출이 되는 사업은 모두 마찬가지다. 매일매일 만나는 고객에게 친절의 씨앗을 심고 관심과 정성의 물을 충분히 줄 때 비로소 가을의 수확처럼 매출이 만들어지는 것이다.

'열심히 해야지!' 하는 마음으로 모든 고객을 대했다고 생각했지만, 뜻하지 않게 화가 나서 씩씩거리는 고객이 약국 문을 벌컥 열고 소리를 지르는 경우들도 비일비재하다. 사정을 알아보면 내 잘못인 경우도 있고 고객의 실수인 경우도 있다. 내 잘못이었다면 정중히 사과하고 용서를 빌어야 한다. 고객의 실수라면 '그럴 수도 있는 일이겠지!' 하는 가벼운 느낌으로 일을 정리해야 한다.

왜냐하면 설사 고객의 실수라는 것을 인정받더라도 그 과정에서 고객의 자존심을 상하게 하면 오늘의 작은 승리로 한 해의 농사를 망치는 꼴이기 때문이다. 어떻게든 고객이 약국을 나갈 때는 웃으면서 나가도록 해야 한다. 나갈 때 웃어주는 손님은 우리 약국에 다시 방문하게 될 확률이 커지고 단골손님이 될 수 있는 길이 열린다.

경험이나 느낌에 대한 평가는 끝인상이 결정한다

첫인상은 사업이든 맞선 자리든 사람과 사람이 만나는 어떤 일에 있어서는 무척 중요한 순간이다. 하지만 연구에 따르면 사람이 자신의 경험에 대해서 어떤 느낌이었는지를 결정하는 것은 바로 마지막에 생겨나는 끝인상이라고 한다. 고객과의 상담 과정이 매장의 방침에 표면적으로 완벽히 부합했다고 해도 나와의 상호작용에서 나쁜 인상을 받았다면, 첫인 상에서부터 가져왔던 기분 좋은 느낌은 일시에 사라져버릴 수 있다.

 별것 아닌 사소한 일에서 고객에게 세심한 반응으로 응대할 수 있다면 성공적인 서비스로 마무리할 수 있다. 불만을 가진 사람들은 문제의 해 결을 원한다. 대부분은 그뿐이다. 능력이 다소 부족하더라도 그것을 해 결하고자 하는 마음과 의지를 가지고 최선을 다해 고객에게 노력하는 점 을 보면 고객도 고스란히 느낀다.

 고객이 제시하는 불만사항을 고객 입장에서 생각하면 충분히 불편할 수 있다는 점에 공감하고 필요하다면 정중히 사과하도록 한다. 손님의 입장에 서서 손님을 배려하고 있다는 느낌이 들게 해야 한다. 고객이 미 안한 마음과 동시에 고마운 마음을 느끼게 된다면 이후에는 모든 것을 얻을 수 있다.

'경청'과 '수다'에는 결정적 차이가 있다

 이 모든 것이 가능하려면 상대방의 말을 처음부터 끝까지 집중해서 들 어봐야 한다. 그렇기 때문에 고객만족의 요건 중 흔히 첫 번째를 차지하 는 것은 다름 아닌 '듣는 것'이다. 사실 고객의 언어와 몸짓만이라도 자세 히 보면 많은 것을 파악할 수 있다. 어떤 성격의 소유자인지, 삶의 가치 를 어디에 두고 있는지, 가장 중요하게 생각하는 것은 어떤 것인지, 지금 고민하는 것은 무엇인지, 현재 경제적인 수준이 어느 정도인지, 교육 수준은 어느 정도인지 등에 대해 관심 있게 살펴봐야 한다. 그래야 고객이 원하는 것이 무엇인지에 초점을 맞출 수 있다. 초점이 있는 과녁이 있어야 비로소 명중할 수 있는 화살을 쏘아볼 수 있다. 원하는 초점을 찾았을 때 명중을 위한 효율적인 상담이 가능하다.

"전 얘기를 정말 잘 들어주는데 제품 판매로는 잘 연결이 안 돼요."
"우리 동네 김 아무개 어르신은 저희 약국에 와서 하루에 있었던 일 이야기를 날마다 하고 가세요. 우리 할아버지 생각이 나서 전 정말 잘 들어주거든요."

고객 상담에 대한 강의를 하고 나면 이런 대답을 하시는 약사님을 종종 만난다. 이런 대답을 하는 이유는 '듣는 것'이 무엇인지 오해하고 있기 때문이다. 고객의 말을 '경청'하는 것을 단순히 정말 듣고 담소를 나누는 데서 끝나는 것으로 생각하곤 한다. 그것은 경청이 아닌 수다일 뿐이다. 약국에 방문하는 모든 손님들은 잠재적 고객으로 생각해야 한다. 건강에 도움이 될 만한 포인트가 있다면 놓치지 않고 도움을 주겠다는 마음으로 이야기가 오가야 진짜 약국 약사라 할 수 있다.

누구나 구매의 기준은 모두 다르다. 어떤 사람은 가격대가 가장 중요하지만 어떤 사람은 제조회사나 성분을 중요시한다. 어떤 사람은 자신의 건강상태가 궁금해서 약국을 찾지만 어떤 사람은 자식이나 부모님의 건강상태가 궁금해서 약국에 방문한다. 약국에 방문하는 사람이 어떤 이유로 상담하고 싶어 하는지가 먼저 파악되지 않으면 대부분의 상담은 매출로 이어지기 매우 어렵다.

또 단순히 제품을 판매하는 선에서 끝내는 것이 아니라 각각의 손님에게 딱 맞는 제품을 설명하고 구매할 수 있도록 필요한 전문지식을 적절히 전달할 수 있는 능력이 필요하다. 나에 대해 자세히 알고 나의 가족에 대해 관심을 갖고 물어봐주는 곳이 있다면 넘쳐나는 수많은 가게들 중 어느 곳을 찾고 싶어질까.

진짜 손님 대접받는다는 느낌이 들게 하라

거리의 수많은 점포들이 각자의 마케팅을 피 튀기게 하고 있다. 말 그대로 혈전이다. 파격적인 가격 할인을 앞세우는 경우도 있고 사은품을 폭탄처럼 안기는 경우들도 많다. 소비자의 진짜 욕구는 외면한 채 '일단 팔자.' 혹은 '일단 사람을 모으자.'라는 식의 마케팅은 흔히 말하는 '오픈 빨'로 끝나는 경우가 많다.

유인을 위한 마케팅은 소비자들은 SNS에 인증하기 위한 일회성 방문은 할 수 있다. 그러나 두세 번 방문하게 되어 단골손님이 되는 가게는 그런 식의 마케팅을 하는 곳이 거의 없다. 한 꺼풀 아래를 들여다보면 단 솔 손님이 되어주는 소비자의 진짜 욕구를 채워줄 수 있는 어떤 것들이 반드시 있다.

사람에게 '진짜 대접받는다는 느낌'을 줄 수 있는 것은 눈앞에서 쉽게 쥐여줄 수 있는 공짜 선물이 아니다. 사은품이나 파격적인 가격할인은 일시적으로 손님을 유인할 수는 있다. 하지만 진짜 대접받는 느낌의 본 격적인 서비스가 이어지지 않는다면 어렵게 모은 손님들이 썰물처럼 빠 져나가는 것은 시간문제일 뿐이다.

나는 상담시간 안에 개별적인 손님의 특성을 파악하고 원하는 삶의 가 치에 부합하는 건강상태와 제품에 대해 성심성의껏 이야기한다. 제품뿐 만이 아니라 삶의 어느 순간을 함께 하려고 했다는 것이 오히려 적절할 것 같다. 진심과 성심을 전하는 순간은 손님과 나 모두 기분 좋고 훈훈한 시간이었다.

또한 나는 손님과의 약속은 반드시 지켰다. 혹시 약의 배송이 늦어지 거나 약을 구하는 데 시간이 많이 걸리게 되면 고객의 집으로 방문해서 약을 전해드리는 것은 기본이었다. 부득이하게 제품을 배송해서 보내드 리게 되면 배송료가 제품 판매 이익보다 더 많이 들더라도 내가 지불하 고 손해를 감수했다.

또 제품에 대한 불만족이 이어지면 두말없이 환불해드렸다. 절차에 맞는지 여부를 확인하는 것보다 더 중요한 것은 화가 나 있던 고객에게 미안하고 고마운 마음을 갖게 하는 것이다. 우리 약국을 생각하면 기분 좋은 끝인상이 남을 수 있도록 최선을 다했다. 기분 좋은 끝인상은 재방문이나 재구매로 이어지게 하기 위한 가장 좋은 마케팅이었기 때문이다.

고객에게 다가가는 목적은 단순히 필요한 제품의 공급으로 끝나서는 안 된다. 고객 스스로 알지 못할 수도 있는 문제점들에 대해 알게 하고 그것을 해결할 수 있도록 도와주는 것을 궁극의 목표로 삼아야 한다.

누군가가 진짜 대접받는다는 느낌을 갖게 하려면 어떻게 해야 하는가? 어려운 일처럼 보이지만 사실 간단하다. 상대방에 대해 진심으로 걱정하고 관심을 가지고 있다는 것을 본인이 느낄 수 있게 해줄 때 비로소 가능하다.

피가 되고 살이 되는
5분 경영 상담

26. 진상 손님은 '대접'이 아니라 '처리'하라

Q. "동네 노숙자 같으신 분들이 가끔 약국에 들어오세요. 어떤 때는 술도 마시고 들어오셔서 저 혼자 있을 때는 무섭기도 해요. 최대한 설득하고 좋게 돌려보내려고 애를 쓰긴 합니다만, 이럴 때는 어떻게 해야 할까요?"

A. 내 조언은 이렇다. 해결하려고 하지 마라. 특히 습관적으로 약국에 와서 나의 인내심을 시험하는 불청객이 있다면 손님으로 여겨서는 안 된다. 당장 112에 전화해라! 장담하건대, 습관적으로 약국에 와서 무언의 공포감을 조성하던 그는 민중의 지팡이 경찰관이 약국에 모습을 나타내기 직전에 스스로 약국에서 나가는 신사다움을 보인다. 아니면 두 경찰관에게 양팔을 꼭 잡혀서 끌려 나가던지.

진짜 소중한 고객에게는 제대로 대접하되, 나의 안전을 위협할 수 있는 불청객에 대해서는 그에 맞는 '처리'를 하는 것이 현명하다.

약국하면서 목숨까지 걸 수는 없으니까.

06 고객을 기쁘게 만들어라 :
"정말요? 진짜 좋으시겠어요."

"어떻게 하면 고객들을 행복하게 만들 수 있을 것인가?"라는 질문으로
머릿속이 가득 차 있어야 한다. 언제 어디서나."
– 커넬 핼랜드 샌더스(미국의 기업가, KFC 창업자)

상대의 마음을 얻으려면 기쁘게 하기 위해 정성을 다하라

고객을 대할 때는 진심으로 사랑하는 사람을 대하는 마음으로 임해야
한다. 뻔한 말 같지만 다르게 표현할 수가 없다. 마음에 드는 상대를 만
나면 그 사람도 나를 좋아했으면 하는 마음에 별의별 노력을 다하는 것
이 연애를 하고 싶은 사람의 기본 자세이다. 오죽하면 하늘에 있는 별도
따다준다는 말이 있을까! 상대방의 마음을 얻으려면 상대방을 기쁘게 하
려고 정성을 다해야 한다.

내가 하고 싶은 이야기만 해서는 상대방의 마음을 얻을 수 없다. 상대방이 좋아하는 것이 무엇인지 혹은 상대가 어떤 주제에 기뻐하는지 알아내려고 애를 써야 한다. 그리고 그 사람을 기쁘게 하기 위해 혼신의 힘을 다해야 비로소 뭔가가 통하는 법이다. 모든 것의 중심이 상대에게 가 있어야 연애가 비로소 시작될 수 있는 가능성이 열리는 것이다. 고객을 대하는 것도 사랑하는 사람을 대하는 마음과 다르지 않다.

나는 약국에서 손님을 만날 때는 저 사람에게 지금 필요한 것이 무엇인지, 그리고 어떤 얘기나 태도로 그 사람을 기쁘게 할 수 있을지 항상 고민한다. 손님 중에 어떤 분의 머리스타일이 조금만 바뀌어도 나는 꼭 새로 한 머리가 잘 어울린다는 말을 잊지 않는다. 또 어떤 손님의 막내딸은 취업하고 회사생활 적응은 잘하고 있는지 먼저 물어보았다. 자식 자랑하고 싶어 하는 부모 마음은 누구나 다 같다. 막내딸 자랑에 얼굴에 웃음이 가득 피어나면 내 일처럼 기뻐하며 그 가족의 기쁨을 함께 나눴다.

어떤 때는 내가 생각해도 지나치게 좋은 말을 많이 한다. 가족에게는 거의 없는 애교 수준의 농담도 서슴지 않는다. 일부러 나의 약국을 찾아준 사람이라는 고마운 마음이 들 때는 평소와는 많이 다른 태도여도 전혀 부끄럽게 여기지 않았다. 고맙고 소중한 마음을 표현하는 것인데 부끄러울 것이 뭐가 있겠는가? 그렇게 한 번 인연을 맺으면 그 가족 모두가 나의 단골이 되어 주었다.

| 나는 약국에서 경영을 배웠다

고객을 기쁘게 하면 오히려 내가 더 행복해진다

소아과 문전 약국을 운영할 때 나는 약국을 방문하는 고객들에게 조금이나마 더 도움이 되고자 해서 카카오톡 아이디 상담라인을 열었다. 요즘은 흔해졌지만 당시에는 카카오톡을 통한 상담라인을 운영하는 약사는 드물었다. 카톡 상담에 대해 주변 약사들은 염려하는 부분이 더 많았다. 괜히 온라인 상담을 시작했다가 손님들이 아무 때나 마구 연락해서 개인적인 시간이라곤 없어질 거라며 걱정했다.

하지만 나는 약국이나 병원이 문을 닫았을 경우에 아이들의 건강에 문제가 생긴다면 부모 입장에서는 정말 난감할 거라 생각했다. 카톡 상담으로 부모의 난감한 상황에 도움을 줄 수 있을 거라는 생각이 들었다.

또 카톡 상담을 통한 환자 관리는 경쟁업체와 차별화가 가능한 좋은 마케팅이 될 수 있다는 생각도 들었다. 예상한 대로 상담라인에는 다양한 질문들이 쏟아졌다. 나는 질문 하나하나에도 성심껏 대답했다. 약에 대한 질문도 있었고 건강 관련 상담도 이루어졌다.

그중에는 정말 긴급한 경우들이 생긴 경우들도 있었다. 나는 취해야 할 조치들을 설명해주었다. 아이의 상태에 대한 의사의 판단이 필요하다는 판단이 들어 휴일임에도 불구하고 진료했던 의사에게 전화를 걸어 상담을 요청하기도 했다. 적절한 조치를 받은 아이는 금방 건강을 회복했다. 부모는 다음날 약국으로 찾아와서 고개를 숙이면서 고맙다는 말을 전했다. 고객을 기쁘게 하려던 것이 오히려 나를 기쁘게 만든 셈이다. 기쁨은 나누면 2배가 된다는 말을 실감했다.

나는 우리 약국을 찾는 사람들이 조금이라도 기쁜 마음으로 돌아가길 바란다. 돌아서서 문을 밀고 나가는 순간만이라도 하루 중 즐거운 순간이 될 수 있도록 나름대로 노력했다. 나름 노력했던 작은 마음 하나하나가 일부러 내 약국을 찾는 손님들이 더 늘어나게 하곤 했다. 약국을 옮겨가면 애써 연락해서 거리가 멀어도 일부러 새 약국으로 찾아와주는 고객도 있었다. 어떤 사업을 하든 어느 정도의 손님은 온다. 그 한 명, 한 명을 소중히 생각하고 최선을 다해야 한다. 그 몇 명이 늘어나서 몇십 명이 될 수 있다는 사실을 명심하고 또 명심해야 한다.

고객을 기쁘게 할 수 있는 중요한 습관들

열심히 하려는 마음에 너무 적극적인 방식을 취하는 것도 조심할 일이다. 사람들은 너무 적극적인 영업 방식 앞에서는 자연스럽게 방어적인 태도를 취하게 된다. 나를 적극적으로 설득할 것이라는 예상이 생기면 본능적으로 사람은 거부하고 싶은 마음이 생긴다. 거부하고 싶은 사람의 마음은 쉽게 부정적인 반응으로 결론나기 쉽다. 그렇기 때문에 너무 적극적이기만 한 영업방식보다는 고객이 무엇을 원하는지 알아보는 경청의 태도가 고객을 기쁘게 할 수 있는 중요한 습관이다.

| 나는 약국에서 경영을 배웠다

고객을 대할 때는 고객의 고민을 먼저 파악해보는 것이 좋고 효과적이다. 과연 누가 제품을 구매하고 먹을 것인지? 가격은 적정한지? 고객이 가지고 있을 이런 고민을 먼저 파악해야 한다. 상품에 너무 집중하면 상대방의 표정을 읽지 못하게 된다. 설명이 너무 장황하거나 지나치게 전문적이면 손님들은 금세 지루해한다. 제품에 대한 설명은 꼭 필요한 부분에 대해 임팩트 있게 설명하고 손님의 질문에 대응하면서 나머지 부분을 진행하는 것이 가장 효과적이다.

또 하나, 고객을 기쁘게 하기 위한 습관 중 하나는 거절과 환불에 대한 습관이다. 거절과 환불 요구를 소중히 하는 습관을 익혀야 한다. 거절당하거나 환불을 요구하는 것은 '나'에 대한 거부감이 아니라 지금 그 제품이 필요하지 않다는 것을 알리는 것뿐이다. 나에 대한 거부감으로 받아들이면 자존감에 대한 상처로 남고 자신감마저 줄어들게 된다.

자신감이 없는 사람은 사과할 타이밍을 놓치게 된다. 한번 때를 놓치면 더 큰 부담이 생겨서 자꾸만 상황을 피하고만 싶어진다. 결국 상대방이 화가 나버리면 애써 연결해 놓은 소통의 다리는 한순간 무너져버리게 된다. 거절이나 환불에 대한 요구를 두려워해서는 안 된다. 거절은 극복해야 할 일이지, 무시하고 피해야 할 일이 아니다. 약국에서 가장 용기를 내야 할 일은 이것이다.

나는 자주 "손님이 생각하는 것보다 조금 더 친절하게 대하라."고 말한다. 기대치를 웃돌아야 누군가에게 만족감을 줄 수 있다. 제품을 판매할 때도 그렇지만 제품을 환불해달라고 할 때도 그렇다. 판매나 환불을 요구할 때 소소한 손실을 따지면서 일이 진행되면 당장은 손해를 덜 보는 것 같지만 경쟁업체를 이길 만한 경쟁력에서는 확실히 뒤처지게 된다.

손님은 반드시 기쁘고 고마운 마음으로 돌아가게 하라

물론 아무리 애를 써도 고객과의 상담이 원활하지 않아 결국 고객이 기분 나쁘게 돌아가는 경우들이 생긴다. 하지만 내가 왜 그랬는지 내 행동의 정당성을 주변 동료나 상사에게 설명하는 것은 사업에 전혀 도움이 되지 않는다.

테레사 수녀가 말했다.
"남을 심판하는 사람은 남을 사랑할 수 없다."

게다가 상대방을 욕하는 마음은 금방 주변 동료들에게 전염될 수 있다. 나를 정당화하려면 상대방을 폄하해야만 한다. 안 좋은 사람이라는 인상이 박힌 손님에게 친절하기란 점점 더 힘들어진다. 나를 정당화하려는 마음으로 고객을 대한다면 고객 중심의 사고는 점점 더 불가능해진다.

내가 하고 싶은 이야기가 아니라 '고객이 듣고 싶은 이야기', 그리고 내가 기쁜 것이 아닌 '고객을 기쁘게 하는 것'이 진정한 고객 사랑의 태도이다. 이것이 몸에 밸 수 있다면 약국에서도 소개팅에서도 모두 성공적인 결과를 가질 수 있다. 어떤 목적으로 왔든, 고객이 방문했다면 반드시 기쁘고 고마운 마음으로 돌아가게 해야 한다.

'나 중심'이 아니라 '고객 중심'으로 매장의 상황을 보는 연습을 끊임없이 하라. 그것이 몸에 밸 수만 있다면 언제나 어디서나 성공은 따 놓은 당상이다.

27. 손님을 행복하게 만들어드려라

Q. "그 제품도 없냐며 어이없다는 듯 쳐다보고 가시는 분들이 있어요. 웬만한 약국에 있는 품목은 저희도 다 갖추고 있는데…. 그런 말을 들으면 제대로 된 약국이 아니라고 말하는 것 같아서 기분이 별로예요. 아마도 제품 종류를 더 늘려야 할까 봐요."

A. 품목을 늘리는 게 답은 아니다. 품목을 대체 얼마나 늘리게? 대형 할인마트에 가도 내가 원하는 물건이 없는 경우는 허다하다!

요즘처럼 제품이 넘치는 시대에 아주 특별한 제품이 아니면 대부분은 대체 가능한 품목들이 있다. 어떤 제품을 분명히 원하는 건지 '물어보고' 대체품을 추천해주자.

정말 원하는 제품이 없어서 돌아 나가더라도 내가 보인 성의와 친절은 상대방의 마음에 호감을 심어줬을 것이다.

당신의 성의와 배려에는 그런 힘이 있다. 오늘 몇 명을 행복하게 해주었는가?

07 특정 고객을 특별 대우하라 :
"내가 속으로 엄청 기다렸다!"

성공의 비결이 있다면, 그것은 고객의 입장이 되어서
모든 것을 생각하는 것이다.
– 토머스 존 왓슨 시니어(미국의 기업가, 전IBM CEO)

나 같은 사람을 누가 이래 맞아주겠노!

현금 거래가 주를 이루었던 80년대에 약국가에 떠돌던 소문이 있었다. 흔히 말하는 전문판매원은 손님이 약국 문을 열고 들어서면 그 손님의 주머니에 돈이 얼마나 있는지 안다고 한다. 그리고는 그 주머니의 돈을 다 쓰고 가게 한다는 '전설'이 있었다. 처음 이 이야기를 들었을 때는 말도 안 되는 우스갯소리라고 생각했다. 전문판매원을 폄하하고 장사꾼으로 매도하기 위한 이야기라고 생각했다.

그런데 어느 날 문득 나는 약사도 아니고 배움도 짧고 영락없는 장사꾼 같은 이 전문판매원들에게 사람들은 왜 덥석 덥석 약을 사가는 걸까 궁금해졌다. 그래서 나는 일부러 유명한 전문판매원이 있는 큰 약국에 한 번 들러봤다. 마침 근무하는 약사님과 면식이 있는 사이라 이것저것 얘기하면서 시간을 보냈다. 시간이 한참 지나도 특별한 일은 없었다. 나는 별로 크게 배울 것도 없다 싶어서 이만 돌아갈까 해서 자리에서 일어나려고 했다. 바로 그 순간이었다.

　"아이고, 사모님 오셨어요!"

　그는 마치 버선발로 마중을 나가듯이 전문판매원이 매대 밖으로 튀어나갔다. 나는 누군가 싶어 얼른 약국 문을 쳐다보았다. '사모님'이라는 호칭에 어울리는 사람은 없어 보였다. 그가 달려간 약국 입구에서 문을 열고 들어오는 손님은 영락없는 시골장터 패션의 아주머니였다. 누가 봐도 노점상 장사를 하시는 분이다 싶을 만큼 얼굴은 까맣게 타 있었다. 당연히 배움도 짧아 보였고, 물론 돈도 없어 보였다.

　"아이고, 우리 선생님 계셨구나! 내가 선생님 뵈려고 한참을 걸어왔어요. 이렇게 맞아주시니 반갑고 고맙네요. 나 같은 사람을 누가 이래 맞아주겠노!"

| 나는 약국에서 경영을 배웠다

그러자 그 선생님이라 불린 사람은 아주머니의 주름진 손을 이끌고 약국에서 제일 좋은 의자에 앉히면서 이렇게 말했다.

"뭔 소리래요? 나는 우리 어머니가 참 좋은데. 안 그래도 올 때가 되셔 가지고, 우리 누나 생각나서 내가 속으로 엄청 기다렸지요!"

"날 기다렸어?"

그러면서 의자에 앉아서 배시시 웃는 할머니의 모습은 모든 마음을 연 단골손님의 자세였다. 나는 겉으로 표현을 할 수는 없었지만 속으로는 깜짝 놀랐다. 약국의 다른 사람들은 그러려니 하는 태도를 보였다. 약사님께 여쭤보니 '원래 저 손님은 그 선생님 단골'이라는 것이었다. 뭘 어떻게 했는지 모르지만 저 선생님만 찾는다고 했다. 듣고 보니 구매 금액도 꽤 큰 단위였다. 겉모습만 봐서는 상상할 수 없는 금액이었다.

'나만 특별한 대우'를 받으면 누구나 존중감에 기쁨을 느낀다

두 분의 대화는 매우 짧은 내용이었지만 정말 많은 것이 담겨져 있었다. 단순히 영업의 느낌만 드는 것이 아니었다. 방관자처럼 지켜보고 있던 나에게도 마음에서 나오는 '섬김'의 느낌이 드는데, 섬김을 받는 당사자는 오죽할까? 환자에게 적절한 약을 정확히 투약했는지 여부는 여기서는 논외의 문제다. 그날 내가 느낀 '특별한 놀라움'은 고객 서비스에 대한 관점을 근본적으로 새롭게 하는 데 큰 도움이 되었다.

그날 이후 나는 그 전문판매원과 사모님의 관계가 궁금해졌다.

'처음은 어떻게 시작되었을까?'

'얼마나 오래된 관계일까?'

그리고 나의 고객들과의 관계도 하나하나 생각해보기 시작했다.

다른 고객들과 똑같은 대우를 받는 사람이 그 가게에 대해 좋은 말을 해줄리 만무하다. 하지만 다른 사람과 달리 '나만 특별한 대우'를 받게 되면 사람은 존중받는다는 기쁨을 느낀다. 다른 사람에게 '거기 단골'임을 자랑하게 되는 뜻밖의 영업을 해주게 되는 것도 이런 이유이다.

만약 내가 그곳에서 본 것이 그저 모든 손님에게 때때로 과도한(?) 친절로 느껴지는 멘트뿐인 서비스였다면 놀랄 것도 없었다. 갈수록 흔해지는 것이 그 형식적인 친절함이니까. 말과 글로 전달하기는 쉽지 않지만 내가 그때 '섬김의 진수'라고 느낀 가장 큰 이유는 아마도 '특정 고객'을 '특별 대우'하는 '특별한 섬김'이라는 의미였다.

비즈니스에서의 섬김은 단순히 나를 낮추고 상대가 원하는 모든 것을 해줘야 하는 단순한 의미가 아니다. 계급이 존재했던 조선시대에도 수많은 하인들 중에서도 유독 나으리가 좋아하는 하인이 있기 마련이다. 심복이 되는 일이 과연 시키는 일만 열심히 했다면 가능했을까? 나으리가 무엇을 좋아하는지, 심기가 어떤지를 누구보다 잘 알고 마음을 읽어주었

| 나는 약국에서 경영을 배웠다

기 때문에 가능했던 것이 아닐까? 아마도 나으리는 자신을 진심으로 위한다는 것을 알고 믿었기에 그 하인을 심복으로 삼을 수 있었을 것이다.

'그 어떤 고객보다 더 특별한 사람'이라는 것을 확실히 느끼게 하라

그날 이후 나는 가격을 할인해주면서 말하는 멘트부터 바꿨다. 처음에는 거래가 성사될 무렵 할인 요청이 들어오면 그저 생색을 내기 바빴다.

"저희 약국이 정말 싸게 드리는 겁니다. 이 가격이면 저희도 남는 게 없어요."

하지만 이제는 달라졌다.

"태준이 엄마시니까 제가 특별히 할인해드릴게요. 다른 분들은 이렇게 안 해드려요. 태준이 엄마는 우리 단골이시고 제가 참 좋아하는 엄마시니까요. 다른 분들에게는 절대로 비밀입니다!"

나는 한쪽 눈까지 찡긋거리면서 우리끼리의 비밀이라는 점을 강조하면서 말한다. 그러면 상대방도 뭔가 특별한 대접을 받는다는 느낌으로 같이 눈을 마주치면서 다시 한 번 나의 확인을 받고 싶어 한다.

"알지, 알지! 절대 말 안 해. 그럼 앞으로도 쭉 그렇게 해주는 거야!"

옆에서 듣다 보면 별거 아닌 것 같지만 그 순간 상대방과 나만이 느끼는 소통의 느낌은 둘만이 아는 '진정한 단골'의 느낌이다. 내 아이의 이름을 기억하고 있다는 것만으로도 나를 알고 있다는 의미이다. 어떤 문장을 말하든 '당신은 그 어떤 고객보다 더 특별한 사람'이라는 것을 확실히 느끼게 해줘야 한다.

백화점이나 대기업에서는 이미 고객에 따라 차별화된 섬김의 비즈니스를 실천하고 있다. VIP고객에 대한 남다른 서비스가 이루어진다. 구매금액이 높은 고객에게 더 많은 서비스를 제공한다. 어찌 보면 당연한 일이 아닌가?

약국은 홍보와 마케팅에 여러 가지 제약이 있는 업종이다. 어느 업종이나 다 하는 포인트 적립도 불가능하고 전단지를 뿌려서 홍보하는 일조차 금지되어 있다. 그렇다면 우리가 할 수 있는 차별화된 서비스는 어떤 게 있을까?

'당신은 우리에게 특별한 고객입니다!'
이렇게 직접 말해주는 것보다 효과적인 방법이 또 무엇이 있겠는가?

특별하게 더 소중한 고객에게는 친절을 넘어 섬김의 마음으로 대하라.
모든 사람에게 친절한 미소를 짓고 다정한 몸짓을 하는 것은 친절의 기본이다. 기본을 마스터했다면 다음 레벨도 생각해보자. 고객도 선택과 집중의 과정을 통해 좀 더 깊이 있는 서비스를 생각해보는 것이 좋다. 나에게 중요한 고객일수록 섬김의 깊이를 깊게 해보는 방법을 생각해내야 한다.

가격 할인이나 전단지 홍보 등으로 손님을 유인하는 것도 분명 중요한 마케팅이다. 그러나 그 이외의 경쟁력 없이 싼 가격만을 이점으로 내세우는 것은 피하는 게 좋다. 싸서 오는 고객은 가격이 마음에 안 맞으면 금방 떠나버린다. 하지만 마음의 유대는 그렇지 않다.

또 하나 신경 써야 할 것은 단골고객들에 대한 대접은 내가 없을 때에도 계속될 수 있어야 한다. 내가 매장을 비우는 시간에도 단골고객들은 내 가게에 방문한다. 그분들이 언제 와도 차별화된 서비스를 받을 수 있도록 나름의 '시스템'을 만들어두는 걸 잊어서는 안 된다.

모든 고객은 소중하다. 당연하다. 하지만 그 중에 특별히 더 소중한 손님이 분명히 존재한다. 많이 방문하는 사람이 소중한 고객일까? 아니다. 처음 방문부터 지금까지의 총 구매 금액이 높은 손님이 진짜 소중한 사람이다. 버선발로 뛰어나가야 하는 손님이 바로 이분들이다. VIP란 'Very Important Person'의 약자이다. '아주 아주 중요한 사람'이라는 의미다. 특별하게 중요하고 소중한 사람에게는 친절을 넘어서 '섬김'의 마음으로 대하는 것은 너무나 당연하고 꼭 해야 할 일이 아닌가!

28. 20%의 진짜 고객에겐 특별 대우하라

Q. "하루에 100명이 넘는 고객들이 방문하는데, 모두에게 매일 친절하기란 쉽지 않네요. 저도 사람인지라. 모든 고객에게 똑같이 친절하게 대하는 것이 가능하긴 한가요? 이런 생각하는 제가 서비스 정신이 결여된 불친절한 약사인 걸까요?"

A. 그럴지도 모른다. 고객은 신이니까.

하지만 우리는 신을 선택하기도 한다. 더 많은 은혜를 주는 신은 더 많이 섬겨야 한다. 그러니 고객은 차별해서 대우해라.

내 생각은 이렇다. 고객 관리만큼은 공평하게 관리하는 것이 전혀 효율적이지 않다.

20%의 진짜 단골을 제대로 섬겨라. 더 많이 웃어주고 더 성심껏 상담하라. 어떻게 하면 그들을 특별하게 만들 것인지 고민해라.

선택과 집중의 놀라운 결과를 매출로 확인하게 될 것이다.

08 고객 가족의 안부까지 물어라 :
"오늘 엄마가 많이 피곤하시대?"

성공의 비결은 평범한 일조차 비범하게 처리하는 것이다.
– 존 록펠러(미국의 사업가, 록펠러 재단 설립자)

한 알의 갈색 알약

"작은애야, 약국 가서 피로회복제 좀 사와라."

"응! 엄마. 오늘도 많이 힘들어?"

"그러게 좀 피곤하네. 두 병만 사올래?"

그러면 나는 자전거를 끌고 동네에 두 곳밖에 없었던 약국 중 하나로 향했다.

"아저씨, 피로회복제 마시는 거, 두 병만 달라고 하시네요."

"쌍둥이 왔냐? 그래, 오늘도 엄마가 많이 피곤하다고 그러시니?"

하시면서 냉장고에서 피로회복제를 꺼내주셨다.

"그런가 봐요. 계속 힘드시대요."

약사님은 냉장고에서 돌아 나오시면서 나를 잠깐 쳐다보시더니,

"그래…. 그럼 이번에는 이것도 하나 드시라고 해라."

하시면서 알약 같은 것을 한 알 주셨다.

나는 종이봉투 안에 두 병의 피로회복제와 알약 한 알을 잘 넣었다. 그리고 자전거 앞에 달려 있는 바구니에 조심스럽게 넣고 혹시나 넘어져서 깨뜨리지 않을까 걱정하면서 집으로 돌아왔다.

"이 갈색 알약은 뭐야?"

엄마는 나에게 물어보셨다.

"몰라, 약사 아저씨가 같이 드시라고 주셨어."

그러자 엄마는 한참을 알약을 들여다보시고는 피로회복제 드링크와 같이 삼키셨다.

다음날 엄마는 그 약국에 가서 그 갈색 알약이 가득 들어 있는 하얀 통과 우리들의 영양제를 사오셨다.

"그 양반이 우리 식구들 건강상태를 제일 잘 알아. 자주 봐서 그런지

뭐가 필요한지 딱딱 얘기해주더라구. 지금 너희들은 영양이 많이 필요한 때라고 하더라."

그날 엄마가 사오셨던 씹을수록 고소한 맛이 나던 영양제의 맛은 아직도 생생하다. 매년 봄과 가을이면 어김없이 우리는 그 고소한 영양제를 씹어 먹을 수 있었다. 그래서였을까. 남들보다 훨씬 작게 태어났던 우리는 계절이 바뀌고 해가 갈수록 키도 쑥쑥 크고 잔병치레 하나 없이 성장할 수 있었다.

그때까지 나는 약국은 그저 피로회복제 드링크나 사러 가는 곳인 줄 알았다. 하지만 그날 이후 나는 뭔가 가족의 건강에 대한 이야기가 가장 먼저 이루어질 수 있는 곳이 동네의 약국이라고 어렴풋이 생각하게 된 것 같다. 그 후에도 엄마는 우리의 몸에 조금이라도 이상한 현상이 보이면 항상 그 약사님께 가서 먼저 물어보시곤 했다. 나중에 알게 되었지만 그 약국은 우리 동네에서 가장 손님이 많은 약국이었다.

평범한 약국의 비범한 마케팅

어린 내 기억 속에서의 그 약국 약사님은 다른 약국 약사님들과는 뭔가 달랐다. 손님들에게 물어보는 질문도 뭔가 달랐고 약을 들고 나가시는 손님들은 늘 환하게 웃으며 문을 나섰다. 쉴 새 없이 들고 나는 손님들의 가족사까지 꿰고 계셨고, 손님들의 얼굴을 마주할 때마다 잊지 않고 가족 모두의 안부를 물으셨다.

지금 생각해보면 그 평범함 속에 비범한 마케팅이 숨어 있었다. 그 약국에 방문하는 손님은 하루에도 백여 명이 훨씬 넘었을 것이다. 컴퓨터도 없던 시절에 모든 손님의 가족사까지 알고 기억하려면 천재가 아닌 이상 대단한 노력이 필요했을 것이다. 어떤 경우에는 사소해 보이는 것이 가장 중요하기도 한 법이다.

어느 사업에서든 사장이 자기를 알아봐줄 때 손님들의 기분은 더 좋아진다. 자신을 알아봐주는 사람에게 호감의 마음이 생기는 것은 당연한 사람의 마음이다. 그런데 내 가족까지 기억해주는 사장이라니…. 고객의 마음을 사는 법을 진작 깨달았던 그 약사님의 마케팅은 그 약국을 동네에서 가장 잘되는 약국으로 만들었다. 그것이 그 약국의 첫 번째 비범함이었다.

두 번째는 손님에 대한 관심과 정성이다. 그저 피로회복제 드링크만 판매하는 데서 그치지 않고, 자주 피로회복제를 먹는 사람에게 필요한 영양제를 적절하게 소개했던 것이다. 고객의 니즈를 파악하고 그것이 스스로에게 필요한 욕구임을 고객 스스로 알게 해준 것이다. 이것은 마케팅의 기본 중 기본이다.

마지막 세 번째는 욕구를 발견하고 방문한 고객에게 감성마케팅을 펼친 것이다. 피로감을 해결하려 방문한 손님에게 본인과 가족의 건강이 본질적 욕구라는 것을 알게 하고 믿음을 기반으로 양질의 제품을 공급했다. 이후에도 우리 가족의 건강 상담은 그 약국에서 오랫동안 이루어졌다. 알고 했든 모르고 했든, 고객관계관리CRM :Customer Relationship Management라고 불리는 마케팅이 이미 그 약국에서는 이루어지고 있었던 셈이다.

'파레토의 법칙'을 이용한 마케팅 기법

보통 마케팅이라고 하면 뭔가 거창하고 대단한 것이 필요하다고 생각한다. 그러나 실상은 그렇지 않다. 평범하고 편안하게 접근해서 고객의 잠재적 욕구를 채워주는 마케팅이 가장 이상적인 마케팅이다. 마케팅을 위한 거리의 온갖 현수막과 이벤트들의 목적은 단 하나, 사람들의 마음을 움직이는 것이다.

잘되는 매장이나 약국에 가보면 그런 평범함 속에서 비범함을 발견할 수 있다. 대부분은 고객들이 매장을 둘러보기에 가장 편안한 내부 구조로 꾸며져 있고, 그 내부 구조를 따라가다 보면 매장의 매출을 최대화할 수 있는 전략적인 곳으로 고객을 인도하게 된다. 모두 다 예쁘고 보기 좋게만 진열한 것 같지만 자세히 들여다보면 '파레토의 법칙'이 곳곳에 적용되어 있다.

'파레토의 법칙'은 19세기 이탈리아의 경제학자 파레토가 개미를 관찰하면서 발견한 법칙이다. 어느 날 그가 개미그룹을 관찰하는데 모든 일개미가 다 열심히 일하는 것은 아니라는 것을 발견했다. 대략적으로 따져보니 열심히 일하는 개미와 열심히 일하지 않는 개미의 비율이 20 : 80이라는 사실을 알게 되었다. 재미있는 것은 그 다음이었다. 이 중 열심히 일하는 개미 20%를 따로 채집해서 다른 공간에 모아봤더니, 그중에서 다시 20%는 열심히 일하고 80%는 열심히 일하지 않았다는 것이다.

파레토가 발견한 이 유명한 법칙은 그룹을 이루고 사는 동물들의 다양한 상황에서 발견할 수 있는 법칙이지만 특히 사람들의 심리가 반영되는 상황에서는 거의 예외 없이 유사한 패턴을 보인다. 백화점을 비롯한 다양한 유통업계의 매출과 고객을 분석해보면 매출을 일으키는 상위 20%의 고객이 전체 매출의 80%를 일으킨다는 보고는 더 이상 새로운 사실이 아니다.

나 역시 약국을 경영하면서 이런 법칙이 실제로 존재한다는 것을 경험했다. 파레토의 법칙을 체감한 후 나는 20%의 제품에 집중하고 80%의 제품은 버렸다. 버렸다는 의미가 진짜 쓰레기통에 넣었다는 건 아니다. 종류별로 갖춰놓고 필요한 고객들에게 공급하되 의미부여를 다르게 했다는 뜻이다. 수익구조가 좋고 우리 약국에 방문하는 고객이 원하는 20%의 제품에 포커스를 두고 매출의 승부를 본 것이다.

20%의 제품들은 고객들이 움직이는 방향에 맞춰 가장 좋은 위치에 전면적으로 배치되었다. 제품에 대한 궁금증에 질문하는 고객이 생기면 충분한 상담을 통해 정확한 정보를 제공하고 신뢰를 쌓았다. 믿음이 형성된 고객은 방문자에서 구매자로 이어졌다. 20%의 제품들은 제품 매출의 80%를 만들어내면서 다시 한 번 파레토의 법칙을 증명했다.

마케팅의 목적은 결국 사람의 마음을 움직이는 것

어떤 제품을 20%의 제품으로 선정할지에 대한 포지셔닝이 정확하지 못하다면 이것은 자기 약국에 대한 분석이 제대로 되지 않았기 때문이다. 내 약국에 방문하는 고객들의 소비성향에 대해 객관적으로 분석하고 차별화시켜야 한다. VIP에 해당하는 고객들에 대해서 어떻게 접근하고 차별화된 서비스를 제공할 수 있을지 깊이 고민해봐야 한다.

우리가 해야 할 마케팅은 대기업이 하는 마케팅과 같을 수는 없다. 아니, 달라야 한다. 우리의 마케팅은 평범함 속에 비범함이 있어야 한다. 마케팅의 목적은 결국 사람의 마음을 움직이는 것이다. 사람의 마음속에 '저게 뭐지?' 하는 궁금증을 유발하는 것이다. 아무것도 아닌 것 같은 평범함에 비범한 마케팅의 의도를 숨겨보자. 사람의 마음을 움직일 수 있을 때 진정한 마케팅이 시작된다.

29. 세심하고 또 세심하게 배려하라

Q. "POP를 보는 손님들에게 정말 열심히 말을 걸어봤어요. 다들 얼굴에는 미소를 띠지만 부담스럽다는 얼굴로 제 눈을 외면하곤 해요. 대체 어느 타이밍에 말을 걸어야 하는 걸까요? 상담도 습관이라고 하셔서 애를 쓰고 있는데 역시 전 자질이 부족한가 봐요."

A. 무엇보다 먼저 습관을 만들려고 하는 당신의 노력에 박수를 보낸다! 하지만 당신이 하나 간과한 점은 바로 이것이다. 마케팅의 목적은 결국 마음을 움직이는 것이다. 당신이 최우선적으로 생각해야 할 점은 고객이 자연스러운 움직임 속에서 '저게 뭐지?'하는 궁금증이 생기도록 하는 것이다. 의도했던 POP 앞에서 궁금증을 보이는 고객이 있다면 충분히 때를 기다렸다가, 답변이 궁금해서 당신을 쳐다보는 그 타이밍에 미소와 함께 먼저 질문하는 용기를 갖도록 하자. 물론 질문 뒤에는 어떤 상담으로 어떤 제품들을 추천할지는 머릿속에 이미 그려놓고 상담에 임해야 한다. 전략적 시나리오를 먼저 갖추고 있어야 고객의 궁금증에 딱 맞는 상담이 가능하다.

09 지식에 충실하되 사람에 집중하라 :
"저번에 보니까 스트레스가 많으시던데."

삶은 돌발 상황을 만들어 우리를 방해한다.
– 메리 제인 라이언(미국의 작가, 라이프코치)

약국에서 만나는 모든 현실은 '상수'가 아니라 '변수'

나는 초등학교 시절부터 대학교 시절까지 대부분의 지식을 책으로 배
웠다. 하긴 누군 아니겠는가? 이후에도 나는 통계의 필터를 통해 학계의
정설로 인정받은 학설들은 마치 '중력의 법칙'처럼 절대적일 것이라고 믿
고 살았다. 하지만 세월이 흐를수록 세상에 절대적인 법칙은 없는 것 같
다. 절대적인 것처럼 보이는 진실도 자세히 들여다보면 다 다를 수 있다.
아니 다르게 보려고 하면, 얼마든지 다르게 보인다.

약국에서 약사로 살다 보면 매일매일 사람들에게 아주 많은 질문을 받게 된다. 사소하게는 어떤 물건이 약국 어디에 위치하는지부터, 그리고 크게는 암을 비롯한 중병을 앓고 있는 가족을 어떻게 케어해야 하는지에 대한 질문까지. 어느 것 하나 책에서는 제대로 배운 적이 없는 질문들이다.

"약사님, 제가 기침이 한 달이 넘게 가는데 어떻게 해야 해요?"

"병원은 가보셨어요? 지난번에 보니까 회사 일로 스트레스 많이 받고 계신 거 같던데…. 술이나 담배는 좀 줄이셨어요?"

"술은 좀 줄였는데, 담배는…. 병원약을 지금 한 달째 먹고 있어요. 그래도 기침이 계속 나오는데 어찌해야 하는지 모르겠네요. 지난번에 포로된 한약, 주신 거 먹었더니 좀 낫던데, 그걸 좀 더 먹어볼까요?"

감기에 걸려 생각보다 오래 고생하는 손님들조차도 감기 바이러스의 종류나 각각의 약의 메커니즘mechanism; 생체 내 작용방법을 궁금해하는 사람은 거의 없었다. 손님들의 주된 관심사는 대부분 비슷했다.

'어떻게 하면 나에게 불편함을 주는 이 증상을 없앨 수 있을까?

대개는 몸의 불편함을 사라지게 할 방법이나 예방할 수 있는 방법에 대해 궁금해했다. 몸의 불편함이기에 더욱 절실했다. 정작 약대에서 그토록 중요하게 배웠던 생체 내 약물 작용 기전 같은 지식은 고객과의 이야기를 길어지게 하지는 못했다. 오히려 때때로 방해가 되기도 했다.

처음 약국 약사로 일을 시작할 때 손님들이 약국의 문을 열고 들어오면 나의 심장은 콩닥콩닥 뛰기 시작했다. 콩닥거렸던 마음은 손님에게 도움이 될 수 있는 지식을 말할 기회가 왔다는 생각에 기쁜 마음이 반이었고, 대답할 수 없는 질문을 하면 어찌해야 할지 걱정하는 마음이 반이었다. 그 시절 나는 매 순간 내가 미처 알지 못하는 것에 대해 질문 받을까 싶어 걱정하는 마음이 앞섰다.

약국생활을 시작하면서 나는 손님들에게 필요한 대답을 바로 할 수 있도록 시간을 쏟아서 공부에 매진했다. 기본이 충실해야 응용도 가능하니까. 하지만 손님들은 거의 매번 예상치 못한 질문들로 나를 당황하게 하기 일쑤였다. 나는 학교에서도 어디에서도 그런 경우에는 어떻게 대처해야 하는지 제대로 배운 적이 없었다.

약국을 방문하는 사람들은 모두 각자의 삶 속에서 각자의 생각대로 살아간다. 약국에서는 어쩌다 같은 질문을 받는다 해도 손님들 각각이 원하는 대답은 백이면 백, 모두 달랐다. 손님들은 철저하게 주관적인 관점으로 나의 대답을 나름대로 해석했다. 손님뿐 아니었다. 약국에서 만나는 모든 것은 정해진 상수가 아니라 항상 변하고 정해진 것이 없는 변수로 끝났다.

경험을 이길 수 있는 이론은 없다

지금 우리 사회는 지식과 정보가 넘치는 사회이다. 많은 사람들이 쉽게 정보를 소유할 수 있다. 당장 인터넷 포털사이트의 검색창에 궁금한 단어 몇 개만 검색해봐도 수없이 많은 답변들이 펼쳐진다. 질문도 넘쳐나고 답변도 넘쳐흐른다.

그렇기 때문에 책이나 인터넷만 쳐봐도 나오는 답변과 똑같은 대답을 하는 것은 더 이상 경쟁력이 없다. 단순히 지식에 기반한 경쟁력은 답이 없다는 말이다. 지금 시대를 살아가는 사람들은 단순히 지식만이 아니라 그것을 활용할 지혜를 가지고 있는 사람들을 찾고 싶어 한다. 그렇기에 원하는 누군가 혹은 원하는 무언가를 팔기 위해서는 단순히 지식을 쌓는 것만으로는 부족하다. 지식에서 지혜의 꽃을 피워낼 줄 알아야 비로소 '경쟁력'이라는 것이 생길 수 있다.

실전 경험의 중요성이 바로 여기서 나온다. 운 좋게 대부분의 케이스에 대한 'Q&A'가 두꺼운 매뉴얼로 내 앞에 있다고 해도 실전에서 대면하면서 받는 질문은 그 무게가 확실히 다르다. 경험을 이길 수 있는 이론은 없다. 고객의 질문에 만족할 만한 답을 하기 위해서는 고객의 질문에 대한 정해진 답을 찾아서는 안 된다. 현장에서는 정답이 중요한 것이 아니다.

사업은 시험성적이 아니다. 앞서 말했듯이 사람들은 모두 자신만의 해석으로 삶을 살아간다. 사람들이 원하는 것은 매 순간 얼마든지 달라질 수 있다. 고객이 정해져 있는 질문만 하는 것이 아니라면 당연히 우리는 책에 없는 답도 준비해둬야 할 것이다. 그것이 누군가를 고객으로 가지고 관계를 유지해야 하는 사업가의 진정한 자세일 것이다. 이것이 모든 소매업의 운명이다.

사업가로서 매출로 연결될 수 있는 제대로 된 고객관리를 하고 싶다면, 무엇보다 집중해야 할 가장 중요한 문제가 있다.

'고객이 왜 그 질문을 했는가?'

바로 이것이다. 필요하다면 고객에게 다시 질문을 하더라도 고객이 원하는 것이 무엇인지에 초점을 둬야 한다. 다시 말하면 '그 손님'의 질문의 의도가 무엇인지를 찾아내는 것이 가장 중요하다는 뜻이다. 손님의 불편을 해소시킬 목적이든 궁극적인 판매가 목적이든 고객의 마음으로 가는 길은 하나이다. 통해야 한다.

지금 아는 것을 그때 알았다면?

이제 책을 통해서 필요한 것을 어느 정도 머리로 배웠다면, 그 다음에는 그 일을 잘하는 사람을 찾아서 몸으로 익히는 것이 좋다. 사람이 함께 하는 시간 속에서 몸으로 가르쳐줄 수 있는 어떤 것은 말이나 글만으로는 설명할 수 없을 때가 많기 때문이다.

혼자서 모든 것을 이뤄내려고 하면 이루지 못하는 경우가 많다. 설혹 이루어낼 수 있다 해도 대부분은 엄청난 시간과 노력을 소비하게 된다. 나 역시 혼자 힘으로 뭔가를 해보려다가 많은 것을 잃어본 경험이 있다. 다른 사람의 노하우를 배워서 시간과 돈을 아끼면 언젠가는 그 2~3배의 손실을 감당하게 될 수도 있다는 것을 나는 뼛속 깊이 체감했다.

덕분에 나는 여러 길을 돌아오기도 했고, 부딪치고 깨지면서 온몸으로 사업을 체득해 배웠다. 돌이켜 생각해보면 그 과정은 결코 녹녹치 않은 경험들이었다. 피할 수 있었다면 반드시 피했을 법한 순간들도 적지 않다. 지금 아는 것을 그때 알았다면 하지 않았을 선택의 순간들이 주마등처럼 머릿속을 스쳐간다.

그래서 나는 주변에 누군가 새로 사업을 시작하는 사장이 있으면 실전 경험을 충분히 익히되, 노하우를 배울 수 있는 곳을 찾아서 아낌없이 투자하라고 조언한다. 그것이 결과적으로 시간과 돈을 아낄 수 있는 가장

| 나는 약국에서 경영을 배웠다

좋은 방법이라고. 그중 가장 아까워해야 할 것은 당신의 시간이라고 말하고 싶다.

고객은 책에 있는 질문만 하지 않는다. 예측할 수 없는 질문들에 정답으로 대응하려고 하면 언제나 한계에 부딪힌다. 원칙을 가지되 사람에 초점을 맞춰야 한다. 원칙과 지식에 충실하되 '그 고객'이 무엇을 원하는지 항상 살펴보자. 그의 마음이 열려야 비로소 구매가 가능하다. 필요에 의한 구매는 한 번으로 끝나기 쉽다. 반면에 마음이 열리면서 소통의 관계로 시작된 구매의 경험은 대부분 한 번의 구매로 끝나지 않는다. 개별적으로 만들어진 믿음과 소통의 경험은 좀 더 길게 가고 좀 더 깊게 갈 수 있다. 질문에 집중하지 말고 사람에 집중해야 한다.

30. 눈앞의 고객이 무엇을 원하는가에 집중하라

Q. "왜 이렇게 비싸요? 약 하나만 처방전 없이 좀 주면 안 되나요? 건너편 약국에서는 해주던데?"

A. 이런 질문들을 받을 때마다 약국이라는 곳이 생존을 담보하는 경쟁의 장에서 살아남아야 하는 소매업이라는 사실을 절실히 실감한다. 다양하고 애매한 증상에 대한 질문은 기본이고 불법 행위에 대한 요구도 서슴지 않게 던지는 무시무시한 고객들도 적지 않다.

이런 경우 나라면 대체 뭘 원하기에 저런 질문을 하는지에 대해 집중하겠다. 원하는 것이 분명한 경우라면 할 수 없다는 원칙을 설명했을 때 납득하고 차선책을 찾으려고 할 것이다. 이런 경우라면 고객은 오히려 원칙을 지키는 약국이라는 믿음을 갖고 좋은 이미지를 가지는 경우가 많다. 하지만 진실로 불법 행위를 원하는 경우라면 불법 행위를 하는 약국을 찾아서 떠날 것이다. 그러므로 정직한 당신이 오늘 고민해야 할 것은 그 질문에 대한 성실한 대답이 아니라 상대방이 원하는 것이 과연 무엇인지 알아내는 것이다. 만약 오늘도 책에 없는 질문을 받았다면 눈앞에 있는 상대방의 인생에 집중하라.

10 상담이 아닌 대화가 단골을 만든다 :
"인생이 마음대로 안 될 때가 있죠."

사람에게 하나의 입과 두 개의 귀가 있는 것은
말하기보다 듣기를 두 배로 하라는 뜻이다.
– 탈무드(유대교 율법서)

누구든 경청해주는 것만으로도 마음의 위안을 받는다

"청심원 하나 주세요." 하고 들어오신 중년의 여자분이었다. 발걸음이
너무 무겁고 힘들어 보였다. 더운 여름이 막 시작하던 즈음이었다. 나는
처음에는 날이 더워져서 힘드신가보다 싶었다.

"에고, 힘들어 보이시네요. 시험 보러 가시나? 아니면, 뭐 스트레스 받
으시는 일이 있으신가보네요."

"……"

하지만 그녀는 아무 말도 없었다. 그녀의 헝클어진 머리와 굳은 표정을 보니 단순히 시험을 보는 일은 아니다 싶었다.

"아이들이 시험 보러 가는 거 아니면 뭐 열 받는 일이 있으신 거네요. 인생이 마음대로 안 될 때가 있지요. 마음 편히 잡수시고 청심원 드시면서 흘려보내세요. 지금 너무 힘든 일들도 다 지나가요. 그래야 우리가 또 살지요."

그녀의 힘들어 보이는 눈빛을 마주보면서 나는 이렇게 말했다. 그러자 잠시 침묵이 흘렀다. 청심원을 건네받은 그녀는 급하게 병을 흔들고 뚜껑을 따서는 한입에 털어 넣었다. 그리고는 갑자기 훌쩍훌쩍 울기 시작했다. 나는 갑작스런 눈물에 적지 않게 당황했다. 얼른 휴지를 두세 장 뽑아서 건네주고 잠시 의자에 앉으라고 권했다.

그녀는 눈물을 훔치면서 "하~!" 하고 깊은 한숨을 쉬더니 말을 이어갔다.

"제가 지금 혼자 남매를 키우는데요. 사업문제로 지금 법원에 가는 길이거든요. 세상이 나한테 진짜 왜 이러는지 원망스러운데…. 약사님이 따뜻하게 제 얘기를 들어주시니까 지금 마음이 정말 많이 나아졌어요."

아주머니는 한참을 자신의 인생사와 사업 이야기를 하면서 얼굴빛이 조금씩 가벼워지고 있었다. 법원에 갈 시간이 되었다면서 약국을 나서며 연신 고맙다는 인사를 했다. 해결해야 할 문제로 용기를 내서 가야 하는 그녀의 뒷모습을 보면서 나는 마음이 많이 안쓰러웠다.

"오늘은 좀 나아 보이네요. 그때 일은 잘 해결됐어요?"

"그죠? 그때는 진짜 힘들었어요. 다행히 잘 수습됐어요. 그날 진짜 너무 고마웠어요. 누가 그렇게 내 얘기를 들어주겠어. 법원에 가면서도 너무 너무 고맙더라구. 다 지나가는 일이라고 얘기해주시니까 내 맘이 그렇게 편해지더라구. 알면서도 혼자 맘으로는 그게 안 되니까!"

며칠 후 다시 약국을 방문한 그녀가 남긴 말이었다. 그녀는 이후 우리 약국의 단골 고객이 되었고, 아들, 딸, 친척들의 건강 상담이 계속해서 이어졌다.

약국 생활을 시작한 지 얼마 안 되었을 때만 해도 나는 손님들이 약국에 와서 묻지도 않은 가정사를 얘기하기 시작하면 많이 당황하곤 했다. 초짜 시절에는 가끔 약도 안 살 거면서 계속 앉아서 자신의 이야기를 하는 것이 민폐라는 생각도 했다. 하지만 약국 생활을 하면서 많은 사람들이 자신의 이야기를 성심껏 들어주는 것만으로도 마음에 많은 위안을 받는다는 사실을 알게 되었다. 그리고 바로 그 이유로 내 약국까지 와서 나를 찾게 된다. 나에 대해 잘 알고 있는 사람과 자신의 건강에 대해 의논하고 싶은 것은 당연한 일이다. 어떤 고객은 정기적으로 약국에 방문해서 자신과 아이들 그리고 집안 얘기를 하고 가기도 했다. 언젠가부터 그분은 이제 눈만 마주쳐도 현재 상황이 스트레스를 받는 상태인지 아닌지 알 정도였다.

아픔에 지친 마음에는 먼저 위로가 필요하다

질병은 예고 없이 어느 날 불쑥 찾아온다. 그리고 이렇게 예고 없이 찾아온 몸의 병은 보통 마음의 병을 동반한다. 병이 지나가는 동안에는 병을 앓는 사람이나 옆에서 간호하는 사람이나 모두 다 진이 빠지고 힘이 든다. 상담 중심의 약국에서는 이런 마음의 위로가 가능한 경우들이 많다. 어떤 분은 약국에 와서 얘기를 나누고 가면 마음이 충전되는 느낌이라고도 말한다. 위로라는 것은 누군가의 무거운 하늘을 잠시나마 함께 들어주는 것이다. 제우스의 형벌로 온 하늘을 어깨에 메고 있는 아틀라스의 형벌을 잠시 도와주는 헤라클레스처럼. 잠시 숨이라도 쉴 수 있게 해주는 나는 그 순간만은 그의 헤라클레스이다.

상담 중심의 약국과는 다르게 조제 손님이 많은 약국의 경우에는 상대적으로 손님 하나하나의 마음을 맞춰주기는 어렵다. 다음 차례를 기다리고 있는 다른 손님들도 생각해야 하기 때문이다. 하지만 누군가 자신의 이야기를 하기 시작하면 나는 언제나 공감하면서 최대한 그의 인생사를 들어주었다.

손과 발을 바삐 움직이며 정확히 조제를 하면서도 최대한 여러 번 상대의 눈을 마주치고 얘기를 들어주었다. 고개를 끄덕이기도 하고 중간중간 이야기에 대한 질문을 하기도 하고 열심히 맞장구를 치기도 한다. 그러면 손님 쪽에서 마지막에는 오히려 감사하다고 말하면서 집으로 돌아가곤 한다.

같은 아픔을 가진 환자들이기에 기다리던 손님들도 애써 마음을 들어주려고 하는 약사의 마음을 알아주었다. 열심히 눈을 마주치고 추임새의 말을 넣는 것만으로도 아픔에 지친 마음이 위로가 되고자 하는 나의 마음을 느끼는 것 같았다. 대충 대충 하는 사무적인 대답은 사람들의 입을 닫게 한다. 사람의 입은 말만 전하는 곳이 아니라 말하는 사람의 마음을 함께 전해줄 수 있는 놀라운 능력이 있다.

자기 앞의 환자와 대화하는 모습을 본 손님들은 자신의 차례가 되면 더 쉽게 자신의 궁금한 것을 물어봤다. 어떤 고객은 자기 딸이랑 비슷한 경우라면서 앞 사람과의 대화 내용에서 궁금했던 것을 더 물어보기도 했다. 어디에 딱히 물어볼 만한 곳도 없었는데, 고맙다는 인사까지 해주신다. 병원에서는 한참 기다리는데도 의사 선생님이랑은 길게 얘기하기가 힘들다며 미처 다 물어보지 못했던 질문을 한참 동안 하시는 분들도 계신다.

고객은 자신의 이야기를 많이 들어주는 사람을 선호하는 것이 당연하다. 자신의 이야기를 들어주는 사람에게는 존중받고 이해받는다는 느낌을 갖게 된다. 그래서 열심히 들어주는 사람은 쉽게 거절하지 못한다. 사람은 올바른 이야기를 해주는 사람보다는 자신을 이해해주는 사람을 선택하게 되어 있다.

누군가를 제대로 이해하기 위한 가장 좋은 방법은 많이 들어주는 것이다. 누군가를 사로잡는 가장 쉽고도 어려운 비법은 바로 경청이기 때문이다.

말 한마디에도 눈물이 날 것 같은 하루가 있다

물론 상담을 오래 했다고 해서 반드시 구매 고객으로 이어지는 것은 아니다. 하지만 나는 그 시간들을 통해서 여러 고객들과 친밀한 소통을 할 수 있었다. 하나둘씩 늘어나던 그분들은 어느새 대부분 나의 단골 고객들이 되어 있었다. 고객과 매 순간 충실히 상담하는 시간이 늘어나다 보면 나의 VIP들이 생긴다. 파레토의 법칙 그대로다.

그중 20%의 나의 '팬'들이 생긴다. 나의 팬이 되어주신 고객들은 이왕이면 나와 상담하고 싶어 하고 내가 확인해주는 정보를 듣고 싶어 한다. 다만 파레토의 법칙을 통해 꼭 기억해야 할 것은 처음의 시도가 열 번은 되어야 비로소 두 명의 VIP를 만들 수 있다는 사실이다. 그리고 그 열 번의 노력에는 진심 어린 관심과 소통의 노력이 수반되어야 기분 좋은 구매의 결과가 존재할 수 있다.

일주일이면 지나가는 감기에만 걸려도 사람의 몸과 마음은 한없이 힘이 든다. 그럴 때는 누군가의 "많이 아파?"라는 짧은 말 한마디에도 눈물이 날 것 같기도 하다. 마음과 몸의 건강은 많은 부분에서 함께 가곤 한다. 약사는 증상을 좋아지게 하는 약을 전해줄 뿐 아니라 아픔을 견디는 누군가에 대한 측은지심을 잊지 말아야 한다. 약사가 마음을 전하는 것만으로도 약국에 오는 손님들은 스스로 치유된다.

정말 다양한 사람들이 약국에 온다. 기분 좋은 마무리를 하고 가는 손님들도 있지만 유쾌하지 못한 고객들도 정말 많다. 하지만 약사는 약국에 오는 사람들은 공통적으로 아픔과 싸우고 있는 외롭고 힘든 마음의 소유자들이라는 것을 기억해야 한다. 그들의 아픈 순간들을 함께 해줄 수 있는 사람이 바로 우리 대한민국 약국 약사들이다. 아픔과 싸우고 있는 이 사람들은 약사와의 대화만으로도 많은 카타르시스를 경험할 수 있다. 그렇게 마음의 소통이 이루어질 때 진심이 통한다.

진심이 통하면 믿음이 생기고 믿음을 바탕으로 한 고객과의 관계는 기분 좋은 구매로 연결된다. 기분 좋은 구매가 이어질 때 늘 정해 놓고 거래를 하고 싶은 집이라는 의미의 '단골집'이 된다.

31. 지친 고객에게 위로를 건네라

Q. "퇴근하고 집에 들어가서 "아, 오늘 정말 피곤하다."라고 했더니, 와이프가 한마디 하더군요. "너만 피곤하니? 나는 죽을 것 같다!" 그 소리를 듣고 나니 바로 할 말이 없어지더라고요."

A. 놀랍지도 않다. 이게 삶이다. 그러니 나의 삶의 고단함을 위로해주는 가족이 주변에 있다면 당장 뛰어가서 사랑한다고 말해라. 대부분은 자신의 삶에 치여서 남의 아픔을 돌볼 겨를이 없다. 비록 가장 가까이 있는 가족이라 할지라도 말이다.

게다가 몸이 아프면 이런 서글픈 느낌은 더하면 더했지, 덜해지지는 않는다. 외롭고 힘든 나날은 누구나에게 몇 번씩은 온다.

그러니 우리가 일상적으로 던지는 말 한마디가 상대방에게는 큰 위로가 될 수 있다는 것을 기억하자. "많이 아프세요?", "힘들지요?" 이 한마디만으로 고객의 방어적인 태도를 눈 녹이듯 녹일 수 있는 곳이 바로 약국이다.

4장_10분 만에 확실한 단골을 만드는 10마디 |

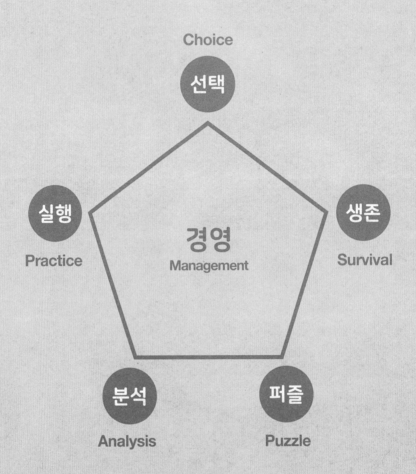

Choice
선택

실행
Practice

경영
Management

생존
Survival

분석
Analysis

퍼즐
Puzzle

| 5장 |

반짝 성공하지 말고
오래오래 성공하라

생존

5. 생존 – 오래 살아남는 것이 성공이다

무엇보다 안정된 생존이 첫 번째 성공이다. 생존이 보장되어야 즐거움도 눈에 들어오는 법이다. 실패하지 않고 사업을 오래 할 수 있도록 변수와 상수를 철저하게 따져야 한다. 내 사업에 대한 변수와 상수에 대해 충분히 숙지하고 사업을 시작한다면 첫째로는 성공적으로 생존할 것이고, 둘째로는 성공적으로 수익을 내게 될 것이다. 마지막으로는 축복받은 내 인생을 온전히 즐길 수 있게 될 것이다.

01 8년 만에 7개의 약국을 경영하다

과거의 실패가 미래의 성공에 걸림돌이 되지는 않는다.
– 토니 고든(영국의 보험왕)

정작 중요한 공부는 따로 있다

약국을 개국하기 전에 나는 여러 약국에서 일을 배웠다. 돈이 필요했던 나는 하루에 12시간이 넘는 긴 시간을 일해야 했다. 출퇴근 시간을 감안하면 잠자는 시간을 제외하고는 계속 일을 했던 셈이다. 그런 와중에도 들어야 할 강의는 놓친 적이 없었고 해야 할 공부는 미뤄본 적이 없었다. 하지만 정말 중요한 공부가 무엇인지는 약국을 경영하기 시작하고 한참이 지나서야 깨달을 수 있었다.

초짜 약사 시절을 6개월쯤 보냈을 때, 나는 약국들이 다 비슷해 보여도 약국마다 펼쳐지는 상황은 완전히 다르다는 사실을 알았다. 각각의 약국에 방문하는 손님들은 나이대도 달랐고 직업이나 소비 성향도 완전히 달랐다. 약국마다 약국장님들의 기본 상담 철학이 다 달랐고, 자신들만의 영양요법 역시 각자의 독특함이 살아 있었다.

그때 나는 무엇이 약국의 손님층을 달라지게 하는 걸까 궁금했었다. 궁금한 것이 참 많았다. 짧지 않은 세월 동안 여러 약국을 경영해보면서 나는 이제 그때 궁금했던 많은 것들에 대한 나름의 답을 얻었다. 관심을 갖고 자세히 보면 약국 매장의 입지는 모두 다르다.

크게는 주변 상권도 다르고 주변 주거환경도 모두 다르다. A급 상권처럼 보이는 곳도 횡단보도의 위치나 매장의 입구가 어느 쪽으로 앉아 있는가에 따라 유동인구의 유입에는 차이가 날 수 있다. 유동인구의 흐름이 어느 방향인가에도 영향을 많이 받는다. 퇴근길에 반드시 거쳐가는 길목인지 그저 스쳐 지나가는 곳인지도 그곳 주민의 입장에서 꼼꼼히 생각해봐야 한다.

그러니까 결론은 약국의 문을 열고 들어올 수 있는 사람들이 약국을 오픈하는 시점에 이미 어느 정도 정해진다는 것이다. 오프라인 매장을 운영할 때 입지가 얼마나 중요한지는 말할 필요도 없다. 짧은 순간이지만 일단 서류에 도장을 찍고 나면 계약기간 중에는 꼼짝도 할 수 없게 된다. 배수의 진이다. 일단 자리를 잡았으면 필사의 승부를 본다는 생각으로 입지를 확인해야 한다.

확실한 입지라는 판단이 들어서 개국을 결정해도 문제가 생기는 경우는 많다. 세상일이 항상 내 마음대로 되는 것은 아니다. 필사의 승부를 봐야 할 곳인지, 아닌지는 보통 3개월 정도면 알 수 있다. 6개월이 지나서도 개선의 여지가 보이지 않는다면 다른 곳으로의 이전도 심각하게 생각해봐야 한다. 이런 경우에 '나는 할 수 있다.' 정신으로 무작정 버티는 것은 손실만 눈덩이처럼 커지게 할 수 있다.

"이 약사님, 거기는 얼른 포기해야 할 자리예요. 그만 다른 자리 찾으세요."

안타까운 마음에 평소의 나답지 않게 강한 어조로 말했다. 평소 친분이 있던 터라 김 약사의 성격을 잘 알아서 더 마음이 쓰였기 때문이다.

"아니오, 강 약사님. 걱정해주시는 마음은 잘 알겠습니다. 고맙습니다. 그런데 저는 고객 상담에 자신이 있어요. 제가 여길 잘 키워보려구요."

"김 약사님, 그 자리는 노력으로 될 자리가 아니에요. 약국 위치도 주요 유동인구 동선에서 너무 멀고요. 주변에 있는 병원도 잘되는 곳이 아니던데요. 약사님이 정성을 들이면 5년 뒤에는 어느 정도 손님이 잡히겠지만 그 5년이면 다른 곳에서 2~3배는 더 손님을 만들 수 있어요. 진지하게 고민해보세요. 저라면 당장 다른 곳을 알아볼 거예요."

　나는 김 약사가 고객 상담을 잘하는 편이라는 것을 알고 있었기에 더
조바심이 났다.

　"하하하. 고맙습니다. 강 약사님. 근데 전 여기서 잘해보려구요."

　결국 김 약사는 고집을 꺾지 않았고 그곳에서 3년 가까이 버텨냈다. 중
간중간 연락이 닿을 때마다 나는 이전을 권유했지만 요지부동이었다. 이
전에 대한 권유를 포기하고 나서 3년이 거의 다 되어갈 무렵 이 약사에게
서 전화가 왔다. 다른 곳으로 이전을 고려하고 있다는 얘기였다. 좋은 조
건의 자리도 나타났고 약국의 한계가 어느 정도인지 이제 인정하는 단계
라고 말했다.
　나는 물론 적극 찬성했고 새로운 약국을 계약할 때 주의해야 할 점이
나 확인해야 할 것들에 대해 상세히 말해줬다. 김 약사는 무사히 다른 약
국으로 이전했고 지금까지 성업 중이다. 가끔 사석에서 만나면 진즉 이
전을 생각할 걸 그랬다고 계면쩍게 웃으면서 이야기하곤 한다.

아홉 개의 약국 중에 비슷한 곳은 한 군데도 없었다
　나는 의욕만 넘치고 아무것도 몰랐던 시절 겁도 없이 첫 약국을 개국

했다. 그리고 이후 8년 동안 지나온 약국들만 7군데였다. 지금까지 직접 경영했거나 경영에 관여했던 모든 약국을 합치면 9군데에 달한다. 어떤 곳은 8년 내내 경영한 곳도 있었고, 어떤 약국은 사기사건 덕분에 문도 못 열어보고 1년 내내 해결해야 할 골칫거리가 되었던 약국도 있었다.

그 9개의 약국 중에 비슷한 곳은 한 군데도 없었다. 겉으로 보기에는 비슷해 보였던 약국은 실제로 접하고 경영해보면 같은 곳이 하나도 없었다. 어떤 약국은 병원은 주변에 한 군데도 없는 상담 위주의 약국이었고 어떤 약국은 병원 바로 옆에 자리 잡은 독점약국이었다. 또 어떤 약국은 유동인구가 넘치는 번화가에 있었고 어떤 약국은 유동인구라고는 병원에 오는 사람들이 거의 전부였다.

어떤 약국은 법적인 문제가 생겨서 계약 단계에서 포기해야 했던 경우도 있었고 어떤 약국은 들어갈 때는 문제가 없었는데 팔고 나올 때 법적인 문제가 생겨서 고생한 적도 있었다. 어떤 경우에는 다른 문제는 없었는데 건물주가 갑자기 나가라고 하는 경우도 있었다. 그 밖에 소소했던 여러 가지 사건 사고들은 지면에서 일일이 다룰 수 없을 정도이다. 거쳐온 약국은 7군데였지만 약국마다 겪어온 각각의 사건들을 생각하면 그 몇 배의 일들을 지나온 것 같다.

작다면 작고 크다면 큰 실패와 성공의 연속들이었다. 실패한 도전들에서는 '하지 말았어야 했던 것.' 그리고 '잊지 말아야 할 것.'에 대해 뼈아프게 배웠다. 또 성공했던 도전들의 경우에는 '해보기 전에는 아무도 모른다는 것.' 그리고 '나는 할 수 있다.'는 그 무언가에 뿌듯했고 행복했다.

8년간 7개의 약국을 경영하면서 나도 모르게 몸에 밴 습관

나는 길을 가다가도 어쩌다 더 잘될 수 있는 약국들을 만나면 안타까운 마음이 든다.

'이 부분을 이렇게 고쳐보면 좋을 텐데….'

이런 마음이 들어 할 일 없는 행인처럼 유리창 너머를 계속 들여다보다가 이상한 사람 취급을 받기도 한다. 하지만 때가 되면 스스로 그 가능성을 깨닫고 잘되는 약국으로 진화할 것을 믿으며 가던 길로 돌아선다.

어쩌다 만나는 잘되는 약국에 다녀오면 정말 기분이 좋다. 약국장의 철학이 그대로 담겨 있는 제품의 디스플레이를 고객의 입장에서 느껴본다. 약국의 배려가 곳곳에서 느껴지는 약국 내부를 걸어보면서 소소한 감동을 느껴본다. 정성 들인 POP들과 질문에 대한 전문적이고 상세한 설명이 동반되는 친절한 서비스를 만날 때마다 행복하다. 우리에게 이처럼 훌륭한 대한민국 약국 약사가 있다는 생각에 기쁘고 뿌듯하다.

약국 약사로 지나온 지난 17년간의 다사다난했던 경험들 덕분에 지금은 지나가는 약국의 인테리어나 내부 진열만 봐도 어떤 철학을 가지고 약국을 경영하는지 대략 짐작이 간다. 다는 아니지만 어떤 경우에는 대략적인 매출까지도 짐작이 간다. 또 약국마다 어느 부분에 집중하고 어느 부분을 버리는 게 좋은지 나 혼자 머릿속으로 구상해보곤 한다. 애써서 분석하는 것이 아니라 자연스럽게 그렇게 된다. 8년간 7개의 약국을 경영하면서 나도 모르게 몸에 밴 습관이다. 세 살 버릇이 여든까지 간다던데, 내 눈에 보이는 약국을 나도 모르게 분석하는 이 습관은 아마도 평생 갈 것 같다.

32. 딱 6개월은 CEO로만 살아보라

Q. "매일 똑같은데 어떤 걸 분석하고 키워야 할까요? 말씀하신 대로 약사로서 경쟁력을 높이려면 당장 무엇을 해야 하죠?"

A. 일단 뭐라도 해라. 다만 모두 다 100점을 맞겠다는 공부 잘하는 학생의 마인드를 버리고 문제를 출제하는 CEO의 마음을 가져라. 문제를 파악하고 원하는 방향으로 이끌어가는 것이 CEO이다.

약사는 사업가로서의 능력을 키우는데 주력해야 한다. 모범생이었기에 약사가 되긴 했지만 다음으로 가야 할 곳은 사업 잘하는 멋진 CEO의 모습이다. 자기 자신의 강점과 약점에 대해 철저히 분석해라. 내가 좋아하는 것과 잘하는 것을 찾아라. 그리고 지금 내 사업에 있어 어디에 적용하는 것이 가장 수익에 기여할 수 있는지 매일매일 분석하라.

딱 6개월만! 그냥 한 번 해보자! 분명히 달라진다. 해보면 알게 된다. 내가 달라지고 내 인생이 달라지고 결국은 내 사업체도 달라진다. 노력은 꼭 필요한 곳에 집중적으로 해야 제대로 성과를 얻을 수 있다.

02 작은 성공이 모여 크고 긴 성공을 만든다

고객은 단순한 사업 대상이 아닌 가장 소중한 자산이다.
– 톰 피터스(미국의 작가, 경영 컨설턴트)

원하는 것을 분명히 알고, 이뤄가는 모습은 아름답다

"약사님, 여기서 약국 몇 년 하셨어요?"

나는 우연히 가게 된 선배의 약국에서 약국장님께 여쭤보았다.

"저는 여기서만 20년째에요. 이제 다른 데는 가지도 못해요."

하면서 환하게 웃으셨다.

"20년 동안 한 곳에 계시면 안 답답하세요? 다른 데로 옮기고 싶지 않으세요?"

여러 약국을 경영해본 나는 한 약국만 수십 년 한다는 게 어떤 느낌일지 궁금했다.

"답답할 때도 있지. 근데 여기 이 동네는 내가 없으면 안 돼. 다른 데로 옮기면 돈도 좀 더 벌 수도 있겠지. 근데 이 동네 사람들 집안 사정이나 건강상태는 내가 꿰고 있거든. 이사 간 사람들 중에서도 멀리서 찾아오는 사람들도 있고. 오래된 단골들도 많아. 나는 여기를 지키고 있어야해. 내가 필요한 사람들이 그래야 찾아오지."

나는 하루하루를 보내는 일터에 대한 느낌이 어떤지 그냥 별 생각 없이 던진 질문이었다. 단순히 오래되었으니까 지겹지 않을까 생각했고 한편으로는 왜 다른 변화를 꿈꾸지 않는지 궁금했기 때문이었다. 하지만 돌아온 답은 그 약사님과 그 약국의 '존재의 이유'였다. 그 약국은 단순히 그 약사님의 생계유지를 위한 단순한 어떤 곳이 아니었다. 그곳은 이미 한 약사의 삶의 이유였고 그 동네의 살아 있는 역사였다.

선배님은 갑자기 생각난 듯 냉장고 문을 열더니 검정 비닐에 담겨져 있는 포장된 떡을 내놓으셨다.

"내가 처음 이 약국을 열었을 때 유치원 다니던 놈이 어제 회사에 취직했다면서 떡을 사들고 왔더라구. 아주 건장하고 멋있어졌어. 어릴 때 내가 영양제 챙겨주던 때가 엊그제 같은데…. 자, 강 약사도 하나 먹어봐.

가끔 어릴 때부터 보던 녀석이 이렇게 뭘 사오고 그러면 그 기분은 따봉이야 따봉!" 하시면서 크게 웃으셨다. 비닐봉투에서 막 꺼낸 떡은 모양은 평범했지만 맛은 정말 최고였다. 약사님의 웃음 속에서 나는 성공한 사람의 여유와 행복이 느껴졌다. 진짜 성공은 이런 것이 아닐까. 원하는 것을 분명히 알고 그 목적을 이뤄가는 모습은 아름다운 여운을 남긴다.

무엇이 성공인가?

누구나 다 성공을 꿈꾼다. 수많은 자기계발서를 접할 때 가장 먼저 보이는 단어가 바로 성공이다. 그렇다면 '성공이라는 게 정말 무엇일까?' 하는 질문이 생긴다. '그럼 뭐가 도대체 성공이냐?'라고 묻는다면 확실히 대답하기는 쉽지 않다. 보통은 돈을 많이 벌었다거나 아니면 유명해졌다거나 하면 흔히들 성공했다고 말한다. 우리가 바라보는 성공은 항상 화려하고 거창해 보인다.

성공成功의 사전적인 의미는 '목적하는 바를 이룸.'이다. 그렇다면 '내가 무엇을 목적하는가.'를 아는 게 성공의 본질이 아닐까. 무언가를 목적으로 한다는 것은 그것을 원한다는 것이다. 목적을 이루려면 그것을 간절히 원해야 하는 마음이 필요하다. 그러니 진정한 성공은 결국 내가 원하는 것이 무엇인지 아는 것에서 출발하게 된다.

성공이란 각자의 주관적 기준과 판단에 따라 결정되는 상대적인 가치이다. 어떤 사람에게는 위아래로 등수를 매기고 일등을 최고라고 여기는 흔히 말하는 출세가 성공일 것이다. 하지만 사실 성공이라는 것은 내가 정말로 하고자 하는 무언가를 이루어내는 모든 것이다. 화려하고 멋지게 겉모습으로 나타나는 성공도 성공이고 오늘 처음 용기를 내서 무언가를 이루어내는 것도 성공이다.

목적하는 무언가를 위해 용기를 내고 실천하고 결과를 겸허히 받아들이는 그 모든 과정들은 크기에 상관없이 모두 소중하고 귀하다.

거창하게 시작해서 허무하게 끝내지 말라

거창하게 시작해서 허무하게 끝내지 말자. 특히 사업을 처음 시작하는 사람이라면 크게 투자해야 크게 번다는 말에 현혹되지 않았으면 한다. 크게 투자하면 매출이 높아도 처음에 투자한 금액을 회수하기가 쉽지 않다. 투자금만큼 마이너스 출발선에 서게 되는 것이다. 사업을 하면서 생기는 수익으로 이 적자를 메꿔나가는 것이다. 그 마이너스가 끝나야 비로소 '내 돈'이 생기는 것이다.

대부분의 프랜차이즈점이나 중개업자들은 투자금액이 큰 매물을 좋아한다. 그분들은 매출이나 거래금액의 몇 퍼센트를 받는 수수료가 자신들의 수익이기 때문에 금액이 큰 매물을 선호하는 것은 당연한 일이다. 하지만 그 매장의 사장이 되고자 하는 약국장은 꼭 기억해야 한다. 중개업자들은 거래가 성사되어야 돈을 버는 직업이다. 그분들은 그 거래로 얻은 돈을 주머니에 넣은 후 그곳을 떠나면 그뿐이다. 거기 남아서 계약 기간이 끝날 때까지 고군분투해야 하는 것은 다름 아닌 나 자신이다. 처음에 별 생각 없이 만들어둔 마이너스를 채우려면 자신의 몇 개월 동안의 노동의 결과가 그냥 사라져버린다는 것을 기억해야 한다. 그러니 출발선의 마이너스가 작을수록 좋다는 것을 절대 잊어서는 안 된다.

매물을 소개하는 사람들은 "몇 달이면 다 회수가 가능하다."는 말을 참 쉽게 한다. 하지만 남들이 가볍게 말하더라도 정작 그 몇 달을 견디고 수익을 창출해야 할 사람은 나다. 남의 이야기는 말하기 쉬운 법이다. '돌다리도 두드려보고 건너라.'라는 아주 흔한 옛말이 있다. 실패하지 않고 사업을 오래 할 수 있도록 모든 변수와 상수를 철저하게 따져봐야 한다. 물론 경험과 노하우가 있는 약국장이 더 큰 수익을 창출하기 위한 투자라면 얘기는 전혀 달라질 수 있다. 하지만 역량이 아직 익지도 않은 초보 약국장이 수익에 눈이 멀어 큰 비용을 들여 개국하는 경우에는 대부분 문제가 생긴다.

개업 후 초집중해야 대상은 너무나 당연히 '고객'이다

최대한 안전하게 개국을 했다 해도 그 뒤에 할 일은 쌓여 있다. 약국을 개국하기 전후의 3개월은 지구를 구하려고 이리 뛰고 저리 뛰며 동분서

주하는 슈퍼맨만큼이나 바쁘고 힘들다. 어떤 약사님은 그 과정이 힘들어서 이전을 생각하다가도 포기하는 경우도 있다. 그만큼 신경 쓸 것도 많고 몸 쓸 것도 많은 것이 약국 개국 과정이다.

힘겨운 개국 과정을 마치고 성공적으로 개업했다면 그 다음에 초집중해야 할 것은 두말하면 잔소리, 바로 '고객'이다. 지금까지의 과정에서 내 돈은 나가기만 했다. 투자금이고 써야만 하는 돈들은 나에게 마이너스를 안겨준다. 이것을 플러스로 만들어줄 수 있는 것은 오직 우리 약국을 방문해주는 고객들에게 달려 있다는 사실을 뼈에 새겨야 한다. 어떤 사업이든 수익이 발생해야 살아남는다.

사업에서 수익은 삶의 산소와 다름없다. 산소가 공급되지 않으면 죽는다. 그러니 언제나 고객의 입장에서 고민하고 수익과 연결할 수 있는 마케팅을 고민해야 한다.

내가 왜 그곳에 서 있는지 잊어서는 안 된다. 모르겠다고? 그렇다면 '내가 왜 그 사업을 하고 있는가?'에 대한 진지한 답을 찾아야 할 때다. 그 답에 대해 지금까지 생각해본 적이 없다면 이제는 정말 나만의 확실한 답을 찾아야 할 때다. '무엇을 간절히 원하는가?'에 대한 답이 있어야 목표를 세울 수 있다. 목표가 있어야 전력질주로 달릴 수 있는 법이다. 달려야 비로소 목적지에 도착할 수 있다.

작은 성공들이 모여야 큰 성공이 만들어진다

약국 경영은 여러 가지 과정들이 모여 있는 계단 같은 과정이다. 하나의 과정이 끝나면 다음 과정이 기다리고 있다. 그런 의미에서 약국 개국은 하나의 작은 성공이다. 개국 다음은 수익이 나는 사업으로 성공시키는 것이다. 그 다음은 그것을 키워내는 것이고. 그 다음은…. 어쩌면 성공의 과정에 진정한 끝은 없을지도 모른다. 언제나 새로운 시작이다. 작은 성공들이 모여야 큰 성공이 될 수 있다. '거창하고 있어 보이는 것'보다는 '살아남을 수 있고 오래갈 수 있다.'는 판단을 우선순위로 신중하게 결정하자. 생존이 가능해야 성공도 가능하지 않을까.

33. 매일 작은 성공 목표를 세워라

Q. "제 인생은 특별히 성공한 인생은 아닌데요. 평범한 일상을 유지하는 것도 힘든 걸요. '성공'이란 말을 들으면 부담스러워요. 저랑은 거리가 먼 이야기라고 느껴지거든요."

A. 나는 성공과는 거리가 먼 사람이라고 생각하나? 그렇다면 그 성공의 개념부터 바꾸자. 유명해지고 사람들에게 알려지는 것만이 성공은 아니다. 성공의 정의가 바뀌면 나는 매일 성공하며 살 수 있다.

매일의 목표를 정하자. 나 개인의 최대 매출이 될 수도 있고, 고객에게 먼저 몇 번 질문했는가의 목표라면 더 좋다. 약국 약사는 약국에서 많은 시간을 보낸다. 시간과 노력이 쏟아지면 그것이 내 인생이다. 매일 매일의 작은 성공들이 모여야 살아남는 것이 쉬워진다.

안정적인 생존이 가능해야 다음의 성공을 꿈꿀 수 있다.

03 어떤 사업이든 퍼스널 브랜딩이 답이다

> 세상의 변화를 보고 싶다면 나부터 변해라.
> – 마하트마 간디(인도의 정신적 지도자)

내 첫 약국의 이름은 '시흥오룡약국'이었다

나는 대학원을 졸업하면서부터 약국을 해야겠다고 마음먹고 있었다. 조직을 배우겠다는 마음으로 회사생활을 시작했고 1년의 시간이 지나면서 서서히 약국 개업을 준비해야겠다는 생각이 들었다. 주변 대부분의 사람들은 내가 이런 생각을 하는 것을 알고 있었다. 회사를 그만두기 몇 주 전에 나는 내 생각을 아는 사람들을 상대로 약국 이름 콘테스트를 열었다. 상금은 거금 10만 원이었다. 동참한 사람들만 십수 명에 가까웠고 올라온 이름만 해도 20~30개는 족히 되었다.

나름 치열한 경쟁을 뚫고 당첨된 이름은 '화이트 약국'이었다. 깨끗하고 믿을 수 있는 느낌을 줄 수 있을 것 같았다. 맑고 깨끗한 느낌이 우리가 하고자 하는 약국의 이미지를 대변하는 것 같아 최종 결정되었다. 상금 10만 원이 지급되었고 내 약국의 이름은 '화이트 약국'으로 정해진 것 같았다.

하지만 내 첫 약국의 이름은 '시흥오룡약국'이다. 지금은 사라지고 없는 금천구 시흥동 오거리에 이름만 말하면 누구나 알았던 대형약국이었다. 약국을 인수하기로 결정하고 10만 원이라는 거금을 주고 산 '화이트 약국'이라는 이름으로 정말 예쁜 인테리어를 하고 싶었다. 하지만 며칠 안 돼서 그 10만 원은 깨끗이 포기해야 했다.

왜냐하면 그 약국은 이미 '시흥오룡약국'으로 자체 브랜딩이 되어 있었던 곳이었다. 주변에 모두 알려져 있고 심지어는 버스 정류장 이름으로까지 사용되었다. 동네 사람들이 "오룡약국 앞에서 보자."며 만남의 장소로 삼는 곳이기도 했다. '시흥오룡약국'을 '화이트 약국'으로 바꾼다면 망하자는 얘기와 다를 바가 없었다.

다시 생각해봐도 그나마 그때 10만 원을 주고 산 '화이트 약국'을 포기한 게 얼마나 다행인지 모른다. 끝까지 고집해서 나의 생각을 지켜냈다면 두어 달도 못가서 정말로 망해버렸을 것이다. 그때는 몰랐지만 지금 생각하면 정말 가슴이 서늘해지는 일이다.

| 나는 약국에서 경영을 배웠다

내 8번째 약국의 이름은 '2층약국'

15년이 지난 후 나는 2층에 약국을 내게 되었다. 내 약국을 어떤 이름으로 하는 것이 사업에 가장 도움이 될까 고민했다. 결국 내 8번째 약국은 '2층약국'이 되었다. 이유는 간단했다. 2층에 있어서 2층약국이었다. 이 이름에는 내 약국의 브랜딩에 대한 나만의 고민이 담겨 있었다.

2층약국이란 단어는 웬만해서는 한 번에 기억된다. 2층에 있는 약국이니 내 약국의 위치도 한 번에 알려줄 수 있다. 물론 물망에 올랐던 정말 많은 다른 이름들이 있었다. '천사 약국', '사랑 약국', '건강 약국' 등등. 그러나 이렇게 예쁘고 이미지 좋은 이름들은 한 번에 사람들의 뇌리에 기억되기에는 뭔가가 부족했다.

내 사업장이 어디 있는지 알려줄 수 있고, 게다가 한 번 들으면 웬만하면 기억이 되는 이름보다 사업에서 더 좋은 이름은 없다.

"여보, 나 여기 2층에 있는 2층약국이야. 2층으로 올라와."

이런 짧은 문장 안에서도 우리 약국의 이름은 고객으로부터 세 번이나 언급된다. 다른 사업도 마찬가지지만 고객에게 내 가게의 이름 하나를 알리려고 얼마나 많은 돈을 들이는가.

'화이트 약국'에서 '2층약국'으로 오기까지는 결코 쉽지 않은 여정이었다. 2층약국은 이름뿐 아니라 제품 디스플레이와 POP 노출에도 철저하게 소아과 문전 약국의 특성에 맞춰 마케팅이 계획되었다. 우리 약국은 외부 새시에도 노란색 필름을 입혀서 유아 맞춤형 인상을 주도록 했다. 아이들을 생각하면 유치원의 원복이나 병아리의 노란색이 연상되기 때문이었다.

고객이 움직이는 공간은 넓고 쾌적했고 약사가 움직이는 시간은 최대한 짧도록 배려했다. 손님이 앉아 있는 곳의 정면에는 파레토의 법칙에 따라 선별된 제품들이 진열되어 있었다. 제품들이 진열된 옆에는 손님들이 궁금해할 만한 질문에 대한 설명이 되어 있는 POP들이 배치되었다.

고객에게 기다리는 체감 시간을 최소화하고 조제와 더불어 이루어지는 제품들의 설명이 빠르고 눈에 잘 띄게 이루어지도록 하기 위한 배려였다.

나의 다양한 노력 덕분에 우리 약국 이미지는 '먼저 말 걸어주는 깨끗하고 후덕한 약국'이라는 이미지를 가지게 되었다. 먼저 언급했던 시립병 마케팅도 한몫했다. 유치원이나 어린이집에 먹는 약을 보낼 때 사용할 수 있도록 투약의뢰서를 무료로 배포한 것도 손님들에게 좋은 이미지를 줄 수 있었다.

당신의 약국에 오고 싶은 이유를 반드시 만들어라

웬만큼 번화한 어떤 사거리에서도 넘쳐나는 게 약국이다. 이런 환경에서 손님이 굳이 내 약국에 오고 싶은 이유는 무엇일까? 거리를 지나가는 수많은 손님들 중 어떤 사람에게는 반드시 내 약국에 오고 싶은 이유를 만들어줘야 한다. 이미 가지고 있는 나의 장점과 실력을 제대로 어필하고 고객에게 알릴 수 있는 방법이 무엇일지. 그것을 생각해야 한다.

비슷비슷해 보이는 약국을 차별화할 수 있는 것은 '그 약국 하면 바로 생각나는 어떤 것'에 달렸다. 그것이 바로 '퍼스널 브랜딩'이다. 사람도 무척 잘생겼거나 혹은 잊을 수 없는 살인 미소가 눈에 띄면 길을 가다가도 다시 한 번 보게 된다. 한 번 보고 두 번 보다 보면 어느 순간 그 사람의 팬이 되는 것이다.

하지만 가장 중요한 것은 처음 한 번이다. 끌리는 마음이 생기고 궁금한 마음이 생겨야 더 보고 싶은 법이다. 물론 내 약국의 매력이 '볼수록 매력적인 너'일 수도 있다. 만약 그렇다면 최소한 자꾸 볼 수 있는 어떤 기회를 만들 것인지 생각해봐야 한다.

"저희 약국은 좋은 약만 골라서 들여놓잖아요. 이상한 약은 약국 문턱도 못 넘어요."

나는 대부분의 상담을 마치고 손님에게 약을 드리는 마지막 순간에 꼭 이 말을 남긴다. 하루에 5명을 상담하든 30명을 상담하든 나의 상담을 통해 약을 구매하는 분들은 거의 다 이 말을 듣게 된다. 고객이 인식을 할 수도 있고 하지 못할 수도 있다. 그렇지만 계속 그런 이야기를 듣게 되면 어느 순간부터 이 집은 품질 좋은 약을 주려고 애쓰는 곳이라는 인상을 갖게 된다.

이런 것이 가장 먼저 할 수 있는 약국의 퍼스널 브랜딩 중 하나다. 언젠가부터 고객이 먼저, "이 집은 좋은 약만 들여놓는다며? 왠지 믿음이 간다구!"라고 말하는 것을 들으면서 기분 좋게 상담을 끝낼 수 있다.

이제는 이전처럼 오프라인 매장 문을 열고 들어오는 손님만 맞이하는 것만으로는 부족한 세상이 되었다. 주변에는 SNS 마케팅을 이용해서 약국이나 약사로서 홍보에 성공하는 사례들도 늘어나고 있다. 또 상세한 제품 설명과 함께 친절한 고객 상담을 제공하면서 인터넷 쇼핑몰로 승부를 보는 약국들도 있다. 인터넷 상의 커뮤니티들을 활용해서 다양한 잠재 고객을 모으는 방법들은 이제 더 이상 새로운 마케팅도 아니다.

공급이 넘치는 세상이다. 정보도 넘치는 세상이다. 앞으로는 더 그럴 것이다. 그렇기 때문에 앞으로의 경쟁력은 더 깊은 학술 정보로 무장하는 그 이상의 무언가가 필요하다. 어떻게 하면 나를 알릴지 고민해야 한다. 어떻게 하면 내 약국을 알려야 할지 고민해야 한다.

나만의 고객이 생기면 만족과 감동을 주어야 한다. 나만의 고객을 만드는 것은 사랑하는 일과 일맥상통한다. 고백할 타임이 주어진다면 사랑한다고 말해야 한다. 사랑도 고백하는 사람이 성취하지 않는가. 그러나 어떻게 고백하는가에 따라 결과는 천지차이로 달라진다. 모태솔로와 인기남은 마음이 다른 것이 아니다. 사랑의 성공과 실패는 바로 방법에 있다. '나만의 고객'을 만들고 그들을 '제대로 사랑하는 것'이 앞으로의 성공한 약국과 망하는 약국을 결정하는 중요한 차이점이 될 것이다.

이제는 약국도 퍼스널 브랜딩이 답이다

이제는 약국도 퍼스널 브랜딩이 답이다. 다가오는 세상은 겸손이 미덕이 아니다. 자신을 알리는 것은 잘난 척도 아니고 나대는 것도 아니다. 보석이 처음 광산에서 사람의 손에 의해 세상으로 나왔을 때는 거칠고 광도 별로 안 나고 다른 종류의 원석과 섞여 있는 경우들이 대부분이다.

사람들이 갖고 싶은 말 그대로 '보석'이 되기 위해서 사정없는 망치질과 정교한 세공술로 가공되었을 때야 제값을 받을 수 있다. 혹여 어쩌다 약국장이 되었다면 이제는 자기 스스로를 정교하게 가공해서 '진짜 약국장'이 되어야 할 시점인지도 모른다. 값비싼 보석으로 다시 태어나려면 어떤 디자인으로 가공할 것인지 정할 차례이다. 내 약국을 과연 어떤 모습으로 세공하고 싶은가?

34. '그 고객만의 특별한 약사'가 되라!

Q. "약사 선생이 그것도 몰라요? 어제 TV에 나왔는데. 약사면 약에 대해서 다 알아야 하는 거 아니에요?"

A. 맞다. 약에 대해서 잘 아는 것이 약사다. 그렇지만 약사는 제품 안에 들어 있는 성분을 보지 제품의 이름을 보지는 않는다. 저런 질문을 받으면 기분이 별로라고? 잠깐 기분 나쁜 건 접어두자.

손님에게는 성의가 먼저다. 함께 포털사이트만 찾아봐도 어제 TV에 나온 제품에 대한 정보는 엄청나게 쏟아진다. "아! 이 제품 말하시는 거구나. 제품 성분이 항산화제들이네." 하면서 대화를 이어가자.

'많이 아는 약사'가 되려고 애쓰는 것보다는 '믿고 상담하고 싶은 약사'로 어필하자. 같은 것 같지만 다르다. 어느 순간 당신은 그 고객에게 '그만의 특별한 약사'가 된다.

나의 정직함과 성실함 그리고 진심 어린 마음을 보여줄 수 있는 모든 방법을 찾아라.

04 오래 살아남는 사업의 7가지 조건

명확한 목적이 있으면 기복이 심한 길이라도 전진할 수 있지만
목적이 없으면 평탄한 길도 전진하기 힘들다.
– 토마스 칼라일(미국의 비평가, 역사가)

성공 스토리보다 훨씬 중요한 것은 오래 살아남는 것이다

세상에는 대단한 성공 스토리들이 많다. 그런 성공 스토리 속의 멋지고 감동적인 이야기들은 읽는 이의 심금을 울린다. 읽다 보면 어느새 감동에 빠진다.

'그래. 저만큼 고생해도 포기하지 않으니까 되는구나!'

'저 사람도 나처럼 힘들었겠구나!'

하지만 한편으로는 내가 저렇게까지 힘든 일을 겪으면서까지 성공해야 하나 싶은 마음이 생기는 것도 사실이다. 누군가의 대단한 성공은 평범한 나를 주눅 들게 한다. 나 역시 이 뜨겁고 치열한 자영업의 사장으로서 지내온 시간들을 생각하면, 특별하지만 특별할 것도 없는 그렇고 그런 일개 약국장이었다. 다만 십수 년간 다양한 약국을 경영했던 사장으로서 내가 지금 목표로 삼는 것은 대단한 성공이 아니다. 세월이 지날수록 '대단한 성공 스토리'보다 현실적인 목표는 이 힘겨운 현실에서 '좀 더 오래 살아남는 것'이라는 생각이 든다. 이것이 훨씬 가능하고 의미 있는 목표이다. 길고 오래가는 것이 생각만큼 쉽지 않은 요즘이다.

우리나라 약국은 대부분 약사와 직원 몇 명의 형태가 가장 많다. '나홀로 약국'이라고 불리는 약국들도 적지 않다. 약국을 운영하는 인원이 적게는 한 명에서 많게는 두세 명으로 소규모이다. 다른 자영업과 비교해도 규모 면에서 크다고 할 수는 없다. 그런 약국의 약국장이라면 더욱 약국을 통한 '대단한 부의 축적'보다는 '길고 오래갈 수 있는 안정적인 경영'이 오히려 훨씬 중요한 성공일지도 모른다.

하지 말아야 할 것을 먼저 배워야 한다

오래 살아남기 위해서 가장 먼저 기억해야 할 점은 사업을 '성공하자'의 관점으로 접근하지 말고 '실패하지 말자'의 관점으로 접근해야 한다는 것이 나의 생각이다. 무엇보다도 먼저 다른 사람이 했던 '하지 말아야 했던 것'은 절대로 하면 안 된다. 성공담을 기억하되 실패담은 발품을 찾아서라도 꼭 들어봐야 한다.

성공한 사람은 자신의 성공을 만천하에 말하지만 실패한 사람은 자신의 실패를 떠벌리고 싶어 하지 않는다. 하지만 망한 이야기에서 배울 수 있는 것은 훨씬 더 많다. 내가 실패하지 않을 확률을 높이고 싶다면 반드시 뼈아픈 실패담을 찾아서 하지 말아야 할 것을 배워야 한다. 사업에 있어서 리스크는 가능한 최소화해야 한다.

오프라인 매장에서 가장 중요한 것은 입지

두 번째로 기억할 것은 오프라인 매장에서 가장 중요한 것은 입지라는 사실이다. 첫째도 입지, 둘째도 입지, 셋째도 입지다. 입지가 안 좋은데도 대박 매출이 나는 경우는 아주 특별한 경우이다. 사실 현실적으로는 거의 불가능하다는 생각이다. 입지를 볼 때는 한두 번 가보는 것으로 입지에 대한 판단을 해서는 안 된다. 어차피 약국을 개국하면 하루 종일 있을 곳이다. 며칠 동안 하루에 최소 4시간 이상을 오전, 오후 혹은 출퇴근 시간 전후 시간대별로 유동인구를 관찰해야 한다.

하지만 유동인구가 많다고 그곳에 여는 모든 점포가 대박이 나는 것도 아니다. 이것이 유동인구가 많은 입지를 선택할 때 가장 주의해야 할 점이다. 유동인구들이 많으면 지나가는 모든 손님들이 내 점포의 손님이 될 것이라는 행복한 착각에 빠지곤 한다. 하지만 막상 매장을 오픈해보면 그렇지 않다는 것을 실감하게 된다. 유동인구들 중 몇 명쯤이나 내 매장의 문을 열고 들어올 손님들로 연결될 것인가가 실은 가장 중요하다. 그 외에도 약국이기 때문에 확인해야 하는 여러 가지 법적인 문제들도 절대로 간과해서는 안 된다.

매출보다 이익이 중요하다

세 번째는 매출보다 이익이 중요하다는 점이다. 물론 매출은 가장 중요한 경영의 결과이다. 하지만 더 중요한 것은 나갈 것이 나가고 내 손에 남는 이익이다. 그것이 진짜 경영의 결과물이다. 높은 매출이 예상된다고 해도 나가는 것이 너무 많은 입지에 욕심내지 말아야 한다. 입지에 대한 마지막 결정은 반드시 예상 순이익으로 비교해야 한다. 입지가 아무리 매력적이라고 해도 남는 것이 적다면 포기하는 것이 맞다.

매출이 곧 실력이다

네 번째로 기억할 것은 매출을 곧 본인의 실력으로 인식하는 자세이다. 매장의 매출과 자신의 능력과 무관하다는 생각은 버려라. 매출이 곧 실력이다. 매출은 내방하는 고객의 수와 판매성공률 그리고 객단가의 3가지 요소로 결정된다. 오늘 매출을 결산하면서 성공한 2~3건의 성공담만 생각하고 기뻐하는 것은 좋은 자세라고 할 수 없다. 전체 상담을 돌아보고 실패사례라고 생각되는 부분에 대한 자기 성찰이 반드시 필요하다. 필요하다면 적어라. 글로 적고 분석하라. 그것이 판매의 성공률을 높일 수 있는 가장 빠른 방법이다. 사장이라면 매출을 나타내는 숫자는 자신의 하루와 아무 상관이 없다는 태도로 임해서는 안 된다.

손님은 신이다, 왜냐하면 당신의 운명을 좌우하니까!

다섯 번째는 그 무엇보다 중요하다. 손님을 감동시켜라. 손님은 왕이 아니다. 손님은 신이다. 이런 마음으로 서비스 마인드를 장착해야 한다. 물론 쉬운 일은 아니다. 요즘은 매뉴얼에 따르는 기계적으로 친절한 멘트들이 많지만 진심으로 서비스의 의미를 아는 사람은 정말 드물다. 계산하지 마라. 자존심을 버려라. 그래야 사람의 마음을 움직일 수 있다.

당신을 돈을 벌기 위한 수단으로 생각하는 사람과 정말 당신의 행복을 원하는 사람이 있다면 당신은 누구와 친해지고 싶겠는가. 고객도 마찬가지다. 경제적 이익만을 추구하는 곳보다 고객에게 더 많은 기쁨과 행복을 전달해주려고 애쓰는 곳을 사랑할 수밖에 없다.

잘 되더라도 언제나 의심하고 고민하라

여섯 번째로 기억해야 할 것은 언제나 의심하고 고민하라는 점이다. 매너리즘에 빠져 그것이 나를 위한 일인지 고객을 위한 일인지도 모른

채 하루하루를 보내서는 안 된다. 모든 것이 편안해 보이는 순간에 모든 것을 의심해볼 필요가 있다. 저 디스플레이의 배치가 정말 최선인지, 그것을 보는 손님들이 어떤 느낌을 가지게 될지. 사소한 것이라도 끊임없이 고민해봐야 한다.

보통 약국들은 참 바쁘다. 하지만 그 바쁨이 중요한 일과 맞물려 돌아가고 있는지는 한 번 생각해볼 일이다. 만약 정말 중요한 일들은 실천에 옮기지 못하고 있는데 계속 몸만 바쁜 상황이 지속된다면 잠깐 멈춰서 생각을 해볼 시간이다. 사업에서 가장 필요한 것은 창의적인 사고다. 창의적인 사고로 현재 무엇이 가장 문제인지 파악해야 한다. 문제가 없어 보이는 것도 문제다. 필요한 급소를 정확히 파악하고 그곳을 중점적으로 공략해야 한다.

잘되는 약국과 안 되는 약국은 POP 1장을 붙여도 뭔가가 다르다. POP를 붙인 이유에 대해 물어봤을 때 "그냥 거기가 좋을 것 같아서." 혹은 "POP 제작 업체가 그 자리에 놓으라고 해서." 등의 대답만 나와서는 준비된 마케팅이라고 볼 수 없다. "왜 그 POP를 반드시 그 자리에 붙여야 하는가."에 대한 나만의 이유가 있어야 한다.

실제로 잘되는 약국의 약국장은 "이 POP는 왜 여기에 붙이셨어요?"라고 질문하면, "저희 약국 구조상 손님들이 약국으로 들어오면 가장 먼저 보이는 위치에요. 뭔가 집중해서 권하고 싶은 게 있으면 제일 먼저 써야 하는 곳이에요."라고 자신 있게 말한다. 약국으로 들어오는 첫 걸음부터 돌아서서 나가는 모든 손님의 움직임의 방향에는 손님에게 조금이라도 어필하겠다는 약국장의 촘촘한 마케팅 의도가 깔려 있어야 한다.

공부에는 항상 아낌없이 투자하고 노력하라

마지막 일곱 번째로 말하고 싶은 것은 공부에 아낌없이 투자하고 노력해야 한다는 점이다. 강가의 자갈들을 보면 그 자리에 그대로 있는 것 같지만 강물의 흐름에 따라 모두 조금씩 한 방향으로 움직이고 있다. 이 시대의 경제 트렌드나 다른 사람들의 이야기는 나와 상관없는 것 같지만, 큰 흐름에 비추어 보면 나도 예외일 수는 없다.

영원할 것 같은 상권과 점포 입지도 주변 상황이 바뀌면 조금씩 바뀌어간다. 모든 것에 대해 보는 눈을 키우고 뒤처지지 않으려면 공부는 필수다. 모르는 것을 알게 해주는 모든 것이 삶의 공부이다. 내가 부족한 것은 어떤 것인지 매의 눈으로 살피고 그것을 고치거나 채워야 한다면 번개보다 빠르게 실천해야 한다. 그렇게 경영해야 비로소 살아남을 수 있다. 살아남아야 뭐라도 즐길 수 있다.

피가 되고 살이 되는
5분 경영 상담

35. 약사 일을 긍정적으로 바라보라

Q. "손님 중의 한 분이 약값이 다른 약값보다 더 비싸다고 엄청 화를 내고 가셨어요. 천 원이나 차이가 난다며. 천 원 때문에 제가 되게 나쁜 장사꾼이 된 느낌이 들더라고요. 그럴 때는 정말 내가 이런 말을 들으려고 4년 동안 열심히 공부하고 졸업 후에도 야간강의를 들어왔나 싶어서 자괴감이 느껴져요. 약국 일이 저랑 안 맞나봐요."

A. 맞다. 약국 일이 안 맞을 수도 있다. 나도 그렇게 생각했다. 처음부터 일이 체질에 딱딱 맞는 사람이 과연 얼마나 있을까? 단언하건대 그런 사람은 정말 1%의 인재들이다. 이제 와서 다시 학교에 다니는 것도 아닌데, 1%가 되려고 굳이 노력할 필요는 없다. 일을 오래 하다 보면 일에 내가 맞춰지기 마련이다. 이왕이면 긍정적으로 나의 일을 바라봐라. 내 일의 장점을 찾아내고 그 부분을 즐겨라. 처음부터 체질에 딱 맞는 일도 찾기 힘들지만, 장점이 전혀 없는 일도 드물다.

최대한 긍정적이 되라. 좋은 것을 먼저 생각하는 습관은 인생 곳곳에 숨겨져 있는 행복을 찾을 수 있는 좋은 무기가 된다.

05 돈보다는 사람을 남겨라

세상에서 가장 어려운 일은
사람이 사람의 마음을 얻는 일이다.
– 생텍쥐페리(프랑스의 소설가)

이왕이면 거기서 사고 싶다

약국은 제약회사 같은 제조 공장들에서 만들어낸 규격화된 제품을 판매하는 곳이다. 무슨 말이냐 하면 판매할 제품이 정해져 있다는 뜻이다. 약국만 놓고 비교해보자면 사실 어느 지역 어느 약국을 가도 같은 제품을 살 수 있다. 이 중 의약품은 약국에서만 구매가 가능하지만 그 외의 건강기능식품이나 생활용품은 약국 이외의 다른 소매점에서도 얼마든지 구할 수 있다.

내 제품을 만들어서 나만 팔 수 있다면 모를까? 가장 많이 부딪히는 질문은 가격 시비일 것이다.

"어디 약국은 얼마던데 여긴 얼마예요?"
"여긴 왜 다른 데보다 비싸요?"
이렇게 어디서든 살 수 있는 제품들을 판매하는 업종에서 갖출 수 있는 경쟁력은 무엇일까? 반대로 이 질문들을 거꾸로 풀어보자.

"어디서든 살 수 있는 그 제품을 왜 하필 나에게 사러 왔을까?"

그러면 답이 보인다. 손님들이 굳이 그곳에 가는 이유는 '그곳에 가면 내가 사고 싶은 그 제품을 기분 좋게 믿고 구매할 수 있다.'는 믿음 때문이다. 집과 '그 약국' 사이에 그 수많은 약국들을 지나치고 바로 '내 약국'에 오게 하려면 손님들에게 이왕이면 거기서 사고 싶다는 마음이 들도록 해야 하는 것이다.

학술은 학술이고 경영은 경영이다

그래서 특히 약사는 '경영'이라는 마인드가 특히 더 중요하다. 대부분의 약사들은 학술지식을 쌓는 데 누구보다 더 많은 욕심을 낸다. 하지만 정작 '경영'에 필요한 공부는 소홀히 하곤 한다. 나는 '약사'이지 '장사꾼'

이 아니라는 생각이 강하기 때문이다. 약국에 오는 손님은 '환자'이기에 치료적인 측면에서 좋은 약을 줄 수 있는 것이 약사가 해야 하는 베스트라고 생각한다. 증상에 맞는 약을 주는 것이 최고의 경영이라고 생각한다. 그거면 부끄럽지 않다고 생각한다. 그래서 환자에게 필요한 학술정보만 열심히 공부하면 약국 경영은 거의 다 된 거라고 생각하는 경향이 강하다.

하지만 나는 그렇게 생각하지 않는다. 내가 학술정보로 나름 중무장했던 시절에도 그것만으로 약국 경영이 저절로 좋아진 경우는 없었다. 학술은 학술이고 경영은 경영이다. 전혀 다른 문제이다. 요즘처럼 경쟁이 치열한 시대에 제대로 된 경영 마인드 없이 잘되는 약국을 만들기는 정말 쉽지 않다.

약국을 찾는 사람들은 어떤 질환이나 병증 때문에 오는 사람들에 국한되지 않는다. 생활에 필요한 물건인 생활용품을 구매하려는 사람, 지금 아픈 곳을 낫게 하기 위한 약이 필요한 사람 그리고 앞으로의 건강을 유지하기 위해 예방 차원의 의약품 구매를 원하는 사람 등등 여러 목적을 가진 손님들이 드나드는 곳이다. 어제는 생활용품을 샀던 사람이 오늘은 예방 목적의 건강기능식품을 구매할 수도 있고 내일은 몸의 불편함을 해소하기 위한 의약품을 상담하는 경우도 있다. 결국 건강한 모든 사람이 내 약국의 잠재 고객이다.

약국의 경쟁력은 언제나 약사다

나는 내 첫 약국이 망하는 약국이 될 것 같은 두려움 속에서 '경영'을 배워야 한다는 것을 막연히 느꼈다. 제대로 된 '경영'이 필요하다는 생각이 들던 절박한 순간에 아무리 찾아봐도 약국 경영에 대해 구체적으로 가르쳐주는 곳은 단 한 군데도 없었다. 내가 운이 없었던 걸까? 모두가 전문 판매원을 쓰거나 가격을 할인하는 것만이 약국을 살리는 길이라고 말했다.

싸게 많이 팔고, 최대한 적게 쓰는 것이 약국 경영의 모든 것처럼 보였다. 사람들의 충고대로 했을 때 절약되는 비용과 예상되는 매출을 계산해보니 적지 않은 금액이었다. 한두 달뿐 아니라 1년으로 따지면 무시할 수 없는 금액이었다. 하지만 나는 그렇게 하지 않았다. 편법을 쓰면 잠깐은 매출이 올라가고 수익은 늘겠지만 장기적으로 보면 우리 약국에 대한 믿음을 깨는 일이었다. 나는 우리가 가져야 할 경쟁력은 '약사의 실력'과 '고객 감동 서비스'라는 나름의 소신이 있었다.

나는 우리 약국에 대한 믿음과 신뢰를 지키기 위해 언제나 제대로 된 약사가 성심껏 상담할 수 있는 환경을 만드는 데 온 힘을 쏟았다. 나를 비롯한 모든 약사들은 함께 열심히 공부했고 토론했다. 학술뿐 아니라 고객 감동을 위해 무엇을 어떻게 해야 할지 함께 고민하고 실천했다. 수익의 열매로 돌아오는 기쁜 순간은 직원들과 최대한 함께 나누었다.

당신은 우리에게 정말 특별한 고객이다

나는 약국을 잘하는 방법을 배워보려고 수많은 약국들을 방문했고 많은 것을 배우려고 노력했다. 어떤 곳에서는 친절함의 정수를 배웠고 어떤 곳에서는 배려의 기본을 배웠다. 하지만 '아! 역시 다르다!'라고 느꼈던 잘되는 약국들은 어느 곳이든 '사람 중심'이었다. 약국의 문화가 고객 중심인 곳은 직원들 얼굴도 밝고 환했다.

고객에게는 '당신은 우리에게 정말 특별한 고객'이라는 마음을 전해야 하고, 직원에게는 '당신 덕에 우리 가게가 정말 특별해진다.'는 마음을 전해야 한다. 혹여나 손님에게 가격을 깎아주게 되더라도 옆 가게보다 더 싸게 드리는 거라는 생색보다는 '당신이기에 특별히' 할인을 해준다는 점을 꼭 알려야 한다. 당신이 특별하다는 느낌을 받은 고객은 분명 그 매장에 다시 오고 싶어진다.

내 약국의 얼굴인 직원들의 마음 상태도 중요하다. 사장인 내가 모든 손님을 응대할 수는 없다. 내가 없는 곳에서 직원은 나와 내 약국을 대변하는 중요한 얼굴이다. 직원들이 주인의식을 가지고 내 손님을 자기 손님으로 생각할 수 있는 마음가짐을 가질 수 있도록 동기부여에 힘써야 한다.

어떤 손님의 불만족을 기분 좋은 마무리로 끝낸 직원이 있다면 혹은 생각지도 못한 고객에게 커다란 매출을 이끌어낸 직원이 있다면 잘했다는 짧은 목례보다는 "당신이기에 가능했다."는 칭찬을 아끼지 말아야 한다. 칭찬은 고래도 춤추게 한다고 했던가? 칭찬을 받은 직원은 어깨에 힘이 들어간다. 사람은 스스로의 능력을 인정받았을 때 가장 기분이 좋은 법이다. 자기가 소속되어 있는 곳에서 꼭 필요한 사람이라는 느낌을 주는 것보다 더 좋은 동기부여는 없다.

성공을 만드는 것은 다름 아닌 사람이다

이렇게 '특별한 고객'과 '특별한 직원'이 있다면 무엇이 와도 두려울 것이 없다. 자영업의 세상은 전쟁터이다. 아침에 눈을 뜨면 새로운 제품들이 넘쳐나고 톡톡 튀는 서비스도 밤새도록 도배가 되어 있다. 이 피 튀기는 생존의 전장에서 오래오래 살아남을 수 있는 빛나는 무기는 다름 아닌 나만의 고객과 나만의 직원이다. 그런 것들이 경쟁력의 밑바탕이 되어줄 때 그 사업이 오래 갈 수 있다.

우리는 자금이 넘쳐나는 대기업이 아니다. 그렇다면 공급이 넘치는 이 세상에서 우리는 무엇을 경쟁력으로 삼아야 할까? 공급하는 물건을 한없이 싸게 살 수 있다면 상관없을지도 모르겠다. 하지만 약국 같은 소매업은 대량 구매로 물건을 싸게 공급받는 것도 한계가 있다. 제 살 깎아먹

| 나는 약국에서 경영을 배웠다

는 가격할인으로는 제대로 된 수익을 낼 수 없는 것이 현실이다. 아니, 제 밥줄 지키기도 힘들어지는 상황이다.

'구멍가게만 한 약국 하나 하는데 거창하게 경영은 무슨….'이라고 생각한다면 거기까지가 그의 한계이다. 약국의 크기가 수익을 결정하는 것은 아니다. 손바닥만 한 약국에서 생각지도 못한 큰 매출이 나는 경우도 많고 커다란 대형 약국이 순식간에 부도로 망하는 경우도 부지기수이다.

우리가 언제, 어디서, 어떤 입장으로 다시 만나게 될지는 그 누구도 알 수 없다. 돈보다 사람을 남기겠다는 마음으로 사업을 해야 한다. 성공은 가게나 물건이 만들 수 있는 것이 아니다. 성공을 만드는 것은 다름 아닌 사람이다. 사람이 알파이고 사람이 오메가다.

36. 고객이 따라 옮기는 약사가 되라

Q. "약사님, 약국 옮기셨어요? 어디예요? 좀 멀어도 내가 가야지!"

A. 사람을 남기면 약국을 옮겨도 사람은 따라온다. 나를 믿고 소통하는 고객들에게는 '당신이 나에게 정말 특별한 고객'이라는 것을 제대로 알려라. 정기적으로 안부를 알리는 문자도 좋고 계절별로 챙겨야 할 영양제 소식이 있다면 전해주는 것도 좋다. 다만 제품에 대한 설명보다는 그 사람의 삶에 필요할 만한 정보를 '고마운 마음'과 함께 전하도록 한다.

생각해보면 정말 고맙지 않은가?

모든 고객을 똑같이 관리하려고 하지 말고 VIP로 여겨지는 사람에게 집중해야 한다. 일단 20%의 소중한 고객부터 시작해라.

06 인테리어? 시스템? 사장부터 변하라!

사람은 경험 때문에 현명해지는 것이 아니라
경험을 받아들일 수 있는 능력에 따라 현명해집니다.
— 조지 버나드 쇼(미국의 소설가, 비평가)

그렇다면 대체 무엇이 정답일까?

정상에서 굽어봐야 할 것이 있고, 골짜기에서 둘러봐야 할 것이 있다.
사업을 하다 보면 종종 이것을 거꾸로 하는 경우가 있다. 굳이 정상에서
먼 것을 꼼꼼히 보려고 하고 골짜기에서 먼 곳을 보느라 까치발을 세우
기도 한다. 어떤 순간에 어디에 초점을 두고 생각해야 하는지 제대로 파
악이 안 되어 있다는 뜻이다.

사업이 실패 근처에 오거나 부진하게 되면 원인을 다른 곳에 찾는 사
장들이 많다. 약국도 마찬가지다. 원하는 만큼 매출이 일어나지 않으면

답답한 마음에 '약국 경영 활성'이라는 타이틀이 걸린 세미나나 강좌를 찾게 된다. 세미나나 강좌가 주는 솔루션은 다양하다. 어떤 세미나에서는 공부가 부족하다며 더 많이 공부하라고 한다. 또 어떤 세미나에서는 인테리어를 바꾸라고 하고 컴퓨터 시스템을 바꾸라고 말한다. 그것이 시대의 트렌드라고.

"약사님, 이번 리노베이션으로 약국에 도움이 되었다고 하는 곳이 많아요. 약사님이 근무하시기도 하는 곳인데 환경이 좋아지면 더 좋지 않으세요?"

"셀프 매대 같은 것을 활용하면 매출이 올라가요. 특별히 애쓰지 않으셔도 사람들이 집어갑니다."

"이 POS 시스템을 이용하시면 효율적인 재고관리가 가능합니다. 주문하는 일도 훨씬 편해져요."

"저희는 이 시스템을 계속 발전시킬 거예요. 앞으로 더 좋아질 겁니다."

어느 업체에서든 비슷한 말을 들어왔다. 나는 정말로 그런 변화가 약국의 매출에 영향을 주는지 궁금했다.

"정말 인테리어 바꾸고 매출이 올라갑니까? 얼마나 올라갔죠?"

갑자기 매출에 대한 구체적인 금액을 요구하자 상담하던 직원이 잠깐 당황했다.

"제가 알기로는 10% 이상 올라갔다고 들었습니다."
"올라간 곳 매출이 어느 정도였습니까?" 직원은 눈썹을 찌푸리고 기억을 더듬어가며 대답했다.
"하루에 100만 원 전후라고 들었습니다."

나는 머릿속으로 빠르게 계산해보았다. 10%면 하루에 10만 원. 1달을 휴일을 제외하고 대략 25일 정도로 잡으면 250만 원. 1년이면 3천만 원이다. 하지만 순이익으로 계산하면 넉넉히 봐도 1천 2백~1천 3백만 원이다.

"그래서 인테리어 비용은 얼마나 들었습니까?"
직원은 내가 인테리어와 시스템 교체에 관심이 있어 보이자 희색을 띠면서 대답했다.
"인테리어 비용은 3천만 원 정도입니다. 본사 가입비는 별도이구요."

내 머리는 다시 또 계산에 들어갔다. 결국 힘들게 인테리어를 바꿔서 생기는 2년간의 순이익은 모두 내 것이 아니고 저 회사 것이라는 생각이 들었다. 만약 2년 뒤에 매장을 비워야 하는 일이 생기면 그마저도 마이너스가 될 확률이 높다. 그 외의 장점에 대해서도 자세히 설명은 들었지만 결국 그것을 해내야 하는 것은 다름 아닌 나였다.

사실 모든 솔루션은 문제를 어떻게 보느냐에 따라 다 맞는 말이다. 그리고 모두 틀린 말이기도 하다. 인테리어나 시스템이 문제라고 생각된다면 수천만 원의 투자금을 들이고 예뻐진 약국에 기뻐하는 동안 내가 갚아야 할 마이너스가 그만큼 커진다는 것을 생각해야 한다. 수천만 원을 들였는데 안 예뻐지기는 정말 힘들지 않을까.

그렇다면 그 투자로 내가 얻을 수 있는 수익은 얼마나 될까? 수천만 원의 투자가 끝난 뒤에는 "그 다음은 너 하기에 달렸다."라고 말한다. 인테리어만 바꿔도 매출이 높아진다더니, 컴퓨터만 바꿔도 덜 힘들어진다더니 한두 달 정도 뿌듯한 마음이 들고 나면 예전과 그리 달라진 것도 잘 모르겠다. 더 많이 공부하라는 세미나의 솔루션처럼 다시 초심으로 돌아가서 임상 공부에 매진한다. 열심히 공부하는 보람에 한두 달은 뿌듯하고 보람차다. 하지만 쏟아부은 노력과 시간만큼 매출로 돌아오는 것 같지 않고 자꾸만 지쳐간다. 그렇다면 대체 무엇이 정답일까.

외부 환경의 변화보다 중요한 건 자신의 변화다

나는 외부의 어떤 사업체에서 제공하는 그 어떤 솔루션보다 '선행'되어야 하는 것은 자기 자신에 대한 연구라고 생각한다. 아무리 좋은 갑옷과 투구를 입히고 세상의 명검이라고 인정받은 검을 쥐어준들, 갑옷과 칼의 주인인 '사람'이 칼을 들어 내리칠 의지가 없다면 전장에서 죽는 것은 한 순간이다. 외부 환경의 변화보다 자신의 변화가 먼저여야 한다.

스스로가 이 전장에서 싸워 이겨야겠다는 마음이 강렬하기만 하다면, 말만 칼뿐인 허접한 검을 잡고서도 얼마든지 살아남을 수 있다. 인테리어나 시스템을 백날 바꿔봐야 결과는 비슷하다. 약국장인 내가 똑같다면. 약국을 옮겨도 마찬가지다. 약국장인 나는 그대로일 테니까.

약국장은 스스로 사장이고 경영자라는 사실을 잊지 말아야 한다. 돈의 흐름을 자세히 관찰해야 하고 나가야 하는 돈이 있다면 정말 제대로 된 투자인지 살피고 또 살펴야 한다. 정상에서 볼 때 사업에 꼭 필요한 투자라면 과감히 투자를 결정해야 한다. 때를 놓치면 안 되는 일들인지 주변 상황과 더불어 면밀히 파악해야 한다. 그리고 투자하는 과정 중에서 절약할 수 있는 작은 돈이 있다면 골짜기에서 주변을 둘러보듯이 꼼꼼히 막아내야 한다.

사업 실패의 가장 큰 이유 중 하나는 처음에 들어가는 돈에 대해 관대할 때이다. 초기 투자비용이 많이 들어가면 나중에 약국을 정리할 때 순수익이 형편없어진다. 중간에 재투자하는 경우도 다르지 않다. 이런 이유로 나는 개국 컨설팅을 할 때 인테리어를 비롯한 외형적인 것에 투자할 때는 꼭 필요한 것만 선별해서 효율적으로 하라고 목이 쉴 때까지 말한다.

나의 첫 약국에서 추구했던 '예쁜' 인테리어는 나에게 많은 손실을 돌려주었다. 반면에 인테리어비를 가장 적게 투자했던 곳이 나에게 가장 높은 수익을 남겨주었다. 적절한 시기에 돈을 효율적으로 사용할 줄 몰랐던 나의 결정은 손실로 돌아왔고, 어느 곳에 무슨 돈을 써야 할지 알고 난 뒤의 나의 결정은 수익으로 돌아왔다.

무한경쟁 시대에 살아남으려면 끊임없이 변화하라

사실 스스로 얼마나 알고 있는지 알기는 어렵다. 학창시절처럼 시험이 있는 것도 아니고 약국장의 실력을 알아볼 수 있는 체크리스트 따위는 더더구나 없다. 그렇기 때문에 내가 어느 정도나 알고 있는 약국장인지를 파악하기 위해서 다양한 멘토들의 도움을 받는 것이 가장 빠른 길이다. 내가 이 사업에 있어서 무엇을 잘하는지 그리고 무엇을 좋아하고 싫어하는지 파악해야 한다. 배움에는 끝이 없다.

사장이 아닌 근무약사라고 해도 머나먼 일처럼 생각해서는 안 된다. 언젠가는 약국장이 될 사람들이 아닌가. 대부분의 근무약사들은 약국의 매출과 상관없이 내가 할 일만 해내면 그만이라는 생각들을 많이 한다. 하지만 조금만 다르게 생각해보자. 근무약사 기간에 일하는 약국을 단순히 월급을 받기 위한 직장으로 여기지 말고 내 사업을 연습해보는 곳이라고 생각해보자. 할 수 없이 시간을 보내는 것이 아니라 나만의 노하우를 습득하는 곳이라고 생각해보는 것이다. 남들은 돈을 내고 강의를 들으러 다니는데 월급을 받으면서 내 사업을 위한 기술을 쌓을 수 있다면 그것만으로도 감사할 일이다.

사업이 지금 잘되고 있어도 그렇고, 어려움에 처해 있다면 더욱 그렇다. 사업가로서의 사장은 계속 진화해야 한다. 약국장이 달라지지 않는다면 약국을 옮겨도 본질적으로 달라지는 것은 없다. 무엇보다도 사업가로서의 능력을 키워줄 수 있는 교육에 많은 투자를 해야 한다. 배움을 돈으로 바꿔줄 수 있는 교육이 있다면 놓치지 말아야 한다.

실내 인테리어? 시스템 투자? 아직도 밖에서부터 답을 찾고 있다면 생각을 바꿔보라. 나에게 투자하는 것이 가장 먼저다. 나부터 달라져야 경쟁이 넘쳐나는 이 사회에서 살아남을 수 있다.

37. 사업 조언은 힘들고 귀찮아도 항상 들어라

Q. "변해야 산다, 말은 좋네요. 하지만 매일매일을 전쟁처럼 보내는 제 입장에서는 자꾸 변하라는 말이 힘들게 느껴지기만 해요. 변하지 않으려고 하는 것이 뭔가 잘못하고 있는 것 같아요. 어떻게 하면 좋을까요?"

A. 17년간 약국을 경영한 나도 지치는데, 당신은 얼마나 지치겠는가? 시대가 변한다고 하고 약사도 변해야 한다고들 하는데…. 정작 내 일상은 크게 다른 것도 없다.

사방에서 부르짖는 그 변화가 누구를 위한 변화인지 생각하라. 그리고 그 변화를 부르짖는 사람이 진짜 내 사업을 걱정해서 그러는 건지 아니면 자신들의 사업을 걱정해서 그러는 건지 판단하라.

내 사업을 위한 변화를 말하는 것이라면 피곤하더라도 '언제나' 귀담아 들어라! 만약 자신들의 사업을 위해 당신에게 변하라고 말하는 경우라면…? 나라면 그냥 무시하겠다.

07 '장사'가 아니라 '사람 경영'을 하라

인생을 발전시키는 것은 그가 하고 있는 일이 아니라
그가 하고자 하는 일이다.
– 로버트 브라우닝(영국의 시인)

장사를 할 것인가? 사람 경영을 할 것인가?

"약사님, 전 정말 최선을 다했어요. 인테리어에도 충분히 투자했구요. 외부 매대에 제품정보을 상세히 담은 POP도 달아봤어요. 방문하시는 손님분들께 진짜 열심히 친절하게 응대하거든요. 그런데 기대하는 만큼 매출이 나오지 않아요. 왜 그럴까요?"

"아무래도 약국 입지를 잘못 잡은 것 같아요!"
"주변 병·의원이 저랑 안 맞는 것 같아요!"

"이 동네 손님들이 저랑 안 맞나봐요. 아니면 약국이 저랑 안 맞는 건지!"

사실 가장 중요한 것은 약국을 경영하는 사람의 마음가짐이다. 오늘, 아니 지금 이 순간의 거래에서 한 푼이라도 남기려고 하는 것은 일반적인 장사치의 마음이다. 조금이라도 손해를 안 보려는 자세는 차라리 솔직해서 인정하게 된다. 반대로 사업을 장기적으로 보고 어떻게든 더 키워내야겠다는 마음으로 손님에게도 장기적인 관점으로 서비스를 전한다면 그것이 경영자의 마음으로 일을 바라보는 것이다.

누군가는 직원 한두 명인 매장에서 장사와 경영이 무슨 큰 차이가 있냐고 묻기도 한다. 장사를 경영으로 포장해봐야 장사는 장사라고 말한다. 하지만 장사로 사업을 경영하는 곳과 경영자의 마음으로 사업을 경영하는 곳은 손님의 입장에서 볼 때면 분명한 차이가 있다.

'싸게 샀다.'에서 끝났다면 장사를 하는 곳일 것이다. 주인은 팔아서 이문을 남겼고 손님은 싸게 샀으니 거기서 거래는 끝이다. 가격 할인으로 상품을 판매하는 대표적인 곳이 인터넷 쇼핑몰들이다. 하지만 싼 가격을 찾아 들어오는 일회성 손님들을 골수팬으로 바꾸는 것이 쉽지 않다. 아니 사실 불가능하다. 가격 할인을 찾는 사람은 오늘도 가격을 비교하며 온라인 매장을 찾아 들어간다. 가격에서 조금이라도 경쟁력이 떨어지면 가격비교 사이트에서 순위가 순식간에 뒤로 밀려버린다. 보다 나은 서비스를 위해서 비용은 계속 올라가고 가격 경쟁력을 가지려면 가격을 계속 낮춰야 한다. 박리다매가 아니면 살길이 없다.

하지만 어떤 곳은 특별히 싸게 구매한 것도 아닌데 '나오면서 기분 좋고 다시 가고 싶은 곳'이 있다. 이런 곳은 매장을 나오면서 한 번 더 뒤돌아보게 된다. 나에게 친절했던 직원의 얼굴을 기억하고 싶어서일 수도 있고 매장의 위치가 어딘지 확인해두려는 경우도 있다. 가격이 첫 번째 문제가 아닌 경우이다. 나를 알아봐주고 쇼핑이라는 경험 속에서도 기분 좋은 추억이 될 수 있는 그곳. 바로 단골이 되고 싶은 곳이다.

장사꾼의 마음만으로는 오래 견디기 힘든 업이다

하지만 사실 진짜 문제가 되는 곳은 장사꾼도 경영자도 아닌 경우다. 저렇게까지 장사꾼도 아니고 또 그렇게까지 경영자도 아닌데 싶은 경우가 있다. 죽도 밥도 아닌 것이다. 장사를 하려면 확실히 장사를 하고 경영을 하려면 확실히 경영을 해야 한다. 내 기분에 따라 어설프게 친절하거나 일관성 없는 태도는 손님에게 인상 깊은 하나의 이미지를 전달할 수 없다.

하루에도 몇 천, 몇 만의 정보들이 인간의 뇌를 지나간다고 한다. 대부분의 정보들은 그저 스쳐가고 사람이 보고자 하는 것 그리고 찾고자 하는 것에 맞는 정보들만 뇌에서 인식한다고 한다. 그러니 '누군가의 필요에 맞는 정보로 인식되는 것'은 그리 쉬운 일이 아니다.

어떻게든 기억나게 하는 것이 홍보의 첫 번째 목적이다. 손님이 와야 수익이 창출되는 것이 사업이다. '싸게 사고 싶다.'와 '단골이 되고 싶다.'는 2가지 욕구 중 어느 하나로 집중하고 그것을 원하는 고객에게 올인하는 것이 사업가의 바람직한 자세이다.

약국은 어느 쪽으로 보나 경영의 마인드로 다가갈 수밖에 없는 사업이다. 기업형 약국이거나 온라인 거대 쇼핑몰을 운영하는 일부 약국들을 제외한 대부분의 약국들은 더 말할 것도 없다. 나는 약국을 경영하는 일은 농사를 짓는 것과 같다고 생각한다. 각각의 농산물의 종류에 딱 맞는 땅을 고를 줄 알아야 하고, 그곳을 열심히 가꿔줄 믿음직한 농부들이 있어야 한다.

농사는 하늘이 도와줘야 하는 부분이 있다. 천재지변은 인간의 힘으로는 어쩔 수 없는 일이기도 하다. 약국 경영의 어느 부분은 농사에서의 날씨처럼 운이라는 것도 필요하다. 또 농사가 절기마다 손봐주고 아껴주는 정성이 필요한 것처럼 매일매일 손님을 대하는 태도에 진심과 성심은 반드시 필요하다. 가을에 수확물을 얻기 위해서는 봄과 여름의 땀 흘리는 과정이 있어야만 한다. 하루 이틀의 이문에 예민하게 반응하는 장사꾼의 마음으로는 오래 견디기 힘든 업이다. 고객과의 상담이나 거래 중에 나타나는 사소한 이문에 집착하게 되면 큰 그림은 금세 잊어버리게 된다.

그러니 감히 추천하건데 누구든 아직 방향을 정하지 못한 약국장이 있다면 반드시 장사꾼이 아닌 경영자의 마음을 선택하길 바란다. 약국장이라면 나의 사업을 제대로 경영해서 걸맞은 수확물을 얻기 위해 혼신의 힘을 다해야 한다.

장사라는 공식과 사람경영이라는 공식의 답은 천지차이다

손님을 대할 때의 마음가짐은 약국장에게만 해당되는 것은 아니다. 근무약사도 예외일 수 없다. 직원도 마찬가지이다. 근무약사라면 지금 근무하고 있는 곳의 약국을 그저 생계를 위한 직장으로만 여기지 않았으면 한다. 나 역시 여러 약국에서 근무약사로 일했던 경험들이 있다. 나는 그 과정에서 하나라도 더 배우고 '내 약국을 하게 되면 이렇게 해야겠다.'에 대한 많은 뼈대를 만들 수 있었던 시절이었다. 근무약사 시절에 자기 경영과 앞으로의 사업의 연장선에서 씨를 뿌리고 있는 일이라는 생각을 갖고 마음 경영을 하는 것이 자신의 미래를 위해서 훨씬 더 나은 태도이다.

사업을 장사라는 공식에 넣을 때와 경영이라는 공식에 넣을 때 답은 완전히 달라진다. 수학문제를 풀 때도 잘못된 공식에 문제를 집어넣으면 계속 잘못된 답이 나온다. 고치는 방법은 간단하다. 제대로 된 공식으로 바꾸면 된다. 문제는 그것이 잘못된 공식인지를 스스로 깨닫는 일이다. 그 다음은 그 잘못된 공식을 빨리 포기하는 일이다. 잘못된 것을 알면서도 쉽게 포기가 안 되는 경우들이 많다.

사람의 흔들리지 않을 확신과 굳건한 신념의 마음속에서 나오는 한마디, 한마디는 상대방에게 울림을 전해줄 수 있다. 내 입장에서 생각해준다는 느낌을 받으면 마음의 유대가 생기면서 단골이 되고 싶은 마음이 절로 든다. 하지만 한 푼, 두 푼 계산하는 머리에서 나오는 말들은 듣고 있는 상대방도 계산하게 만들 뿐이다. 서로 손해 보지 않으려는 마음으로 행해지는 거래가 기분 좋게 끝나기는 어렵다. 거래가 되더라도 기쁘고 기분 좋은 마무리는 아닌 경우가 대부분이다. 손님의 입장에서는 애써 다시 찾을 이유가 없어진다.

장사꾼이 아니라 경영자의 아름다운 마인드를 가져라

내가 고객에게 하나라도 더 주려고 할 때 상대방은 고마움을 느낀다. 다른 곳에서도 다 하는 서비스니까 할 수 없이 하는 마음은 상대방에게 감동을 주기는커녕 비교만 당하게 된다. 흔히들 약국에 오면 왜 드링크를 안 주냐고 묻는 고객분들이 있다. 나는 공짜 드링크를 고객들에게 제공하지 않는다. 하지만 시럽병이나 투약의뢰서 같이 상대방에게 꼭 필요할 것 같은 마케팅에는 한 푼, 두 푼의 이문을 생각하지 않았다. 그저 우리 집을 방문해주신 고마운 손님들이 좀 더 편하게 아이들에게 약을 먹이고 필요한 것을 쉽게 물어볼 수 있게 해주고 싶었다.

약사가 약국이라는 곳에서 행복하려면 내가 좋은 약사라는 확신이 있어야 한다. 내가 하고 있는 일이 얼마나 가치 있는 일인지 진심으로 이해하고 자신 있게 말할 수 있을 때 상대방의 마음을 움직일 수 있다. 내가 하는 일의 의미를 이해하고 나의 하루하루가 누군가에게 필요한 하루라는 신념이 있어야 한다. 그것이 장사꾼의 마음이 아닌 경영자의 아름다운 마인드이다.

38. 당장의 이익보다는 경쟁력에 투자하라

Q. "장사와 경영의 차이가 뭔가요? 어찌 보면 한 끗 차이고 어찌 보면 하늘과 땅 차이 같기도 하네요. 약국 같은 소규모 업장에서 이 차이가 무슨 의미가 있기는 한가요?"

A. 의미가 있다. 분명히. 물론 사람마다 생각은 다르다. 하지만 강요할 생각은 전혀 없으니 내 말을 오해하지 말길 바란다.

내가 보는 경영은 사업의 전체를 멀리 볼 줄 아는 눈이 기본이 되는 것이다. 장사하는 마음은 당장의 플러스와 마이너스에 대한 계산만으로 스스로 만족할 수 있다. 하지만 경영자의 마음으로 사업을 바라보면 언제나 당장의 플러스를 향한 결정이 항상 옳은 것은 아니라는 것을 알게 될 때가 있다.

농사를 짓는 일과 비교할 수 있는 사업을 끌고 가는 사장이라면 씨를 뿌려야 할 때와 수확을 거두어들일 때를 아는 것이 가장 중요하다.

때를 알고 충분히 준비해서 많이 수확하자.

5장_ 반짝 성공하지 말고 오래오래 성공하라 |

에필로그

고객과 함께 살아가는
모든 비즈니스 현장의 사장님들을 위하여

책을 마무리하며 지난 약국들의 경험 속에서 수많은 시행착오로 난감해하던 때를 문득문득 떠올린다. 그 당시는 누군가의 조언을 구하기도 힘들었고 제대로 된 교육도 더더욱 없어서 눈앞에 해결해야 할 문제들을 풀어내기 위해서는 오직 몸으로 깨지고 부딪치는 수밖에 없었다.

그렇게 하나하나 살아 있는 경험으로 모아온 지식들은 나에게는 지금 무엇과도 바꿀 수 없는 소중한 자산이 되었다. 지금 돌아보면 참 답답하고 힘든 세월이었다. 하지만 지나온 나의 길을 새롭게 시작하려는 후배 약사들에게 길잡이가 될 수 있다면 그보다 더 가치 있는 일은 없을 것이다. 마무리하는 글을 쓰자니 무거운 숙제 하나를 끝내는 기분이다. 평생의 짐 하나를 덜어낸 느낌으로 홀가분하다.

지금도 여러 약국들을 관찰해보면 성공하는 약국들과 망하는 약국들은 기본적으로 큰 차이가 있다. 약국 사업의 본질을 바로 알고 고객과 스스로에 대해 끊임없이 고민하는 약국은 확실히 다르다.

무엇보다 먼저 자신이 약국에서 찾고 싶은 꿈이 무엇인지 생각해봐야 한다. 내가 내 삶에서 간절히 원하는 것은 무엇인가? 사람은 자신의 대부분의 시간과 노력을 쏟는 것으로 그의 인생을 만들어낸다. 그러니 가장 많은 시간과 노력을 쏟는 곳에서 행복해야 한다. 그래야 약사로서의 삶뿐 아니라 개인의 삶에서도 행복해질 수 있다.

매장이라는 갇힌 공간을 항상 더 나은 모습으로 유지하고 만들어내야 하는 약국이라는 사업의 특성은 쉽게 사람을 지치게 하고 매너리즘에 빠지게 할 수 있다. 하지만 큰 성당을 짓고 있는 것을 알고 오늘도 돌을 깎고 있는 행복한 석공처럼 당신도 스스로의 사업이 다른 사람의 삶에 어떤 영향을 주고 있는지 깨닫고 큰 그림을 그려나가길 바란다.

어떤 약국이든 성공하는 곳에는 항상 배울 점이 있다. 지금도 많은 약국에서 많은 것을 배운다. 망하는 약국에서는 '하지 말아야 할 것'을 배우고 되는 약국에서는 '해야 할 것'을 배운다. 미국의 유명한 경영학자인 피터 드러커가 말했다.

"하지 않아도 될 일을 효율적으로 하는 것만큼 쓸모없는 일은 없다."

많은 약사들이 하지 않아도 될 일에 자신의 시간과 노력을 쏟아붓는 경우들이 많다. 매일 하던 일이라 그저 성실히 그 일을 해야 한다고 생각한다면 잠깐 멈춰 서서 생각해봐야 한다. 이 일이 하지 않아도 될 일인지, 그리고 반드시 해내야 하는 일인지를. 생산성과 효율성에 대해 고민해보고 내 약국에 적용해봐야 한다.

사업의 본질을 제대로 이해하지 못했던 나는 낭떠러지의 끝까지 갈 수밖에 없었다. 낭떠러지에서 떨어질 것 같았던 절박했던 경험이 있었기에 말도 안 된다고 생각했던 가르침도, 낯 뜨거운 새로운 시도도 주저하지 않고 해볼 수 있었다.

무언가 깨달았다고 해도 머리로 알기만 해서는 달라지는 것이 없다. 부끄럽고 어색하더라도 일단 해봐야 안다. 이제 약국 약사로서 진정한 통섭을 완성하기 위해서 정말 고민하고 노력해야 할 것은 '나의 고객'에게 나의 정제된 지식을 '제대로 전달하는 방법'을 고민하는 것이다. 나의 약국이 망하는 약국에서 '되는 약국'으로 바뀐 것은 바로 이런 관점의 전환이었고 셀 수 없을 만큼 많았던 크고 작은 용기 있는 도전의 결과이다.

이제 나는 나의 열 번째 약국에 도전하고 있다. 나에게는 지난 9번의 경험이 있지만 새로운 도전을 시작할 때마다 언제나 기대감과 두려움에 가슴이 뛴다. 오늘의 성공이 내일의 성공을 보장하진 않는다. 사업은 결과를 알고 시작하는 것이 아니기 때문이다. 사업의 결과라는 것은 결국 사장이 만들어나가는 것이다.

오늘 걷는 나의 이 발자국이 반드시 뒤에 오는 사람의 이정표가 되리라는 생각으로 이 책을 썼다. 내 길을 따라오는 누군가는 나와 같은 실수로 힘들어하지 않길 바라면서 부족한 나의 경험을 나눈다.

누군가와 긍정적인 에너지와 조언을 나누기 위해 만들었던 '팜멘토' 카페는 '부자약사코칭협회'라는 카페로 다시 태어났다. 지금도 나는 나의 조언이 필요한 사람에게 시간과 상황이 허락하는 한 최대한의 도움을 주고 있다. 누군가의 꿈을 이루는 데 조금이나마 도움이 되고자 함이다. 나의 도움으로 그의 꿈을 이루고 또 그들이 알게 된 것을 세상과 나눈다면 이보다 더 이로운 일은 없을 것이다.

부족한 부분에 대해서는 독자 여러분의 넓은 양해를 바라고 우리 모두의 삶에서 행복과 목적을 이루는 커다란 축복이 있기를 기원한다. 약국을 비롯해서 고객을 안고 살아가는 모든 비즈니스 현장의 사장님들께 감히 이 책을 바친다. 이제 사업가로서의 당신에게 풍요롭고 행복한 나날이 펼쳐지길 빈다. 행운을 빈다.

2018년 가을

나의 도전들을 돌아보며, 강남성

나는 약국에서 경영을 배웠다

초 판 1쇄 2018년 10월 11일
초 판 2쇄 2020년 09월 03일

지은이 강남성
펴낸이 류종렬

펴낸곳 미다스북스
총 괄 명상완
에디터 이다경

등록 2001년 3월 21일 제2001-000040호
주소 서울시 마포구 양화로 133 서교타워 711호
전화 02) 322-7802~3
팩스 02) 6007-1845
블로그 http://blog.naver.com/midasbooks
전자주소 midasbooks@hanmail.net
페이스북 https://www.facebook.com/midasbooks425

© 강남성, 미다스북스 2018, *Printed in Korea.*

ISBN 978-89-6637-610-0 03320

값 15,000원

미다스북스는 다음세대에게 필요한 지혜와 교양을 생각합니다.